JN248433

大学受験　一問一答シリーズ

共通テスト
日本史Ⓑ 一問一答【完全版】

東進ハイスクール・東進衛星予備校　講師

金谷俊一郎

東進ブックス

はじめに

　共通テストはとても点数のとりやすいテストです。しかしこれは共通テストが誰でも得点できるテストであるという意味ではありません。共通テストで必要とされている歴史用語は非常に少ないです。しかしこのことは共通テストで学ぶ内容が少ないという意味ではありません。

　共通テストは日本史の本質を問うテストです。本質とは日本史を本当に理解しているかどうかということです。英語や数学の試験は英語や数学の理解力を問う試験であるということは皆さんも異論がないでしょう。しかしなぜか日本史の試験は皆さんが記憶力を問う試験であるかのように勘違いしていることが多いです。それは，今までに私たちが受けてきた日本史の試験の多くが記憶力を問う試験だったからです。共通テストはこのような日本史の試験の問題点を改善するために作られたテストです。日本史を本当に理解していること，いいかえると歴史の本質を理解していることに主眼を置いたテストなのです。ですから私たちも，そのことを前提にして対策を練っていく必要があるわけです。

　本書は一問一答です。一問一答というと一問一答的な丸暗記といった印象を与えるかもしれませんが，本書の内容は決して受験生に丸暗記を要するものではありません。**日本史を本当に理解しているかどうかを問う正誤判定問題を中心に構成されています。**足利義持か足利義教か，といったことは共通テストでは重要ではありません。その人物がどのようなポリシーを持って政治を行なったのかということが重要なのです。

　本書の一問一答は「日本史を理解しているか」を問い，**日本史の理解力を鍛えるための一問一答**です。本書で間違えた問題については，右頁の解説だけでなく，普段学習しているノートなどを用いてしっかりと理解し直すように努めてください。そうすることで，共通テストでの高得点獲得はもちろんのこと，日本史を本当に理解したうえで大学生となり，社会に出ていくことが可能となります。

　そのために本書は，過去の大学入試センター試験の問題を共通テストに対応させるため，大半の問題に加筆・修正を加えました。改訂といいながら，新規執筆並みの手間がかかりました。**もう間違った共通テスト対策の勉強はやめましょう。**本書によって，共通テストが点数のとりやすいテストであるということをわかっていただき，あなたが日本史を本当に理解する受験生になってくれれば，著者としてこれ以上の喜びはありません。

金谷俊一郎

改訂の内容

（本書は既刊『センター日本史Ｂ一問一答【完全版】』の改訂版です）

□1 共通テスト対策となる重要な問題・用語を大幅増補
★★★

▶共通テストの出題傾向や最新の教科書内容をふまえ，未収録であった重要な問題・用語を徹底的に洗い出して新規収録しました。逆に，センター試験から共通テストに変わったことで「受験生がやる必要はなくなった」と判断される問題は割愛しました。

□2 共通テストに合わせて問題文・解説文を徹底修正
★★★

▶大学入試問題が「そのままの形」で収録されていることが本書最大の特長であり，これによって実際の入試問題に対する「実戦力」が高められます。今回の改訂では，入試問題本来の形を最大限残すことに細心の注意を払いながら，共通テストに合わせて受験生の学力がより向上するように問題文・解説文をリライトし，徹底的に修正しました。

□3 共通テストの出題傾向をふまえた「頻出度」の見直し
★★

▶共通テストの出題傾向をふまえ，各問題・各用語の頻出度（★印）についても徹底的な見直しを行ないました。本書では，「★★★」の問題をマスターすれば，それだけで共通テストではおよそ70点獲得できるようになります。「★★★」と「★★」までマスターすればおよそ90点，「★」まで含めて本書の問題をすべて完全マスターすれば，共通テストでは安定して90点以上を獲得できるようになるでしょう。

□4 学習効率を上げる「索引」をあらたに付載
★

▶用語の「索引」を新しく巻末に付けました。これによって，本書の学習中はもちろん，過去問や模試を解いたときなどに気になった用語をすばやく検索・学習することができます。

□5 見やすさ・使いやすさを追求した本文デザインの一新
★

▶問題文には共通テストと同じ書体（フォント）を採用し，より実戦的な紙面を追求。また，全体的に見やすさ・使いやすさが高まるように本文デザインを一新しました。行間やレイアウトを修正・調整した結果，問題数は若干増えながらも，本の厚さ・重さは旧版よりもコンパクトなものになりました。

頻出度について

　大学入学共通テストは，大学入試センターが解答と配点を公開している試験です。この特性を十二分に生かして本書は構成されました。1990年度以降のセンター試験および共通テスト（試行調査・本試験・追試験），約30年分の各問題を小問単位でデータベース化し，問われている知識を統合・整理。そして，

　◎70%獲得するためには，どの問題まで正解できる必要があるか。

　◎90%獲得するためには，どの問題まで解けなければならないか。

　◎90%獲得するまでなら，どの問題を捨ててよいか。

をすべて精査し，問われている知識の頻出度を★印で3段階に分けました。

【頻出度】　　　　※頻出度は日本史の本質理解における「重要度」も加味しています。

★★★：共通テスト**70%**獲得ライン（全員必修）　　　　　＝990問

★★　：共通テスト**90%**獲得ライン（90点を狙う人必修）　＝320問

★　　：共通テスト**90%**突破ライン（満点を狙う人必修）　＝50問

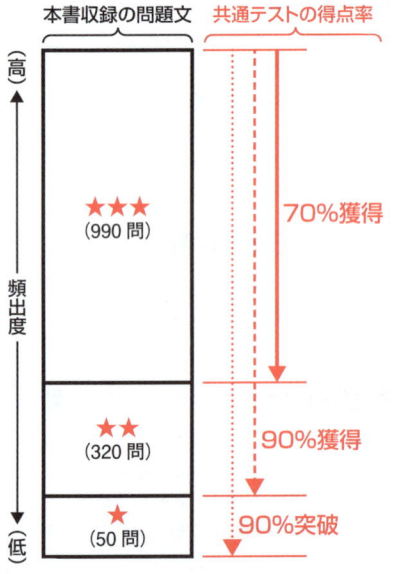

▲本書問題文と頻出度・得点率の関係（イメージ）

　「★★★」の問題を完全にマスターすれば，それだけで共通テストではおよそ70%獲得（目安）できます。同様に，「★★★」と「★★」をすべて修得すれば，約90%獲得できます。そして，「★」まで含めて本書の問題全1360問を解けるようになれば，常に90%以上獲得できるレベルに達します。**★印数が多い問題ほど，優先的に解けるようにしておきましょう。**

　もちろん，共通テストには史料やグラフ・図版などを読み解く問題が多数あり，そういった問題は本書には収載していませんが，問題を読み解くうえでのベースとなる知識は，本書ですべて身につけることができます。

本書の使い方

本書の構成は極めてシンプルです。下図のように，左頁に問題文があり，右頁に正解と解説があります。問題文と「同じ行」の右側に正解・解説がくるように配置を調整してありますので，解答・解説を赤シートやしおりなどで隠し，1問ずつ下にずらしながら読んでいきましょう。

❶頻出度

▶★印が多いほど頻出度が高くなります（☞P.4）。共通テストは7割とれれば十分という人は，「★★★」の問題だけを選び，それを完璧にしましょう。満点を狙う人は，「★」の問題も含めて，すべての問題を解けるようにしておきましょう。

❷問題文

▶実際にセンター試験や共通テストに出題された問題文を引用（場合により一部修正）しています。今までの試験に出ていない重要項目については，共通一次試験の問題（一部改編）や，オリジナル問題を掲載しています。◆の文は補足説明や注意点などです。

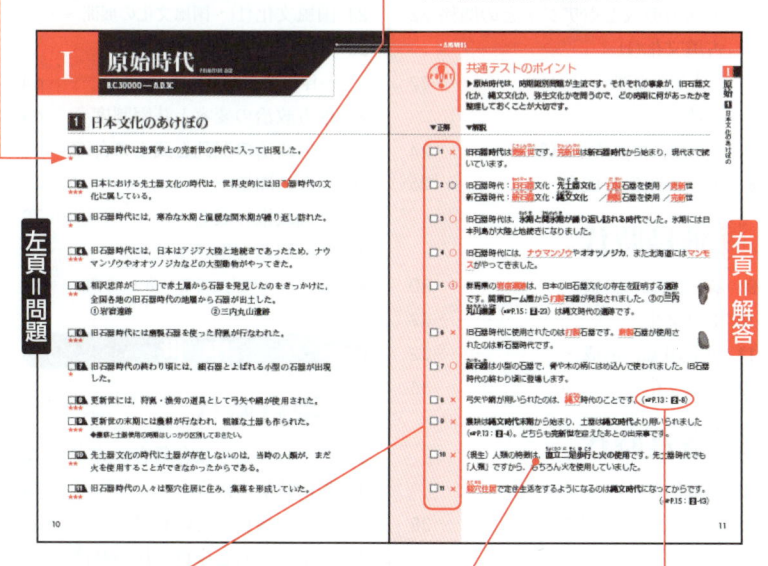

左頁＝問題　　　右頁＝解答

❸正解

▶○は「問題文は正しい」，×は「問題文には一部誤りがある」という意味です。日本史の本質を理解しているかが問われます。※赤文字は赤シートで消えます。

❹解説

▶解説の赤太字は重要用語で，「空所補充問題で過去に出題された，もしくは今後出題が予想されるもの」です。黒太字は「暗記の必要はないが，しっかり理解しておくべきもの」です。

☞ リンク

▶関連項目がある「頁数：問題番号」です。共通テストの誤文の多くは「別の時代の類似事項」で作られています。そういった「受験生が迷う部分」などを参照できるようにしてあります。

目次

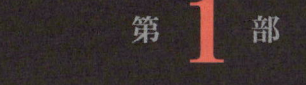

第 **1** 部

原始・古代

PRIMITIVE AGES & ANCIENT TIMES

原始時代 PRIMITIVE AGE

B.C.30000 — A.D.3C

1 日本文化のあけぼの

□**1** 旧石器時代は地質学上の完新世の時代に入って出現した。
★

□**2** 日本における先土器文化の時代は，世界史的には旧石器時代の文
★★★ 化に属している。

□**3** 旧石器時代には，寒冷な氷期と温暖な間氷期が繰り返し訪れた。
★

□**4** 旧石器時代には，日本はアジア大陸と地続きであったため，ナウ
★★★ マンゾウやオオツノジカなどの大型動物がやってきた。

□**5** 相沢忠洋が□□□□□で赤土層から石器を発見したのをきっかけに，
★★ 全国各地の旧石器時代の地層から石器が出土した。
①岩宿遺跡　　　　　　　　②三内丸山遺跡

□**6** 旧石器時代には磨製石器を使った狩猟が行なわれた。
★★★

□**7** 旧石器時代の終わり頃には，細石器とよばれる小型の石器が出現
★ した。

□**8** 更新世には，狩猟・漁労の道具として弓矢や網が使用された。
★★★

□**9** 更新世の末期には農耕が行なわれ，粗雑な土器も作られた。
★★★ ◆農耕と土器使用の時期はしっかり区別しておきたい。

□**10** 先土器文化の時代に土器が存在しないのは，当時の人類が，まだ
★★ 火を使用することができなかったからである。

□**11** 旧石器時代の人々は竪穴住居に住み，集落を形成していた。
★★★

共通テストのポイント

▶原始時代は，時期識別問題が主流です。それぞれの事象が，旧石器文化か，縄文文化か，弥生文化かを問うので，どの時期に何があったかを整理しておくことが大切です。

▼正解　▼解説

- -

☐ 1　✕　**旧石器時代**は**更新世**です。**完新世**は**新石器時代**から始まり，現代まで続いています。

☐ 2　○　旧石器時代：**旧石器**文化・**先土器文化**　／**打製**石器を使用／**更新**世
新石器時代：**新石器**文化・**縄文文化**　／**磨製**石器を使用／**完新**世

☐ 3　○　旧石器時代は，**氷期と間氷期が繰り返し訪れる時代**でした。氷期には日本列島が大陸と地続きになりました。

☐ 4　○　旧石器時代には，**ナウマンゾウ**や**オオツノジカ**，また北海道には**マンモス**がやってきました。

☐ 5　①　群馬県の**岩宿遺跡**は，日本の旧石器文化の存在を証明する遺跡です。**関東ローム層**から**打製**石器が発見されました。②の**三内丸山遺跡**（☞P.15：**2**-23）は縄文時代の遺跡です。

☐ 6　✕　旧石器時代に使用されたのは**打製**石器です。**磨製**石器が使用されたのは新石器時代です。

☐ 7　○　**細石器**は小型の石器で，骨や木の柄にはめ込んで使われました。旧石器時代の終わり頃に登場します。

☐ 8　✕　弓矢や網が用いられたのは，**縄文**時代のことです。（☞P.13：**2**-8）

☐ 9　✕　農耕は**縄文時代末期**から始まり，土器は**縄文時代**より用いられました（☞P.13：**2**-4）。どちらも**完新世**を迎えたあとの出来事です。

☐ 10　✕　（現生）人類の特徴は，**直立二足歩行と火の使用**です。先土器時代でも「人類」ですから，もちろん火を使用していました。

☐ 11　✕　**竪穴住居**で定住生活をするようになるのは**縄文時代**になってからです。
（☞P.15：**2**-13）

2 縄文文化の成立

□ **1** 縄文時代の始まりは，およそ。
★★★
　　① 約3万年前　　　　　　　　② 約1万年前

□ **2** 縄文時代は，地質学上では更新世とよばれている。
★

□ **3** 縄文時代になると気候の寒冷化に伴って針葉樹林が広がり，ナウ
★★★　マンゾウなどの大型ほ乳動物が姿を消した。

□ **4** 日本における縄文文化の時代は，世界史的には新石器時代の文化
★★★　に属しており，土器と磨製石器を伴う点に特色が認められる。

□ **5** 縄文文化の時代には，狩猟や採集も行なわれたが，すでに畑作農
★★　業や牧畜などの生産経済が，社会の主要な基盤となっていた。

□ **6** 縄文時代は，狩猟と採集が食糧獲得の主たる手段であり，土器の
★★★　ほか石器や骨角器なども用いられた。

□ **7** 縄文時代になると，打製石器は使われなくなり，それにかわって
★★★　磨製石器が用いられるようになった。

□ **8** 縄文時代は，大型獣のマンモスが増加したのに伴い，弓矢が使わ
★★★　れた。

□ **9** 縄文時代には，狩猟具として石鏃をつけた弓矢が使われるように
★★　なった。

□ **10** 縄文時代には，骨角器・石錘を使った漁労が発達した。
★★★
　　◆石錘（せきすい）とは，石で作られたおもりのこと。

□ **11** 縄文土器は，薄手で赤褐色のものが多く，その名称は土器が発見
★★★　された地名にちなんでつけられた。

▼正解	▼解説

□ **1** ②　縄文時代は，約**1万3千年前**から，弥生時代が始まる**紀元前4世紀頃**までの期間をさします。

□ **2** ×　約1万年前より，地質学上は**完新世**になります。（☞P.11：**1**-1）

□ **3** ×　縄文時代になると，**気候の温暖化**に伴い，海水面が上昇したことで日本列島が形成されました。針葉樹林から落葉広葉樹林や照葉樹林に変わっていきます。

□ **4** ○　縄文文化は，**新石器時代**に属します。縄文文化の特徴は，**土器の使用**と**磨製石器の使用**となります。

□ **5** ×　縄文文化は新石器時代に属しますが，ほかの国の新石器時代とは異なり，**農耕や牧畜は行なわれていませんでした**（一部の原始農耕をのぞく）。

□ **6** ○　縄文時代は，**狩猟**・**漁労**・**採集**が食糧獲得の主な手段でした。

□ **7** ×　縄文時代になると，**磨製**石器が用いられるようになりましたが，**打製石器も依然として使用**されていました。（☞P.11：**1**-6）

□ **8** ×　縄文時代になると，マンモスなどの大型動物は絶滅しました。そのため，中小動物を捕る必要から**弓矢**が使われるようになりました。

□ **9** ○　弓矢の鏃には，**石鏃**とよばれる石器が用いられました。石鏃の主な原料は**黒曜石**です。（☞P.15：**2**-17）

□ **10** ○　縄文時代の遺跡からは，釣針・銛・やすなどの**骨角器**や，**網を使用**したことを示す遺物が発掘されていることから，盛んに漁労が行なわれていたことがわかります。

□ **11** ×　縄文土器と弥生土器の違いをまとめておきます。
縄文土器：**厚手**・**黒褐色**・**土器の模様**にちなむ。
弥生土器：**薄手**・**赤褐色**・**発見された地名**にちなむ。

□**12** 貝塚は，縄文文化で見られる遺跡で，当時のごみ捨て場であり，
★★★　当時の生活や習俗を示す様々な遺物が発見される。

□**13** 縄文時代になると，食生活も豊かになり，定住化が進んだ。
★★★

□**14** 竪穴住居には，中央にかまどが設けられているが，古墳時代には
★　　壁ぎわに炉を備えるものも見られるようになった。

□**15** 縄文時代には，灌漑用の水路を整えた水田が作られ，穀物を蓄え
★★★　る高床倉庫も作られるようになった。

□**16** 縄文時代末期の西日本を中心とする遺跡からは，水稲耕作が始
★★　　まったことを示す水田跡や炭化米が発見されている。

□**17** 縄文時代には，黒曜石やひすい（硬玉）などがかなり遠方との間
★★★　で交易されていた。

□**18** 縄文時代には，採集経済に依存する生活のため，広く銅鏡が作ら
★★★　れるなど自然を強く畏怖する原始的な自然崇拝（アニミズム）が
　　　盛んであった。

□**19** 縄文時代には，男性をかたどった土偶や石棒が，狩猟の成功を祈っ
★★　　て作られた。

□**20** 縄文時代の風習や儀礼には，抜歯や屈葬などがあった。
★

□**21** 縄文時代には，共同墓地に埋葬が行なわれた。遺体に添えられた
★★　　副葬品はきわめて少なく，身分や地位の差は見られない。

□**22** 縄文時代の墓制は，低い墳丘と周囲に溝をもつ方形周溝墓であっ
★★★　た。

□**23** 青森県の吉野ケ里遺跡は，縄文時代を代表する遺跡である。
★★

☐ 12 ○ **貝塚**は，当時のごみ捨て場で，様々な遺物が発見されます。
代表的な貝塚には，明治時代にアメリカ人のモースが発掘調査
した**東京都**の**大森貝塚**などがあります。

☐ 13 ○ 縄文時代になると**竪穴住居**を営み，**定住化**が進みました。

☐ 14 × 縄文時代の住居：**中央に炉**が設けられた。
古墳時代の住居：**壁ぎわにかまど**が設けられた。

☐ 15 × 灌漑用の水路を整えた**水田や**，**高床倉庫**（☞P.19：**3**-14）は，
弥生時代になってから見られるようになります。

☐ 16 ○ **縄文時代末期**の遺跡では，水稲耕作を示す水田跡が発見されます。
福岡県の**板付遺跡**や，佐賀県の**菜畑遺跡**が代表例です。

☐ 17 ○ 縄文時代には，石鏃（弓矢の矢じり）の原料である**黒曜石**や，宝飾用の**ひ
すい**（硬玉）などが，**広範囲で交易**されました。

☐ 18 × 縄文時代は原始的な自然崇拝（これを**アニミズム**といいます）が盛んで
あった点は正しいです。しかし，**銅鏡は弥生時代のもの**で，縄文時代の
アニミズムとは無関係です。（☞P.19：**3**-22）

☐ 19 × 土偶も石棒も**アニミズム**を示す遺物です。しかし，土偶は基本的に**女性**
をかたどったものでした。石棒は男性の象徴です。

☐ 20 ○ 縄文時代の風習には，**抜歯**や**研歯**，遺体の手足を折り曲げて埋
葬する**屈葬**などがあります。

☐ 21 ○ 縄文時代は貝塚や共同墓地に埋葬されました。副葬品の少なさからも，
身分の差がなかったことがわかります。

☐ 22 × **方形周溝墓は**，**弥生時代**のものです。方形周溝墓に限らず，墓制は一般
的に弥生時代からとなります。（☞P.19：**3**-22）

☐ 23 × 縄文時代を代表する**青森県**の遺跡は**三内丸山**遺跡です。**吉野ケ里遺跡**
（☞P.19：**3**-19）は**佐賀県**にある弥生時代の遺跡です。

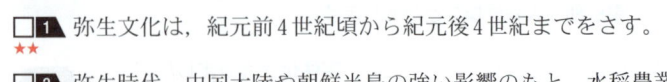

③ 弥生文化の成立

□ **1** 弥生文化は，紀元前4世紀頃から紀元後4世紀までをさす。
★★

□ **2** 弥生時代，中国大陸や朝鮮半島の強い影響のもと，水稲農業と共
★★★ に本格的に使用が始まったもの。
① 磨製石器 ② 鉄器

□ **3** 日本において弥生文化とよばれるものは，世界史的には青銅器時
★★ 代の文化に属しており，わが国でも青銅器が広く生産用具として
使用された。

□ **4** 弥生時代には，青銅器や鉄器が普及し，石器や木器は使われなく
★★★ なった。

□ **5** 弥生時代，稲作によって集落の人々の生活が安定すると，狩猟や
★★★ 漁労・採集などの食料採取はほとんど行なわれなくなった。

□ **6** 弥生土器は，厚手で黒褐色のものが多く，その名称は土器の文様
★ からつけられた。

□ **7** 弥生土器は，貯蔵用の壺，煮たき用の甕，食物を盛りつけるため
★★ の高坏など，用途に応じて器形が分かれていた。

□ **8** 水稲耕作は，弥生時代の間に，九州北部から□□□地方にまで広
★★ がっていった。
① 北海道 ② 東北

☑ **9** 弥生時代の沖縄では，水稲耕作が行なわれず，続縄文文化が展開
★★ した。

☑ **10** 弥生時代の水稲農業は，前期は乾田で行なわれていたが，後期に
★★ は，水の豊富な低湿地に田を開くことができるようになって，収
穫量が増えた。

▼正解　　▼解説

☐ 1　✕　弥生文化は，**紀元前４世紀頃**から紀元後**３**世紀頃までです。

☐ 2　②　弥生文化の特徴は，**水稲耕作と金属器（青銅器・鉄器）の使用**にあります。①磨製石器の使用は，**縄文時代**にすでに始まっています。
（☞P.13：**2**-4·7）

☐ 3　✕　青銅器は主に**祭器として用いられた**ので，誤りとなります。
青銅器：祭器として使用された（銅剣，銅矛，銅鐸など）。
鉄器　：生産用具として使用された。

☐ 4　✕　青銅器や鉄器が普及しても，**石器や木器は使用されました**。
例：石包丁，木製農具など

☐ 5　✕　弥生時代になると稲作によって人々の生活は安定しました。しかし**狩猟**や**漁労・採集**などの食料採集は依然として行なわれていました。

☐ 6　✕　弥生土器は，**薄手で赤褐色**のものが多く，名称は，最初にこの土器が発見された場所（弥生町）からつけられました。（☞P.13：**2**-11）

☐ 7　○　弥生土器は，**用途に応じた土器**が用いられました。
壺（貯蔵用），**甕**（煮たき用），**高坏**（盛りつけ用），**甑**（米などを蒸す）

☐ 8　②　水稲耕作は，**九州北部から東北地方**にまで広がりました。**北海道と沖縄（南西諸島）には稲作は伝わらず**，依然として食料採集文化が営まれていました。
北海道：**続縄文文化**／沖縄：**貝塚文化**

☐ 9　✕　沖縄で展開されたのは，**貝塚文化**です。続縄文文化は北海道で展開されていた文化です。

☐ 10　✕　弥生時代の水稲農業については以下のようになります。
前期：**湿田**（生産性低い），**直播**した（田に直接稲をまいた）。
後期：**乾田**（生産性高い），**田植え**も行なわれた。

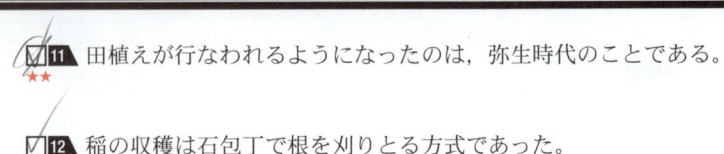

☑**11** 田植えが行なわれるようになったのは，弥生時代のことである。
★★

☑**12** 稲の収穫は石包丁で根を刈りとる方式であった。
★★

☐**13** 弥生時代の脱穀道具には木臼・竪杵などがある。
★★

☐**14** 収穫物は，高床倉庫や貯蔵穴に保管された。
★★★

☑**15** 弥生時代後期には，水稲耕作が伝来した当初よりも，青銅製の刃
★★ 先をもつ農具が広く用いられた。

☐**16** 木製農具の製作には主に打製石器や鉄製工具が使用された。
★★

☐**17** 弥生時代の水田跡が見つかっている登呂遺跡のある地方。
★★ 　① 九州地方　　② 中国地方　　③ 近畿地方　　④ 東海地方

☐**18** 弥生時代には，農業生産の発達に伴い，貧富の差は次第に解消さ
★★★ れていった。

☐**19** 弥生時代，周囲に濠や土塁をめぐらす集落が現れた。
★★★

☑**20** 弥生時代，見晴らしのよい丘陵や山頂に，戦争に備えるための朝
★★ 鮮式山城が築かれた。

☑**21** 主に近畿地方で見られる甕棺墓には，青銅製の鏡や剣などの多数
★★ の副葬品を伴っているものもある。

☑**22** 弥生時代には，大規模な方形周溝墓や墳丘墓，多量の副葬品を伴
★★★ う墓が各地に作られた。

☑**23** 弥生時代には銅剣を使って，狩猟が行なわれた。
★★★

☐ 11 ○ 田植えは弥生時代後期から行なわれ始めました。湿田から乾田に変わったことがきっかけです。

☐ 12 × 石包丁→穂首刈りをする道具，鉄鎌→根から刈りとる道具です。

☐ 13 ○ 弥生時代の臼と杵は，脱穀のための道具でした。

☐ 14 ○ 高床倉庫，貯蔵穴ともに弥生時代に見られる貯蔵施設です。

☐ 15 × 弥生時代後期に普及したのは鉄製農具です。水稲耕作が伝来した当初は木製農具が用いられていました。青銅器は日本では祭器として用いられ，農具としては用いられていませんでした。

☐ 16 × 木製農具は，磨製石器や鉄製工具で作られました。

☐ 17 ④ 登呂遺跡は弥生時代の静岡県にある弥生時代を代表する農耕遺跡です。住居や高床倉庫からなる集落で，畦や水路によって区画された水田跡が見つかっています。

☐ 18 × 農耕により，富の集積が可能になったため，逆に貧富の差は拡大していきました。貧富の差がないのは縄文時代までです。（☞P.15：2-21）

☐ 19 ○ 弥生時代になると周囲に濠をめぐらせた軍事的集落が出現しました。これを環濠集落といいます。代表的なものには九州（佐賀県）の吉野ケ里遺跡などがあります。

☐ 20 × 弥生時代に見晴らしのよい丘陵や山頂に築かれた防衛上の集落は高地性集落です。朝鮮式山城は，飛鳥時代に外国からの侵入に備えて築かれたものです。

☐ 21 × 甕棺墓や支石墓は，九州北部で主に見られる墓で，弥生時代のものには，銅剣や銅鏡などの副葬品も見られます。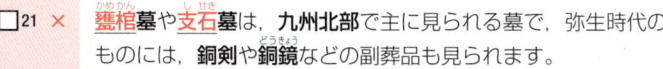

☐ 22 ○ 九州以外の地域では，方形周溝墓や墳丘墓が多く見られ，いずれも，銅剣や銅鏡などの副葬品が見られます。

☐ 23 × 銅剣・銅矛・銅鐸などの青銅器は，中国や朝鮮では武器や実用品として用いられましたが，日本では祭器として用いられました。

４ 小国の形成と東アジア

□ 1 弥生時代が終わると，集落の共同作業や祭りを指揮していた指導
★★　者から，集落を越えた地域の政治的な支配者となる者が現れた。

☑ 2 『漢書』地理志によると，１世紀当時倭人の社会は百余国に分かれ，
★★　楽浪郡に定期的に使いを送ったという。

□ 3 『後漢書』東夷伝には，弥生時代に，倭の奴国が中国に使いを送り，
★★★　印綬を授けられたと記されている。

□ 4 志賀島で発見された金印は，魏との通交を裏づける資料として貴
★★　重である。

□ 5 中国が三つの国に分立していた時期。
★★★　①１世紀　　　　　　②３世紀　　　　　　③５世紀

□ 6 倭国では大きな騒乱が起こり，しばらく収まらなかったが，諸国
★★★　が共同して女性の王をたて，約30国からなる連合体を作った。

□ 7 邪馬台国の女王卑弥呼は，呪術にすぐれ，司祭者的な首長であっ
★★★　たとされている。

□ 8 卑弥呼の記述は，□□□に記されている。
★★★　①『後漢書』東夷伝　　　　　②『魏志』倭人伝

□ 9 邪馬台国の女王卑弥呼は，魏に使いを送り，皇帝から「親魏倭王」
★★　の称号を与えられた。

□ 10 邪馬台国の社会には，身分の別があり，奴婢もいた。
★★

□ 11 卑弥呼の宗女壱与も邪馬台国の女王になった。
★★★

▼正解　▼解説

□1　×　地域の政治的支配者は，弥生時代から現れました。弥生時代が終わってからではありません。

□2　×　『漢書』地理志には，紀元前1世紀，倭人は百余国に分かれ，楽浪郡に定期的に使いを送ったと書かれています。1世紀ではありません。

□3　○　『後漢書』東夷伝には，1世紀に倭の奴国が光武帝から印綬を受けたと記されています。

□4　×　福岡県の志賀島で発見された金印は，後漢との通交を裏づける資料とされています。

□5　②　3世紀，中国は後漢が滅んで，魏・呉・蜀の三国に分かれる三国時代となりました。

□6　○　2世紀後半から倭国では大きな戦乱が起こりました。3世紀になると諸国が共同して邪馬台国の女王卑弥呼を立てて，約30の国からなる連合体を作りました。

□7　○　邪馬台国の女王であった卑弥呼は，鬼道（呪術のこと）にすぐれ，司祭者的な首長であったとされています。

□8　②　卑弥呼は，3世紀の人物で，その頃の倭が記された歴史書である『魏志』倭人伝に記されています。

□9　○　卑弥呼は，魏の皇帝から「親魏倭王」の称号と金印，銅鏡を与えられました。

□10　○　邪馬台国には，大人・下戸といった身分の別がありました。また，邪馬台国には市も存在して租税の制度がありました。

□11　○　卑弥呼の死後，宗女壱与が邪馬台国の女王となりました。

古墳時代 KOFUN PERIOD

The late 3C — 7C

5 小国の形成と東アジアとの関係

□ **1** 三国時代のあと，晋が国内を統一したが，4世紀はじめには北方
★★ の女真族などの侵入を受けて南に移った。

□ **2** 4世紀には，中国東北部には高句麗が，朝鮮半島南部には百済・
★★★ 新羅が国家を形成していた。

□ **3** 倭国は朝鮮半島北部の鉄資源を確保するために加耶と密接な関係
★★★ をもっていた。

□ **4** 好太王（広開土王）碑の碑文には，4世紀末以降，倭が新羅・百
★★ 済と戦ったと記されている。

□ **5** 古墳時代には，倭王武が，国際的・国内的な立場の強化をめざし
★★★ て中国の北朝に朝貢し，倭国王の称号などを得た。

□ **6** 稲荷山古墳出土の鉄剣の銘文に見える「獲加多支鹵大王」は，倭
★★ の五王の一人と考えられている。

□ **7** 江田船山古墳出土鉄刀の銘文は，稲荷山古墳出土鉄剣銘と合わせ
★★★ て，当時のヤマト政権の勢力が関東地方から九州地方まで及んで
いたことを示す。

6 古墳文化 (1) 〜古墳の変遷〜

□ **1** 古墳時代中期には，ヤマト政権が強大化したため，その中心であ
★★★ る近畿地方以外の地域では，前方後円墳は造営されなくなった。

□ **2** 前期の古墳では，横穴式石室や，棺を粘土でおおった粘土槨など
★★ が営まれた。

共通テストのポイント

▶古墳時代は，大陸との交渉がよく出題されます。それぞれの時期の朝鮮半島の国号や，どの国とどういった関わりをもったかといった部分を中心におさえていってください。

II
古墳

5
小国の形成と東アジアとの関係

▼正解　　▼解説

□ 1　✕　晋に侵入した北方民族は**匈奴**などです。この結果中国は南と北に分立する南北朝時代となりました。**女真族**（☞P.61：**23**-6）は，平安時代の刀伊の入寇の際に登場する北方民族のことです。

□ 2　○　4世紀当時，中国東北部は**高句麗**，朝鮮半島南部には，**百済**，**新羅**と**加耶**（**加羅**）諸国が成立していました。

□ 3　✕　倭国は，**朝鮮半島南部の鉄**資源を確保するために，加耶諸国と密接な関係をもっていました。朝鮮半島北部ではないので誤りです。

□ 4　✕　**好太王碑**の碑文には，倭が**高句麗**と交戦した様子が記されています。百済・新羅ではないので誤りとなります。

□ 5　✕　**倭王武**が朝貢したのは，中国の北朝ではなく**南朝**です。倭王武は**5世紀**の代表的な5人の倭王である**倭の五王**の1人です。

□ 6　○　埼玉県の**稲荷山古墳**から出土した鉄剣には，「**獲加多支鹵大王**」の文字があり，**倭王武**をさすといわれています。

□ 7　○　**江田船山古墳**は熊本県，稲荷山古墳は埼玉県の古墳です。「獲加多支鹵大王」という文字が記された剣や刀が発見されたことから，5世紀にはヤマト政権の勢力が関東地方から九州地方まで及んでいたことを示します。

▼正解　　▼解説

□ 1　✕　**前方後円墳**は近畿地方が中心ですが，**九州地方から東北地方北部まで全国各地で見られる**ため，誤りです。

□ 2　✕　**前期・中期**の古墳は，**竪穴式**石室や，石室を作らずに棺を粘土でおおった**粘土槨**が営まれました。横穴式石室は後期の古墳のため誤りです。

□3 後期の古墳には竪穴式石室が普及し，棺を納める玄室とそれに通
★★★　じる羨道が作られた。

□4 古墳の表面には樹木が植えられ，石室内部には埴輪が副葬された。
★★★

□5 古墳時代前期には，副葬品として青銅製の祭器である銅鐸が収め
★★★　られた。

□6 倭の五王の時期に今の大阪府の地域に造られた巨大な古墳は，丘
★★　陵の上に位置した。

□7 古墳時代中期には，古墳に銅鏡や碧玉製腕飾りなどが副葬されて
★★★　いることから，首長が武人的性格をもっていたことが知られる。

□8 前方後円墳には濠がめぐらされ，周囲には殉死した奴婢や家人の
★★★　群集墳が築造された。

□9 古墳時代後期には，群集墳とよばれる古墳群が増えていった。
★★★

□10 古墳時代後期には，有力農民層の古墳は造られなくなっていった。
★★★

7　古墳文化 (2) 〜大陸文化の受容と信仰〜

□1 5世紀には，土器・鉄器の生産や機織などの分野における新しい
★★★　技術が，朝鮮半島から渡来した人々により伝えられた。

□2 大陸からの渡来人は，ヤマト政権のもとに鉄器や高級織物などの
★★　生産にあたる専業集団として組織されることがあった。

□3 5世紀には，中国から五経博士が渡来し，儒教が本格的に伝えら
★★★　れると共に医術・暦法なども伝えられた。

□ 3 ✕ **後期**の古墳は，追加して埋葬できる**横穴式石室**が用いられ，棺を納める玄室と，外部と玄室をつなぐ羨道が作られました。

□ 4 ✕ 古墳の表面は樹木ではなく**葺石**が敷き詰められました。また**埴輪**は古墳の表面に並べられたものです。副葬品ではありません。

□ 5 ✕ **古墳時代前期**（4世紀頃）は，宗教的権威をもった首長が多かったため，**銅鏡**などの祭祀道具が副葬されました。銅鐸は弥生時代の青銅製祭器のため誤りです。

□ 6 ✕ 巨大な古墳は丘陵上ではなく，**平野部**に営まれました。

□ 7 ✕ 古墳時代の中期は，武力による首長が多かったため，馬具や甲冑・武器などが多く副葬されました。銅鏡などが副葬されたのは，主に古墳時代前期のことで時代が進むにつれて減少していきました。

□ 8 ✕ 家人の登場は律令制ができる7世紀後半頃であり，**群集墳**は有力農民の墓であったため誤りです。

□ 9 ○ 古墳時代の後期には**群集墳**とよばれる小規模の古墳群が増えていきました。

□ 10 ✕ 古墳時代後期に，群集墳とよばれる小規模の古墳群が増えていったことで，今まで古墳を造ることのなかった有力農民層なども古墳を造ることができるようになったということがわかります。

▼正解　　▼解説

- -

□ 1 ○ 5世紀頃には，朝鮮半島からの**渡来人**によって，様々な技術が伝えられました。

□ 2 ○ ヤマト政権は，大陸からの渡来人を，**韓鍛冶部・陶作部・錦織部・鞍作部**などとよばれる技術者集団に組織しました。

□ 3 ✕ 儒教，医・易・暦などの学術，仏教はいずれも**6**世紀以後に**百済**から伝えられました。「5世紀」・「中国」の部分が誤りです。

II
古墳

6 古墳文化(1)～古墳の変遷～

□ **4** 5世紀には，百済の聖明王から仏像や経典が伝えられ，仏教を信
★★ 仰するかどうかで激しい論争が起こった。

□ **5** 6世紀には，『帝紀』や『旧辞』がまとめられ，それらは『古事記』
★★ や『日本書紀』の編纂の材料となったと考えられる。

□ **6** 古墳時代には，西日本では，集落の支配者である豪族は高床式の
★★ 住居に居住するようになるが，農民は竪穴住居に居住していた。
◆豪族と民衆（農民）の住居の違いについて，よく問われるので注意。

□ **7** 古墳時代には，須恵器の製法が伝えられ，土師器と共に用いられ
★★★ るようになった。

□ **8** 春の始めの祭礼。豊作を祈願するために行なわれた。
★★★ ①祈年祭　　　　　　　　　②新嘗祭

□ **9** 古墳時代には，災いを避ける祓や鹿の骨を焼く占いなどの呪術が
★★★ 行なわれた。

□ **10** 身についたけがれや罪悪を払いのけるための呪術的な風習として，
★★ 太占や盟神探湯などが行なわれるようになった。

8 ヤマト政権の成立

□ **1** 豪族は氏とよばれる血縁的結びつきをもった組織で，豪族は大王
★★★ から姓を与えられた。

□ **2** ヤマト政権の政治は，中央豪族の有力者である大臣・大連を中心
★★ として進められた。

□ **3** ヤマト政権は，畿内の豪族を各地に国造として派遣し，民衆を統
★★ 治させた。

□ **4** 大王やその一族に奉仕する集団として，名代・子代が各地に設定
★★ された。

☐ 4 ✕　仏教は6世紀に百済の**聖明王**から伝えられ，蘇我氏と物部氏の間で仏教を信仰するかどうかで激しく論争されました。5世紀ではありません。

☐ 5 ○　6世紀にまとめられた大王の系譜である『**帝紀**』と，朝廷の伝承である『**旧辞**』は，『**古事記**』・『**日本書紀**』のもとになりました。

☐ 6 ○　古墳時代，支配者である豪族は，民衆の住む村落から離れた場所に，周囲に環濠などをめぐらした居館を営みました。民衆は，竪穴住居や平地住居に居住しました。

☐ 7 ○　古墳時代の土器には，<u>須恵器</u>と<u>土師器</u>があります。
<u>須恵器</u>：朝鮮半島の技術で製作。灰色で硬質。
<u>土師器</u>：弥生土器の流れをひく。赤褐色。

☐ 8 ①　**祈年の祭**：春，豊作を祈る祭り。
新嘗の祭：秋，収穫を感謝する祭り。

☐ 9 ○　**禊や祓**は，**けがれを払い災いをまぬがれるための儀式**です。
鹿の骨を焼く占いは**太占**といいます。

☐ 10 ✕　太占や盟神探湯はけがれや罪悪を払いのけるものではありません。
<u>太占</u>の法：鹿の骨を焼いてひび割れの形で**吉凶を占う**。
<u>盟神探湯</u>：熱湯に手を入れて火傷の有無で**真偽を判断**する神判。

▼正解　　▼解説

☐ 1 ○　豪族は**血縁**などをもとに構成された**氏**という組織に編成され，大王から**姓**という称号を与えられました。

☐ 2 ○　中央の政治は，臣・連といった姓の豪族から選ばれた**大臣**や**大連**が，その中枢をにないました。

☐ 3 ✕　ヤマト政権は服属した地方の豪族を**国造**に任命して，地方の支配を認めました。畿内から派遣された豪族ではないので誤りです。

☐ 4 ○　**名代**・**子代**は，大王やその一族に奉仕する集団のことです。

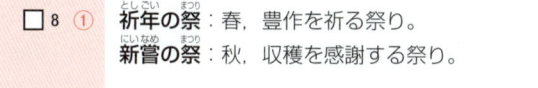

□ 5
★★
伴造は，職業集団である伴や品部に率いられ，朝廷の職務を分担した。

□ 6
★★★
ヤマト政権下で大王は田荘とよばれる直轄地を各地に置き，田部とよばれる農民に耕作させた。

□ 7
★★★
ヤマト政権下の豪族は，それぞれ私有地である部曲や私有民である食封を領有して，それらを経済的な基盤としていた。

□ 5　×　<u>伴造</u>が，伴や品部を従えて，朝廷の職務に奉仕しました。

□ 6　×　**大王の直轄地**：<u>屯倉</u>（**田部**とよばれる農民が耕作）
　　　　豪族の私有地：<u>田荘</u>（**部曲**とよばれる農民が耕作）

□ 7　×　豪族は，私有地である**田荘**を私有民である**部曲**に耕作させました。**食封**
　　　　は**律令制**の用語です。

9 統一国家への道

□1 九州北部を本拠とする有力豪族の磐井は□□□□と結んで反乱を起
★★ こした。
①新羅　　　②百済

□2 大伴金村が対朝鮮政策の失敗をとがめられて失脚したあと，次第
★★ に物部氏と蘇我氏が対立するようになった。

□3 5世紀，新羅が加耶諸国を征服したため，ヤマト政権は朝鮮半島
★★ における勢力を後退させた。

□4 6世紀末，蘇我氏は物部氏を滅ぼし，国政の主導権を握った。
★★★

□5 592年，蘇我馬子が甥(おい)の崇峻天皇を暗殺し□□□□天皇が即位した。
★★ ①推古天皇　　　　　　　　②皇極天皇

□6 6世紀末，中国は□□□□によって統一された。
★★★ ①唐　　　②隋　　　③宋

□7 厩戸王は，個人の功績や才能を評価する冠位の制度を定め，その
★★★ 地位を世襲させた。

□8 7世紀，豪族に官吏としての心構えを説く憲法十七条が制定された。
★★★

□9 日本は隋と対等外交を求め，隋の皇帝煬帝もそれを容認した。
★★★

□10 7世紀に，倭は「日出づる処の天子」で始まる国書を中国の皇帝
★★★ に出した。

共通テストのポイント

▶飛鳥時代は，大化改新前と大化改新後，そして奈良時代との対比ができているかどうかを問う問題が中心に出題されます。それぞれの時期区分をしっかり行ないながら学習していくことが大切です。

▼正解　▼解説

- □ 1　①　6世紀前半，筑紫国造磐井は新羅と結んでヤマト政権に対して反乱を起こしました。日本と新羅はもともと敵対関係であったため新羅と手を組んだ，とおさえておくとよいでしょう。

- □ 2　○　大伴氏の失脚後，6世紀半ばに，物部氏と蘇我氏が対立するようになりました。当時の天皇は欽明天皇です。

- □ 3　×　加耶諸国の滅亡は，6世紀半ばの出来事です。また，加耶諸国は，新羅によって滅ぼされました。

- □ 4　○　6世紀末，蘇我馬子は物部守屋を殺害して，物部氏を滅ぼしました。

- □ 5　①　推古天皇は日本最初の女性の天皇です。推古天皇の下で蘇我馬子が厩戸王（聖徳太子）と共に政治を行ないました。

- □ 6　②　6世紀末に中国を統一するのは隋です。①の唐は7世紀に，③の宋は10世紀に成立した国です。

- □ 7　×　厩戸王が定めたとされる冠位十二階は，氏姓制度の弊害を避けるため，個人に与えられ，昇進が可能でした。冠位を世襲させるの部分が誤りです。

- □ 8　○　厩戸王が制定したとされる憲法十七条は，豪族に国家の官僚としての自覚を求める内容のものでした。

- □ 9　×　隋の皇帝煬帝は，日本が求めた対等外交を拒否しました。しかし，隋は当時，高句麗と対立していたため，日本を敵に回すことはよくないと考え，留学生を受け入れました（旻・高向玄理らが派遣されました）。

- □ 10　○　小野妹子は遣隋使として中国に渡り，「日出づる処の天子」で始まる国書を中国の皇帝煬帝に提出しました。このことは中国の歴史書である『隋書』倭国伝に記されています。

10 飛鳥文化

□**1** 飛鳥文化は，遣隋使によってもたらされた隋の文化を基調とした
★★★　ものである。

□**2** 6世紀の末，厩戸王は仏教の受容に大きく道を開き，飛鳥の地に
★★★　法隆寺や法興寺（飛鳥寺）を建立した。

□**3** 飛鳥文化では，法隆寺金堂釈迦三尊像の作者と伝えられる鞍作鳥
★★★　などの仏師が活躍した。

□**4** 飛鳥文化は，法隆寺金堂壁画というすぐれた仏教芸術を生んだ。
★★★

□**5** 儒教の伝来と共にその学問的研究が始まり，厩戸王（聖徳太子）
★　の撰述とされる儒教の注釈書の三経義疏も制作された。

□**6** 百済の僧観勒は絵の具の技法を，高句麗の僧曇徴は暦をもたらし
★★★　た。

11 律令国家の形成

□**1** 大化改新のとき，都は飛鳥から近江宮に移った。その後，聖武天
★★★　皇も一時この地を都としたことがある。

□**2** 「改新の詔」には，豪族の所有する田荘を廃止する命令が記され
★★★　ている。

□**3** 大化改新では唐から帰国した吉備真備と玄昉が国博士に登用され
★★★　た。

□**4** 7世紀半ば，蝦夷に対する前線基地として，太平洋側に渟足・磐
★★　舟の2柵が設けられた。

▼正解　　▼解説

- [ ] 1 ✗ **飛鳥文化**は，中国の**南北朝文化**や，**百済・高句麗**の文化の影響を受けたもので，隋の文化を基調としたものではありません。

- [ ] 2 ✗ **飛鳥寺（法興寺）**は蘇我氏の氏寺で，蘇我馬子が建立しました。**法隆寺**と**四天王寺**は厩戸王が建立した寺院です。

- [ ] 3 ◯ 飛鳥文化の代表的な仏師に，**鞍作鳥（止利仏師）**がいます。彼の代表作は**法隆寺金堂釈迦三尊像**です。

- [ ] 4 ✗ **法隆寺金堂壁画**は**白鳳文化**の文化財です。（☞P.37：**12**-3）

- [ ] 5 ✗ 厩戸王（聖徳太子）の撰述とされる**三経義疏**は，**仏教**の経典の注釈書です。

- [ ] 6 ✗ 観勒と曇徴の違いをおさえておきましょう。
  観勒（百済の僧）：**暦**をもたらした。
  曇徴（高句麗の僧）：**彩色・紙・墨**の技法を伝えた。

▼正解　　▼解説

- [ ] 1 ✗ **大化改新**のとき，**孝徳**天皇は難波宮に遷都しました。この都は，奈良時代に聖武天皇も遷都しました。（☞P.47：**17**-6）

- [ ] 2 ◯ 大化改新の際に出された**改新の詔**には，**公地公民**が定められたので豪族の所有する田荘は廃止となりました。改新の詔には**行政制度や租税**の制度などが定められています。

- [ ] 3 ✗ 大化改新で**国博士**に登用されたのは**旻**と**高向玄理**です。**吉備真備**と**玄昉**（☞P.47：**17**-4・5）は，奈良時代に聖武天皇のもとで登用された人物です。

- [ ] 4 ✗ 孝徳天皇の頃に設けられた**淳足柵・磐舟柵**は，いずれも現在の新潟県に置かれたので，太平洋側ではなく，**日本海側**となります。

□5 斉明天皇のとき，蝦夷を服属させるため，阿倍比羅夫を秋田・津
★★　軽方面に派遣した。

□6 白村江の戦いに敗北した日本は，唐・新羅の侵略をおそれて，水
★★★　城を築き，また山城を築いて防衛体制を固めた。

□7 わが国最初の全国的戸籍として庚午年籍が作られ，氏姓の根本台
★★★　帳として重視された。

□8 壬申の乱は，天智天皇の子の大友皇子を中心とする勢力と，天智
★★★　天皇の弟の大海人皇子を中心とする勢力の間で戦われた。

□9 壬申の乱後，都が[　　　]へ移され，天武天皇が即位した。
★★★　①飛鳥　　　　　　　②斑鳩　　　　　　　③難波

□10 天武天皇は，八色の姓を定め，諸豪族を新しい身分秩序に編成した。
★★★

□11 [　　　]は7世紀後半に鋳造された銭貨である。
★★　①富本銭　　　　　　　②和同開珎

□12 7世紀後半，大王の系譜などを採録する『帝紀』の編纂が開始さ
★　れた。

□13 飛鳥浄御原令のもとで，庚寅年籍が作成された。
★★★

□14 大宝律令が施行された当時の都は[　　　]である。
★★★　①平城京　　　　　　　②藤原京

☐ 5 ○ 斉明天皇のとき，**蝦夷**服属のために派遣された人物は**阿倍比羅夫**です。阿倍比羅夫は水軍を組織して<u>蝦夷</u>と<u>粛慎</u>を征しました。

☐ 6 ○ <u>白村江の戦い</u>で，**百済**救援のために派兵した日本は，**唐**と**新羅**の連合軍に敗れました。

☐ 7 ○ <u>庚午年籍</u>は，**天智**天皇の頃に作成されたもので，氏姓をただす根本台帳として，永久保存が義務づけられました。

☐ 8 ○ <u>壬申の乱</u>は，**天智**天皇の死後，天智天皇の子の**大友皇子**と，天智天皇の弟の**大海人皇子**の間で戦われ，**大海人皇子**が勝利して<u>天武</u>天皇となりました。

☐ 9 ① **天智天皇**は難波宮から<u>近江</u>**大津宮**に遷都を行ない，続く**天武天皇**は<u>飛鳥浄御原宮</u>に遷都を行ないました。

☐ 10 ○ **天武天皇**が定めた新しい身分秩序である<u>八色の姓</u>は，皇親政治の一環として行なわれました。

☐ 11 ① <u>富本銭</u>は，7世紀後半の**天武天皇**の頃に鋳造された貨幣です。708年に鋳造された<u>和同開珎</u>（☞P.45：**16**-4）よりも前に鋳造されました。

☐ 12 × 「帝紀」・「旧辞」の編纂が開始されたのは古墳時代の頃です。7世紀後半の天武天皇の頃には，この「帝紀」・「旧辞」をもとに国史の編纂が命じられました。

☐ 13 ○ <u>庚寅年籍</u>が作成されたのは**持統**天皇の頃です。この庚寅年籍は**飛鳥浄御原令**にもとづいて作成された戸籍です。これ以降**6年**ごとに戸籍を作ることが定められました。

☐ 14 ② <u>藤原京</u>は694年，持統天皇のときに遷都され，<u>平城京</u>に遷都する710年まで都でした。**大宝律令**は飛鳥時代の**文武天皇**のときに施行されたので，当時の都は藤原京です。

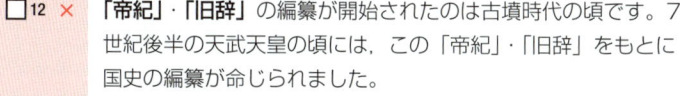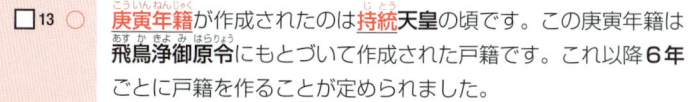

12 白鳳文化

□ **1** 天武天皇は四天王寺を建立するなど，国家仏教の政策をとり始め
★★★ た。

□ **2** 白鳳文化の代表的な仏像に薬師寺仏頭などがある。
★★★

□ **3** 白鳳文化の壁画として，法隆寺金堂壁画や高松塚古墳壁画が現存
★★ する。

□ **4** 白鳳文化の漢詩人に柿本人麻呂，また歌人では大津皇子・額田王
★★★ が有名である。

□ **5** 百済滅亡前後に日本へ渡来した王族・貴族の影響もあって，漢詩
★★★ 文の制作が盛んになった。

▼正解　　▼解説

☐ 1 ×　**天武天皇**は，国家仏教の政策をとり始め，**薬師**寺などを建立しました。四天王寺は飛鳥文化の寺院です。（☞P.33：**10**-2）

☐ 2 ×　薬師寺仏頭ではなく，**興福**寺仏頭です。

☐ 3 ×　白鳳文化の壁画には，**法隆寺金堂壁画**や**高松塚古墳壁画**があります。**法隆寺金堂壁画**は1949年の金堂火災時に焼損しました。

☐ 4 ×　白鳳文化の歌人には**額田 王**・**柿本人麻呂**が，漢詩人には**大津皇子**・**大友皇子**がいます。

☐ 5 ○　660年に滅亡した百済から亡命した王族や貴族たちの影響で，漢詩文の制作が盛んになりました。

Ⅲ
飛鳥
12
白鳳文化

IV 奈良時代 NARA PERIOD

710 — 794

13 律令体制 (1) ～律令国家のしくみ～

□ **1** 日本の律令は□□□□（国名）をモデルとした。
★★★
①隋　　　　　　②唐　　　　　　③宋

□ **2** 藤原不比等らは，大宝律令を編纂し，のちに養老律令を作った。
★★

□ **3** 令は現在の刑法に相当し，刑罰に関することがらを定めていた。
★★★

□ **4** 太政官のもとに，神祇省をはじめとした八省が置かれた。
★★

□ **5** 戸籍や租庸調などに関する全国の民政を担当したのは□□□□省である。
★★★
①式部　　②刑部　　③民部　　④大蔵　　⑤内務

14 律令体制 (2) ～律令国家の支配組織～

□ **1** 全国は，広域行政区域として，京を中心とした畿内と，北陸・南海・西海などの七道に分けられた。
★★★

□ **2** 中央と地方を結ぶ幹線道路である七道は，行政区画の名称でもあった。
★★

□ **3** 諸国には長官以下の国司が置かれ，国司には中央の官人が任命されて，国内の民政等を担当した。
★★★

□ **4** 奈良時代の郡司には，主に中央の下級役人が任じられた。
★★

共通テストのポイント

▶奈良時代は律令体制が頻出分野。数字などを丸暗記するのではなく，どういった組織なのかを理解してください。古代は各時代の文化がよく対比されるので，それぞれの文化の特徴もおさえておきましょう。

▼正解　▼解説

□1 ② 日本の**律令**は，**唐**の律令を手本にして作られた最初の体系的な法令です。官僚制を整え，中央集権国家を築くために作られました。

□2 **大宝律令**は**飛鳥時代**の701年，**養老律令**は**奈良時代**の718年に制定されました。奈良時代の初期に権力を握った藤原不比等は大宝律令・養老律令両方の編纂に携わりました。

□3 × 律令の**律**は**刑法**，**令**は**行政組織や租税，労役**などの制度を規定したものです。

□4 × 律令制では，**太政官**と**神祇官**の二官があり，太政官が神祇官や八省（中務省・式部省・治部省・民部省・兵部省・刑部省・大蔵省・宮内省）を統轄しました。八省の中に神祇省はないので誤りです。

□5 ③ **民政・租税**の担当は**民部省**，**儀式・学問**は**式部省**，刑罰は**刑部省**，財政担当は**大蔵省**。天皇の側近であり内廷の政務担当は中務省です。

▼正解　▼解説

□1 ○ 全国の行政区画は，**畿内**と**七道**からなります。七道とは，**東海道**，**東山道**，**北陸道**，**山陽道**，**山陰道**，**南海道**（現在の四国），**西海道**（現在の九州）。

□2 ○ **七道**とはもともと幹線道路の名称です。（☞P.45：**16**-6）それが行政区画としても用いられていました。

□3 ○ 諸国に置かれた**国司**は，**中央から派遣された貴族**が就任し，国内の民政などを担当しました。

□4 × **郡司**は，主にかつて**国造であった地方豪族より選ばれ**，国司のもとで地方行政を行ないました。郡司は，終身官で代々世襲されました。

IV
奈良
13 律令体制(1)〜律令国家のしくみ〜

□ **5** 奈良時代の郡司は，国司を率いて地方の政治を行なった。
★★★

□ **6** 「郡」は，設置された当初，「評」と表記されていた。
★★★

□ **7** 在庁官人は，郡司のもとで50戸からなる行政単位を管轄した。
★★★

□ **8** 里長の職務には，租・庸・調などを徴収することが含まれていた。
★★

□ **9** 特別な地方行政組織として，京には左・右京職，難波には摂津職，
★★★ 九州には鎮守府が置かれた。

□ **10** 役人は官職に応じた位階を与えられた。これを官位相当の制とい
★★ う。

□ **11** 貴族には税負担の免除など様々な特権が与えられ，八虐とよばれ
★★ る重罪においても減免された。

15 律令体制 (3) ～律令国家の税制～

□ **1** 奈良時代，律令国家は民衆に対し，戸籍にもとづいて口分田を班
★★★ 給した。

□ **2** 班田収授の基本台帳として，6年ごとに戸籍を作成した。
★★★

□ **3** 兵役を課す基本台帳として，毎年計帳を作成した。
★★★

□ **4** 奈良時代，公民は宅地や口分田の私有は認められていたが，奴婢
★★★ や牛馬などの私有は認められなかった。

□ **5** 碁盤の目状に土地を区画する条里制によって，都城や農村の土地
★★ を把握した。

□ **6** 8世紀の租税制度は人別に賦課することを基本としたため，人口
★★ 増加は租税の増収につながるとして，国司たちが評価された。

☐ 5 × 　国司が郡司を率いて地方政治を行なったため，誤りとなります。

☐ 6 ○ 　**郡**は大宝律令施行以前は**評**と表記されていました。これは，藤原京から出土した木簡に「評」という記述があることからわかりました。

☐ 7 × 　郡司のもとで行政単位を管轄したのは**里長**です。郡の下に置かれた行政単位は**里**で，里長はその長官にあたります。**在庁官人**（☞P.67：**26**-12）は平安時代に登場する地方役人です。

☐ 8 ○ 　里長は税の徴収など，地域の実務を主な職務としました。

☐ 9 × 　京には左右の**京職**が，難波には**摂津職**，九州には**大宰府**が置かれました。**鎮守府**（☞P.45：**16**-7）は陸奥国に設置された役所です。

☐ 10 × 　**官位相当の制**は，**位階に応じた官職を与えられる**ことです。また，父祖の位階に応じて位階が与えられる**蔭位の制**もありました。

☐ 11 × 　貴族には，**庸・調，兵役の免除**や罪の減免など様々な特権がありましたが，**八虐**とよばれる重罪だけは罪を減免されませんでした。

IV
奈良

14
律令体制(2)～律令国家の支配組織～

▼正解　　▼解説

☐ 1 ○ 　律令国家は戸籍にもとづいて**6歳**以上の男女に**口分田**を与えました。男子には2**段**，女子にはその2/3が与えられました。口分田は死後，国家に返さなければいけませんでした。

☐ 2 ○ 　**戸籍**は，**班田収授の基本台帳**で，**6年**に一度作成されました。

☐ 3 × 　**計帳**は，**庸・調賦課の台帳**で，**毎年**作成されました。

☐ 4 × 　奈良時代の公民は，公地公民制のため，**田地の私有は認められていません**でした。宅地や奴婢・牛馬などの私有は認められていました。

☐ 5 × 　耕地の区画は**条里**制で，平城京などの都の区画は**条坊**制です。里が農村に置ける行政区画であることから連想するとよいでしょう。

☐ 6 ○ 　租税制度のうち，**田地に課せられたのは租**だけで，その他の税は人別に賦課されたので，人口の増加は租税の増収につながりました。

□**7** 収穫の約3%を納める租は，運脚によって都へ運ばれた。
★★★

□**8** 調は，地方の正倉に収納され，地方の財源にあてられた。
★★

□**9** 庸は，中央での労役（歳役）のかわりに布などを納めるものとされた。
★★★

□**10** 調・庸は，口分田を支給された成年の男女に賦課された。
★★★

□**11** 調庸を運ぶ脚夫には郡司などの豪族があてられた。
★★

□**12** 成年男子は，平城京の造営などを行なう雑徭をつとめた。
★★★

□**13** 兵役は，原則としてすべての男子に課せられた。
★★

□**14** 兵役を課せられた者は，各地に置かれた軍団で訓練を受け，健児となった。
★★★

□**15** 九州地方の防衛のために防人が置かれたが，その中心となったのは西日本の農民であった。
★★

□**16** すべての人民を，身分のうえで良民と賤民に分けて支配した。
★★★

☐ 7 ✕ **租**は**地方に納められる税**なので，運脚で都に運ばれることはありませんでした。**租**が**地方の税**，庸と調が中央の税です。

☐ 8 ✕ **庸**と**調**は**中央に納める税**なので，地方の財源にはあてられませんでした。

☐ 9 ◯ **庸**は，中央での労役である**歳役のかわりとして布などを納める税**のこと，**調**は，**地方の特産物などを納める税**のことでした。

☐ 10 ✕ 調・庸など，**人別に賦課された税は，成年男子のみ**に課せられました。

☐ 11 ✕ **運脚**は人別に賦課された税同様，成年男子に課せられました。

☐ 12 ✕ **雑徭**は，成年男子が国司のもとで年間最大**60日**労役に従うことです。

☐ 13 ✕ **兵役**は，**正丁**（成年男子）**3〜4人に1人**の割合で徴発されました。

☐ 14 ✕ 兵役を課せられた者は，**各地に置かれた軍団で訓練を受け**，一部は**衛士**や**防人**になりました。健児（☞P.55：**20**-5）は平安時代初期のものです。

☐ 15 ✕ 宮門の警備を**衛士**，九州の警備を**防人**といいます。防人となったのは主に**東国の農民**でした。

☐ 16 ◯ 律令制度では，**良民**と**賤民**の二つの身分が存在しました。

16 奈良時代の政治 (1) 〜平城京の時代〜

□**1** 元明天皇のとき，それまでの藤原京にかわって平城京に遷都した。
★★

□**2** 平城京は，唐の都長安を参考にして造られた。
★★★

□**3** 平城京の東西二つの市は，市に集まった商人たちの合議によって
★　運営された。

□**4** 天武天皇の頃，日本最初の銭貨である和同開珎が鋳造され，これ
★★★　を流通させるため蓄銭叙位令が発布された。

□**5** 和同開珎が発行され，政府の流通促進策により，銭貨は全国各地
★★★　で流通するようになった。

□**6** 律令政府は，都と諸国を結ぶ官道を整備し，駅家を置いて地方と
★★　の連絡に利用した。

□**7** 奈良時代，蝦夷に対抗するため，陸奥国には多賀城が，出羽国に
★★★　は鎮守府が置かれた。

□**8** 8世紀始め，中央政府が南九州の隼人の抵抗をおさえ，九州南部
★★★　に大隅国を設置した。

□**9** 隼人の征服に伴い，南西諸島（沖縄）も律令国家に服属した。
★★

□**10** 8世紀には，遣唐使は遭難の危険が少ない朝鮮半島沿岸を通過す
★★★　るようになった。

□**11** 遣唐使の中には，唐の官職についた人もいた。
★★

□**12** 百済滅亡をきっかけに，日本は新羅と対立し緊張関係が高まった
★★　が，のちには国使も派遣され，文化的交流が進められていった。

□**13** 渤海は唐の衰退を受けて，8世紀後半から日本との交流を始めた。
★★

▼正解	▼解説

☐ **1** ○ 710年，**藤原京**から**平城京**に遷都されました。当時の天皇は**元明天皇**です。

☐ **2** ○ **平城京**は，**唐**の都である**長安**を模して造られました。

☐ **3** ✕ 平城京にあった市は，**東市**と**西市**です。いずれも，市司によって**国家が管理，運営**していました。

☐ **4** ✕ **和同開珎**の鋳造と，それを流通させるための法令である**蓄銭叙位令**は，8世紀の**元明天皇**の政策です。

☐ **5** ✕ 和同開珎が発行されても貨幣の流通は促進されませんでした。奈良時代は銭貨よりも**米**や**布**が貨幣としての役割をはたしました。

☐ **6** ○ 律令体制の維持のため，中央と地方を結ぶ官道が整備され，約16kmごとに**駅家**を設ける**駅制**が定められました。

☐ **7** ✕ 聖武天皇の頃，蝦夷に対抗するため陸奥国に**多賀城**が置かれました。その際，多賀城には蝦夷を鎮圧するための機関として**鎮守府**が置かれました。出羽国ではないので誤りです。

☐ **8** ○ 九州南部に住む**隼人**は**8世紀**初頭に征討され，九州南部に大隅国が設置されました。このとき，種子島・屋久島なども律令国家に服属しました。

☐ **9** ✕ 南西諸島は，弥生時代以降，貝塚文化という独自の文化を形成しました。律令国家には服属していなかったので誤りです。(☞P.17：**3**-8)

☐ **10** ✕ 遣唐使の航路は，最初は朝鮮半島伝いに行く北路がとられましたが，新羅との関係悪化のため，南路や南島路がとられるようになりました。

☐ **11** ○ 遣唐使だった**阿倍仲麻呂**は，唐の官職につき，唐で客死しました。

☐ **12** ○ 日本と新羅は緊張関係にありましたが，新羅には遣新羅使が派遣され，文化交流は積極的に行なわれました。

☐ **13** ✕ 中国東北部の**渤海**と交流を始めたのは，8世紀**前半**のことです。また，渤海と日本の交流のきっかけは，渤海と**新羅**との関係悪化です。

17 奈良時代の政治 (2) 〜奈良時代の政変〜

□**1** 藤原不比等没後に政界を主導した橘諸兄を自殺に追い込んだ事件
★ は，不比等の四子による策謀であった。

□**2** 長屋王のもとで，三世一身法や墾田永年私財法などの土地政策が
★★★ 実施された。

□**3** 藤原不比等の娘である光明子は，長屋王の死後，皇族以外で初め
★★★ ての皇后になった。

□**4** 隋で先進的な文化を学んだ吉備真備や玄昉は，橘諸兄に重用され
★★★ た。

□**5** 藤原広嗣は，聖武天皇の信任厚い玄昉や吉備真備らの排除を求め
★ て大宰府で反乱を起こし，失敗に終わった。

□**6** 聖武天皇は藤原広嗣の乱に動揺し，恭仁・紫香楽・難波と，次々
★★ に都を移した。

□**7** 大仏造立の詔にもとづき，東大寺に阿弥陀如来像が造られた。
★★

□**8** 橘奈良麻呂は，旧豪族の力を合わせて藤原仲麻呂の専権に対抗し
★★ ようとしたが，逆に仲麻呂によって倒された。

□**9** 藤原仲麻呂は，淳仁天皇を擁立して権勢をふるったが，光明皇太
★★ 后が没すると孝謙上皇と道鏡の勢力に追いつめられた。

□**10** 藤原仲麻呂は，恵美押勝の名を受けた道鏡と対立し敗れ，結果称
★★ 徳天皇が即位した。

□**11** 8世紀後半，ある僧侶が政治の中枢にいたことが考えられる。そ
★★★ の人物を，次のうちから一つ選べ。
①道鏡 ②玄昉

▼正解　　▼解説

- [ ] **1** ✕　藤原不比等の死後，政界を主導した人物は橘諸兄ではなく**長屋王**です。長屋王は，藤原不比等の四人の子により自殺に追い込まれました。

- [ ] **2** ✕　長屋王政権では，**百万町歩開墾計画**や**三世一身法**などの土地政策が実施されました。**墾田永年私財法**は橘諸兄政権で実施されたものです。

- [ ] **3** ○　**光明子**は皇族以外で初めての皇后になりましたが，それは8世紀前半の**長屋王の変**のあとのことです。

- [ ] **4** ✕　**藤原四子**の死後，**聖武**天皇のもとで**橘諸兄**政権が誕生します。橘諸兄政権では，**唐**から帰国した**吉備真備**や**玄昉**が重用されました。

- [ ] **5** ○　橘諸兄政権が誕生すると，藤原四子のうちの宇合の子である**藤原広嗣**が，**吉備真備**と**玄昉**らの排除を求めて**大宰府**で反乱を起こし失敗しました。

- [ ] **6** ○　聖武天皇は，藤原広嗣の乱後，**恭仁京 (山背国)，紫香楽宮 (近江国)，難波宮 (摂津国)** と次々と都を移しました。

- [ ] **7** ✕　**大仏造立の詔** にもとづいて造られたのは**盧舎那仏**です。仮にこの盧舎那仏を知らなくても，阿弥陀如来像が国風文化の頃に流行した浄土教思想にもとづくものであることから誤りとわかります。

- [ ] **8** ○　**聖武天皇**の死後，**藤原仲麻呂**が権力をもちます。**藤原仲麻呂**に対抗するのが，橘諸兄の子の**橘 奈良麻呂**ですが，藤原仲麻呂に倒されました。

- [ ] **9** ○　**藤原仲麻呂**は，**淳仁**天皇を擁して権勢をふるいましたが，光明皇太后の死をきっかけに力を失い，**孝謙上皇**の信任を受けた**道鏡**が力をもちます。

- [ ] **10** ✕　**恵美押勝**とは，**藤原仲麻呂**が淳仁天皇から授かった名です。藤原仲麻呂は**道鏡**と対立して敗れ，結果，**孝謙上皇**が重祚して**称徳天皇**となります。

- [ ] **11** ①　8世紀後半なので，奈良時代後期となります。奈良時代後期に政治の中枢にいた僧侶は**道鏡**で，765年に太政大臣禅師となって**仏教政治**を行ないました。

☐ **12** 和気清麻呂は，僧侶を皇位につけようとする企てを阻止した。
★★★

☐ **13** 三世一身の法では，灌漑施設を新設したか，旧来の灌漑施設を利
★★　　用したかにかかわらず，三世代による土地の私有を認めた。

☐ **14** 墾田永年私財法により開墾された田地は，年貢を納めるものとさ
★★★　れた。

☐ **15** 墾田永年私財法をきっかけとして広がった荘園を，初期荘園とよ
★★★　ぶ。

☐ **16** 奈良時代には，民衆の住居として竪穴住居が見られなくなった。
★★★

☐ **17** 奈良時代の農民は，一日三回の食習慣をすでに確立していた。
★

☐ **18** 奈良時代の農民の衣服には，材料として木綿などが広く用いられ
★★　　ていた。

☐ **19** 奈良時代には，女性の地位が比較的高く，女性が男性のもとに通
★★　　う妻問婚が広く行なわれていた。

18 天平文化 (1) ～鎮護国家の仏教～

☐ **1** 天平文化の頃の仏教は，南北朝の大陸文化に強い影響を受けた。
★★★

☐ **2** 天平文化の頃，仏教は鎮護国家のための国家仏教として，国家の
★★★　統制と保護のもとに置かれ，諸国に国分寺が建立された。

☐ **3** 奈良時代の南都六宗では，仏教教理の学問的研究に力が注がれた。
★★★

☐ 12 ◯ **和気清麻呂**（わけのきよまろ）は，**道鏡を皇位につけようとする企てを阻止した人物**で，平安京遷都を建議した人物でもあります。

☐ 13 ✕ **三世一身法**では，**既存の灌漑（かんがい）施設を利用して開墾した場合の土地**については開墾者本人一代，田畑に水を引くために**新しく池や溝を作って開墾した土地**については，三世代にわたる所有権が認められました。

☐ 14 ✕ **墾田永年私財法**（こんでんえいねんしざいほう）は**聖武天皇**の下で743年に出された，開墾した土地の永久私有を認めたものです。このとき，開墾された土地には**租**（そ）が課せられました。年貢ではないので誤りです。

☐ 15 ◯ 8世紀後半から9世紀にかけて開発された荘園を**初期荘園**（しょきしょうえん）とよびます。有力な貴族や寺院が土地を所有し，付近の一般農民や浮浪人を使って大規模な開墾を行なって得分（収益）を得ていました。

☐ 16 ✕ 奈良時代になると，西日本では**農民も平地式の住居に居住**するようになりましたが，竪穴住居（☞P.27：**7**-6）はなくなりませんでした。

☐ 17 ✕ 食習慣が一日三回になるのは，近世以降のことです。当時は，**一日二回の食生活**が基本でした。

☐ 18 ✕ 当時の農民の衣服の材料は，主に麻でした。**木綿**が国内で用いられるのは，**室町時代**になってからのことです。（☞P.143：**64**-13）

☐ 19 ✕ **妻問婚**（つまどいこん）は，女性が男性のもとに通うのではなく，**男性が女性のもとに通う婚姻形態**のこと。当時の婚姻形態は妻問婚が主流でした。

▼正解　　▼解説

☐ 1 ✕ **天平文化**（てんぴょう）は，**唐**（とう）**の影響を受けた文化**です。南北朝の大陸文化の影響を受けたのは飛鳥文化です。（☞P.33：**10**-1）

☐ 2 ◯ 天平文化の仏教は，国家仏教的な性格を強め，**仏教の力で国を平安にする**という**鎮護**（ちんご）**国家**思想が成立。諸国に**国分寺**（こくぶんじ）・**国分尼寺**（こくぶんにじ）が建立されます。

☐ 3 ◯ **南都六宗**（なんとろくしゅう）は，仏教理論の研究を主な活動としていました。

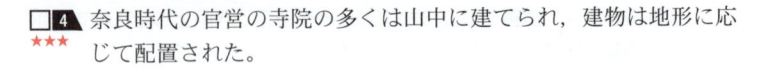

□ **4** 奈良時代の官営の寺院の多くは山中に建てられ，建物は地形に応
★★★　じて配置された。

□ **5** ＿＿＿＿は，8世紀に，仏教の民間不況が制限されている中で，あ
★★★　えて布教を行ないながら，道や橋の整備などを行なった。
　　　①行基　　　　　　　　　　②忍性

□ **6** 遣唐使に伴われて渡来した鑑真は，奈良に薬師寺を建てた。
★★★

□ **7** 鑑真は，東大寺において僧侶らに戒律を授け，また唐招提寺を創
★★　建した。

□ **8** 光明子は篤く仏教を信仰し，貧窮者の救済をめざして悲田院・施
★　薬院を置いた。

□ **9** 彫刻の分野では，それまでの金銅像のほかに塑像や乾漆像が多く
★★★　制作された。乾漆像の代表作の一つに興福寺阿修羅像がある。

□ **10** 奈良時代の郡司の子弟は，地方の国学で教育を受けることができ
★★　た。

□ **11** 正倉院宝物には，ササン朝ペルシャやローマの影響を受けたもの
★★★　がある。

□ **12** 正倉院に伝わる鳥毛立女屏風は，宋の文化の影響を受けている。
★

19 天平文化 (2) 〜天平文化の展開〜

□ **1** 『古事記』は，太安万侶が筆録したもので，中国の歴史書にならっ
★★　て，正式の漢文で編年体に記述されている。

□ **2** 『日本書紀』は，中国の史書の体裁にならって編纂され，720年に
★★★　完成した。

□ 4 × 山中に寺院が建立され，地形に応じた**伽藍配置**が行なわれるのは，<u>弘仁・貞観</u>文化の頃のことです。（☞P.57：**21**-5）

□ 5 ① <u>行基</u>は奈良時代の僧侶です。当時，禁止されていた**仏教の民間布教**を行ない，道や橋の整備など社会事業にとり組んで弾圧を受けましたが，後に聖武天皇の**大仏造立に協力**し，大僧正となりました。

□ 6 × 唐から来日した**鑑真**が建立した寺院は<u>唐招提寺</u>です。

□ 7 ○ 鑑真は，**日本に戒律を伝えた**人物です。鑑真は<u>東大寺</u>で僧侶に戒律を授けました。

□ 8 ○ 光明子は貧民救済のため，**悲田院・施薬院**を設けました。

□ 9 ○ 天平文化では，**塑像**や**乾漆像**が多く作られるようになりました。代表的な乾漆像には，東大寺不空羂索観音像や興福寺阿修羅像などがあります。

□ 10 ○ <u>大学</u>：**中央**に置かれる。**貴族**の子弟が学ぶ。
<u>国学</u>：**地方**に置かれる。**郡司**の子弟が学ぶ。

□ 11 ○ 正倉院の宝物には，東ローマや西アジア・インドの流れをくむものが多く，琵琶などはササン朝ペルシャの流れをひくものです。

□ 12 × **正倉院の鳥毛立女屛風**は，**唐**の文化の影響を受けています。<u>天平文化</u>が唐の文化の影響を受けた文化であるということがわかっていれば解けます。天平文化を代表する絵画には**薬師寺**の**吉祥天像**があります。

▼正解　　▼解説
- -

□ 1 × <u>『古事記』</u>は<u>太安万侶</u>が編纂したものですが，稗田阿礼が口頭で語った日本語をそのまま漢字の音訓を用いて記しています。

□ 2 ○ <u>『古事記』</u>　：**『帝紀』**・**『旧辞』**を稗田阿礼が暗誦，太安万侶が筆録。
<u>『日本書紀』</u>：中国の史書の体裁にならい漢文の**編年体**で記す。

□ **3** 『風土記』は諸国の産物や地名伝承などを記したものである。
★★★

□ **4** 8世紀の中頃には，漢詩集『懐風藻』が編纂されたが，この時代
★★★　の代表的文人には，淡海三船や石上宅嗣らがあった。

□ **5** 大学に付属した図書館として，淡海三船が芸亭を開いた。
★★

□ **6** 『万葉集』は，奈良時代後半に編集された最初の勅撰和歌集である。
★★★　◆勅撰…天皇・上皇の命（勅命）によって，詩歌を選んで編纂すること。⇔私撰。

□ **7** 『万葉集』の代表的な歌人に，山上憶良・山部赤人・大伴旅人・
★★★　大伴家持らがいる。

□ **8** 日本語を表すために，漢字の音訓を利用した万葉仮名が考案され，
★★★　和歌の表記に多く用いられた。

□ **9** 『万葉集』は，東歌や防人の歌のように農民の歌をも収めており，
★★★　当時の社会生活を知ることのできる史料である。

□ 3 ○ 『風土記』は，諸国に命じて作らせた奈良時代の地誌です。

□ 4 ○ 『懐風藻』は奈良時代後半に編纂された**現存最古の漢詩集**です。
淡海三船や**石上宅嗣**は奈良時代の漢詩人です。

□ 5 × 芸亭は**石上宅嗣**が開いた私設図書館です。大学に付属していません。

□ 6 × 『万葉集』は，奈良時代後半に編集された和歌集ですが，**勅撰ではありません**。最初の勅撰和歌集は『**古今和歌集**』です。（☞P.61：**24**-3）

□ 7 ○ 『万葉集』の代表的な歌人には，**山部赤人**・**大伴旅人**・**大伴家持**，
貧窮問答歌で有名な山上憶良（右図）らがいます。

□ 8 ○ 『万葉集』では，**万葉仮名**による表記が用いられました。

□ 9 ○ 『万葉集』に収録された**東歌**や**防人**の歌は，庶民による和歌です。

IV

奈良

19
天
平
文
化
(2)
〜
天
平
文
化
の
展
開
〜

V 平安時代 HEIAN PERIOD

794 — 1185

20 平安初期の政治

□ **1** 桓武天皇は, 新しい政治をめざして寺院などの旧勢力の強い長岡
★★★ 京から平安京への遷都を急いだ。

□ **2** 蝦夷の伊治呰麻呂らが焼き払った, 国府の置かれる城柵があった
★★ 地域は, 次のどちら側か。
① 太平洋側　　　　　　　　　② 日本海側

□ **3** 桓武天皇のとき, 征夷大将軍となった坂上田村麻呂は蝦夷の平定
★★★ を行なった。

□ **4** 坂上田村麻呂は, 阿弖流為を服属させるために志波城を築き, 多
★★ 賀城にあった鎮守府をここに移した。

◆鎮守府…古代. 東北地方の蝦夷征討のため陸奥国に置かれた軍事機関のこと。

□ **5** 桓武天皇は, 郡司の子弟からなる健児を組織させ, 京内の警備に
★★ あたらせた。

□ **6** 桓武天皇は, 郡司の不正をとり締まるため勘解由使を派遣した。
★★

□ **7** 嵯峨天皇は, 機密文書をとり扱う職として, 蔵人頭を置き, 藤原
★★ 良房を任じた。

□ **8** 嵯峨天皇は, 京内の警備や裁判の業務を司る検非違使を置いた。
★★★

□ **9** 格は律令の施行細則, 式は律令を補足・修正したものである。
★★★

共通テストのポイント

▶平安時代は約400年もあるので，一つの時代ととらえず，「9/10/11/12世紀」と四つに分けて，各世紀の特色をおさえましょう。同じ平安時代でも，異なる時期の内容を記した正誤判定問題が頻出です。

▼正解　　▼解説

□ 1 ✕ **桓武天皇**は，寺院勢力の強い**平城京**から**長岡京**に遷都しました。その10年後には，長岡京は縁起が悪いとして**平安京**に遷都したので，桓武天皇は在位中に**二度の遷都**を行なったということになります。

□ 2 ① **伊治呰麻呂**は，奈良時代末期に反乱を起こし**多賀城**を焼き打ちした蝦夷です。多賀城は現在の宮城県のあたりにあったので，**太平洋側**となります。

□ 3 ○ **坂上田村麻呂**は，桓武天皇のときに**征夷大将軍**に任じられ，蝦夷平定を行ないました。

□ 4 ✕ 坂上田村麻呂は，802年に**胆沢城**を築き，**阿弖流為**を帰属させ，多賀城にあった**鎮守府**をここに移しました。その翌年，さらに北方の北上川上流に**志波城**を築きました。

□ 5 ✕ 桓武天皇の置いた**健児**は，国司の役所である国府の警備にあたる役職。京内の警備にあたるのは，嵯峨天皇のときに設置された**検非違使**です。

□ 6 ✕ 桓武天皇は地方政治の強化をはかるため，**勘解由使**の設置を行ないました。**勘解由使**は，国司の不正をとりしまる令外官のことです。

□ 7 ✕ **蔵人頭**は天皇の側近として機密事項を扱った令外官で**嵯峨天皇**が設置しました。このとき，蔵人頭に任じられたのは**藤原冬嗣**です。藤原良房（☞P.59：**22**-2）は臣下で最初に摂政になった人物です。

□ 8 ○ 京内の警備や裁判を司る令外官は**検非違使**で，**嵯峨天皇**が設置しました。

□ 9 ✕ **格**は「律令の補足・修正」，**式**は「律令の施行細則」です。

□10 令の解釈を統一するため，公式の注釈書である『令義解』が作られた。
★★★

□11 延暦・弘仁・貞観の各年間に集成・編纂された格式を，三代格式という。
★

□12 格や式が集成・編纂されたことにより，養老律令の効力は停止された。
★★★

□13 9世紀前半には，太宰府管内に公営田が設置され，直営方式による財源の確保がはかられた。
★★★

21 弘仁・貞観文化

□1 最澄は遣唐使に従って入唐し，帰国後，延暦寺を拠点に奈良仏教を批判し激しく対立した。
★★★

□2 最澄は，金剛峰寺と共に京都の教王護国寺を，布教などのための拠点とした。
★★★

□3 最澄の開いた宗派は，円仁・円珍のときに密教を取り入れた。
★★

□4 天台宗・真言宗は古くからの山岳信仰と結びつき，修験道の源となった。
★★★

□5 道鏡失脚後，仏教を重視する政治が否定されたことにより，奈良の大寺院は伽藍を山中に移して自らの存続をはかった。
★★

□6 6世紀には，仏教伝来と同時に神宮寺の建立など神仏の融合が起こった。
★★

□7 仏像では，翻波式の衣文などに特色をもつ一木造が発達した。
★★★

□8 絵画では，密教の諸仏の世界を図像で描いた曼荼羅が発達した。
★★★

□9 『懐風藻』は，9世紀前半の嵯峨天皇の頃に編まれた勅撰漢詩文集である。
★★★

☐ 10 ○ 『令義解』は養老律令の官撰注釈書です。同じく養老令の私撰の注釈書には、惟宗直本が編集した『令集解』があります。

☐ 11 × 三代格式は、弘仁格式・貞観格式・延喜格式のことです。延暦格式は存在しません。

☐ 12 × 格や式は、律令を補足・修正するものや、施行細則なので、養老律令の効力が停止されることはありません。

☐ 13 ○ 公営田は平安時代初期に太宰府の管内に設置された直営田です。朝廷の財政難を克服するために置かれました。

V 平安

20 平安初期の政治

▼正解　　▼解説

- -

☐ 1 ○ 最澄は天台宗を開いた僧侶で、延暦寺を拠点に活動しました。当時の仏教は加持祈禱を重んじ、現世利益を求めるものでした。

☐ 2 × 金剛峰寺と京都の教王護国寺（東寺）を拠点としていたのは空海です。空海は真言宗を開いた僧侶です。

☐ 3 ○ 天台宗は弟子の円仁・円珍によって密教が取り入れられました。
台密：天台宗系の密教（天台宗の「台」の字から連想）。
東密：真言宗系の密教（東寺の「東」の字から連想）。

☐ 4 ○ 天台宗や真言宗は、山中を修行の場としたため、在来の山岳信仰とも結びついて修験道の源となりました。

☐ 5 × 山中に伽藍を営んだのは、天台宗や真言宗などであり、奈良の大寺院は伽藍を山中には移しませんでした。

☐ 6 × 神仏習合が見られるようになるのは、**8世紀**頃からです。神社の境内に神宮寺を建立したり、寺院の境内に鎮守を祭ったりしました。

☐ 7 ○ 弘仁・貞観文化の仏像は、一木造のものが多いです。

☐ 8 ○ 曼荼羅は、密教世界を図示したものです。

☐ 9 × 平安時代初期の**最初の勅撰漢詩文集**は『凌雲集』です。『懐風藻』は奈良時代の漢詩集で勅撰ではありません。（☞P.53：**19**-4）

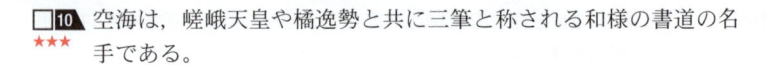

□10 空海は，嵯峨天皇や橘逸勢と共に三筆と称される和様の書道の名
★★★　手である。

□11 政府は，貴族の子弟の教育のため，あらたに大学別曹を設けた。
★★★

□12 平安時代，庶民への学芸教授のため，最澄は綜芸種智院を設けた。
★★★

22 藤原氏の他氏排斥

□1 橘氏は，奈良時代には藤原氏と拮抗する勢力をもっていたが，橘
★★★　逸勢が薬子の変で失脚して以後，ふるわなくなった。

□2 ＿＿＿＿は，北家の優位を確立し，臣下として初めて摂政となった。
★★★　①藤原良房　　　　　　　　②藤原房前

□3 大伴氏は，ヤマト政権の軍事を担当してきた氏であったが，応天
★　門の変を契機に政界から没落してしまった。

□4 藤原基経は，応天門の変ののち，関白の地位につき，以後摂政・
★★★　関白が常に置かれる政治体制を築いた。

□5 宇多天皇のもとで，菅原道真が関白として重用された。
★★★　◆菅原道真は，死後に怨霊としておそれられ，京都の北野天満宮にまつられた。

□6 醍醐天皇の在位中，提出された意見封事十二箇条によって，地方
★★　政治の混乱などが指摘された。

□7 醍醐天皇の時代には，六国史の最後である『日本三代実録』や『延
★★★　喜格式』が完成した。

□8 10世紀には，本朝十二銭の最後の貨幣である乾元大宝が鋳造され
★★★　た。

□ 10 ✕ 三筆は，空海・嵯峨天皇・橘 逸勢で，唐風の書道の名手のことです。

□ 11 ✕ 大学別曹は貴族の子弟の教育のため，有力な貴族が設置したものです。政府が設置したものではないため誤りです。

□ 12 ✕ 庶民に教育の門戸を開いた綜芸種智院を設けたのは，空海です。

▼正解　　▼解説

V 平安 21 弘仁・貞観文化

□ 1 ✕ 橘 逸勢が失脚するのは，9世紀中期の承和の変です。薬子の変は，平安時代初期に起こった政変のため誤りです。

□ 2 ① 藤原良房（右図）は，臣下として初めて摂政となった人物です。孫である幼い清和天皇の摂政となりました。藤原良房は藤原北家の人物で，初代蔵人頭となった藤原冬嗣の子です。

□ 3 ○ 伴善男が応天門の変を契機に没落しました。伴善男はヤマト政権の有力豪族であった大伴氏の人物です。

□ 4 ✕ 応天門の変は藤原良房の頃の出来事です。また，摂政・関白が常に置かれる体制になるのは，10世紀後半のことです。藤原基経は，初めて関白となった9世紀後半の人物です。

□ 5 ✕ 藤原基経の死後，宇多天皇は摂政関白を置かない政治を行ない，菅原道真を重用しました。菅原道真は，醍醐天皇のとき，藤原氏の策謀により太宰権帥に左遷され，その地で亡くなりました。

□ 6 ○ 意見封事十二箇条は，醍醐天皇の頃に提出されたもので地方政治の混乱ぶりが記されています。

□ 7 ○ 醍醐天皇の時代に，六国史の最後である『日本三代実録』や三代格式の最後である『延喜格式』が完成しました。

□ 8 ○ 10世紀半ば，村上天皇によって本朝十二銭の最後である乾元大宝が鋳造されました。

23 摂関政治の展開と平安時代の対外関係

☐ **1** 平安時代の貴族の子弟は，父の実家で養育されることが多く，祖
★★★ 　父が力をもつ原因となった。

☐ **2** 藤原頼通は，藤原道長の子で，3天皇の50年にわたり，摂政・関
★★ 　白をつとめた。

☐ **3** 10世紀になると，唐の滅亡に伴い，遣唐使の停止が決定された。
★★★

☐ **4** 唐が滅んだのに続いて，それまで国交のあった渤海や新羅も滅ん
★★★ 　で別の王朝が起こった。

☐ **5** 唐の滅亡後建国された宋と正式な国交が開かれたため，民間の商
★★★ 　船などの往来が盛んに行なわれた。

☐ **6** 11世紀前半には，東北に女真人（刀伊）が突如侵入したが，現地
★★★ 　の武士らが中心になってこれを撃退した。

24 国風文化 (1) 〜国風文化の展開〜

☐ **1** 仮名文字が発明されると，公的な行政文書にももっぱら仮名が用
★★★ 　いられ，仮名文学隆盛の土壌となった。

☐ **2** 10世紀には，唐風書道の名手として三蹟の一人である小野道風が
★★★ 　活躍した。

☐ **3** 国風文化では，和歌が社交の手段としてもてはやされ，『古今和
★★★ 　歌集』が編纂された。

☐ **4** 伝説を題材とした『竹取物語』や，貴族を主人公とした『伊勢物語』
★★ 　などの物語が作られた。

▼正解	▼解説

☐ 1　×　平安時代の貴族の子弟は母方の実家で養育されることが多かったため，母方の親戚である**外戚**の家が力をもちました。

☐ 2　○　**藤原頼通**（右図）は**藤原道長**の子で，**11世紀半ば**に50年にわたり摂政・関白をつとめました。父の藤原道長は，3代の天皇の外祖父（母方の祖父）となった人物です。

☐ 3　×　**遣唐使**は，**9世紀末**（894年）に**菅原道真**の提案によって停止されました。唐の滅亡前のことです。

☐ 4　○　**10世紀**になると，中国では**唐**が滅んで**宋**が成立。朝鮮半島では**高麗**が**新羅**を滅ぼし，中国東北部では**遼（契丹）**が**渤海**を滅ぼしました。

☐ 5　×　唐の滅亡後建国された国は宋です。日本と宋の間では積極的に交易が行なわれましたが，正式な国交は結ばれませんでした。

☐ 6　×　11世紀前半（1019年）に，**女真人**が**大宰府**を襲う事件が起こりました。これを**刀伊の入寇**といい，藤原隆家と現地武士がこれを撃退しました。

Ⅴ 平安

㉓ 摂関政治の展開と平安時代の対外関係

▼正解	▼解説

☐ 1　×　仮名文字が発明されても，公的な行政文書にはもっぱら**漢字**が用いられており，男性貴族は漢字を用いていました。

☐ 2　×　国風文化では，**小野道風・藤原佐理・藤原行成**といった**和風の書道**の名手である**三蹟（跡）**が活躍。三筆（☞P.59：㉑-10）と混同しないように。

☐ 3　○　『**古今和歌集**』は醍醐天皇の命で編纂された**最初の勅撰和歌集**です。奈良時代の『万葉集』は勅撰和歌集ではありません（☞P.53：⑲-6）。

☐ 4　○　『**竹取物語**』は，かぐや姫伝説を題材とした物語で，『**伊勢物語**』は在原業平を主人公とした歌物語です。

□ **5** 『古今和歌集』や『源氏物語』は，国風文化を象徴するものであり，
★★★ 諸国の国学における教材として，講義された。

□ **6** 11世紀頃には，貴族社会の生活や感情をつづった『枕草子』が著
★★★ された。

□ **7** 紀貫之の『土佐日記』は，作者を女性に仮託して書かれた，仮名
★★★ 文字の日記文学である。

□ **8** 受領の娘であった紫式部は，父の任地から都にのぼる旅や，宮仕
★★★ えのことなどを書いた『蜻蛉日記』を著した。

□ **9** 平安時代の貴族の住宅は，中央部に寝殿をもち，その北・東に
★★ ＿＿a＿＿ を配置し，さらに池のそばには ＿＿b＿＿ が建てられ，これ
らが ＿＿c＿＿ でつながれていた。
① a- 対屋　b- 渡殿　c- 釣殿
② a- 釣殿　b- 渡殿　c- 対屋
③ a- 渡殿　b- 釣殿　c- 対屋
④ a- 対屋　b- 釣殿　c- 渡殿

□ **10** 国風文化では，唐風の服装にかわる正装として，男子の束帯，女
★★★ 子の十二単が用いられた。

□ **11** 男子の成人の儀式には，元服や裳着があった。
★★★

□ **12** 貴族は陰陽道を重んじたため，その日常生活には方違や盟神探湯
★★★ などの慣習が広まった。

□ **13** 平安時代には，一般庶民に肉食を避ける思想が広がり，狩猟や漁
★ 労は衰退し，食物はもっぱら農作物のみに依存するようになった。

☐ 5 ×　『古今和歌集』や紫式部の『源氏物語』は，国風文化を象徴する作品ですが，国学（☞P.51：**18**-10）は律令時代の地方教育機関なので，誤りです。

☐ 6 ○　『枕草子』は清少納言が11世紀頃に著した随筆で，貴族社会の生活や感情を豊かにつづったものです。

☐ 7 ○　『土佐日記』は紀貫之による仮名日記ですが，当時男性は漢字で日記を書くことが一般的であったため，女性のふりをして記されました。

☐ 8 ×　『蜻蛉日記』の作者は藤原道綱の母です。紫式部の日記は『紫式部日記』です。当時の日記には菅原孝標の女の『更級日記』などもあります。

☐ 9 ④　白木造・檜皮葺など日本独自の手法で作られた貴族の邸宅を寝殿造といいます。その基本構造をおさえておきましょう。

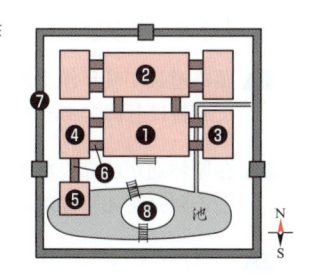

❶＝寝殿　❷＝北対　※対＝対屋
❸＝東対　❹＝西対
❺＝釣殿　❻＝渡殿（透渡殿）
❼＝築地塀　❽＝中島

☐ 10 ○　国風文化の時代の正装は，男子が衣冠・束帯，女子が十二単です。なお，通常服は男子が直衣・狩衣，女子が小袿です。

☐ 11 ×　元服は男子の成人の儀式のことですが，裳着は女子の成人の儀式のことです。

☐ 12 ×　引きこもって慎む物忌や，凶の方角を避けて行動する方違は，陰陽道にもとづいて行なわれました。盟神探湯（☞P.27：**7**-10）は古墳時代の信仰なので誤りとなります。

☐ 13 ×　仏教思想の影響で，貴族層を中心に獣肉は忌避されていました（ただし魚肉は食していました）が，一般庶民は肉食を続けていました。「狩猟や漁労は衰退」や「農作物のみに依存」も誤りです。

25 国風文化 (2) ～浄土教文化の発展～

☐ **1** 平安時代中・後期，末法思想が広がった背景には，疫病の流行や
★★★ 災害があった。

☐ **2** 最澄は，京都を中心に念仏をすすめて市聖と称され，その念仏行
★★★ 脚の木像が六波羅蜜寺に所蔵されている。

☐ **3** 9世紀，源信が『往生要集』を著し，極楽往生の教えを説いた。
★★★

☐ **4** 往生をとげたと信じられた人々の伝記をもとに，往生伝が編纂さ
★★★ れるようになった。

☐ **5** 藤原道長が晩年浄土教を信仰して建立した法成寺は，六勝寺の中
★★★ でも特に壮麗であったことで知られる。

☐ **6** 藤原頼通が建立した法界寺阿弥陀堂の本尊は，定朝が作った寄木
★★ 造の阿弥陀如来像である。

☐ **7** 阿弥陀仏の来臨の様子を描いた絵画を曼荼羅といい，平等院鳳凰
★★★ 堂扉絵が有名である。

☐ **8** 11・12世紀には本地垂迹説が盛んとなり，日本の神々こそ仏の本
★★★ 地だと考えられるようになった。

26 地方政治の変容と荘園制度

☐ **1** 醍醐天皇の時代には，荘園整理令が出されるなど，律令制の再建
★★ がはかられたが，班田収授もこの天皇の時代が最後となった。

☐ **2** 律令制が解体すると，課税の対象は ☐ に転換された。
★★★ ① 人民　　　　　　　　　② 耕地

▼正解　　▼解説

☐ 1　○　**末法**思想とは，11世紀半ば（1052年）より末法の世の中が始まるという
思想で，疫病の流行や災害がこの思想を広める背景となりました。

☐ 2　✕　10世紀に京都を中心に**念仏を広めて市聖**とよばれた人物は**空也**です。
最澄は弘仁・貞観文化の時代に天台宗を開いた人物です。（☞P.57：**21**-1）

☐ 3　✕　10世紀後半に活躍した**源信**は，往生極楽の方法を説いた『往生要集』を
著した人物です。9世紀は国風文化の時期でないので誤りです。

☐ 4　○　**往生伝**は，極楽往生したとされる人の伝記で，代表作に**慶滋保胤**の『**日
本往生極楽記**』があります。

☐ 5　✕　**法成寺**は，**藤原道長**が建立した浄土教寺院ですが，院政期に建
てられた六勝寺（☞P.71：**28**-12）とは無関係です。

☐ 6　✕　**藤原頼通**が建立した代表的な寺院は**平等院鳳凰堂**で，本尊である**阿弥陀
如来像**は，仏師**定朝**による**寄木**造の仏像です。

☐ 7　✕　阿弥陀仏の来臨の様子を描いた絵画のことを**来迎図**といいます。代表作
に**平等院鳳凰堂扉絵**などがあります。
曼荼羅は弘仁・貞観文化です。（☞P.57：**21**-8）

☐ 8　✕　**本地垂迹説**は，日本の**神々は仏の権現**（形を変えたもの）という考えで，
仏は神の本地であるという考えです。

▼正解　　▼解説

☐ 1　○　**醍醐**天皇の時代に**延喜**の**荘園整理令**が出され，律令制の再建がはかられ
ましたが，結局このときが**最後の班田**となりました。

☐ 2　②　律令制では，課税の中心は**人頭税**（全国民に一律同額を課する租税のこ
と）でしたが，律令制の解体に伴い，課税の対象は**耕地**に転換していき
ました。

□ **3** 租税を負担するのは成年男子であったので，平安時代の戸籍では
★★★　税収増加をあてこんで，成年男子がほとんどを占めている。

□ **4** 租税納入を請け負った有力農民は田堵とよばれ，請負地は名また
★★　は名田とよばれた。

□ **5** 年貢は名田を基準に賦課され，名主がその納入の責任を負った。
★★★

□ **6** 公事は，下人の家を基準に賦課され，主に畠作物が納められた。
★★★

□ **7** 国司は，国内支配を委任され，政府に対しては一定額の租税徴収
★★★　の義務を負うのみであった。

□ **8** 平安時代，朝廷の行事や造営の費用を負担して国司の地位を得る
★★★　成功が行なわれた。

□ **9** 藤原道長の時代には，国司に任命されながら現地に赴任せず，か
★★★　わりに目代を派遣し，政治を行なう者が多かった。

□ **10** 10世紀後半，郡司や百姓の訴えを国守が朝廷に報告した尾張国郡
★★★　司百姓等解がある。

□ **11** 墾田を集積した初期荘園の多くは，田租を免除された。
★★★

□ **12** 国衙では，国司にかわって，その地方の豪族から選ばれた本家・
★★★　領家という役人が行政の実務にあたった。

□ **13** 開発領主の中には，中央の貴族に荘園の寄進をする者が多く，寄
★★★　進を受けた貴族を本家とよび，さらに上級の貴族に重ねて寄進が
行なわれた場合，これを領家とよんだ。

□ **14** （12世紀後半の）寄進地系荘園の多くでは，不輸・不入の特権が
★★　確立していたが，荘園に対する国衙の検田のみ依然として継続さ
れていた。

□ 3 × 租税を負担するのは成年男子であったため，税をおそれるために男性を女性と偽る偽籍が多く行なわれ，平安時代の戸籍では**女性が大半を占めるもの**も多く見られるようになりました。

□ 4 ○ **租税納入を請け負った有力農民**は田堵とよばれ，田地は名（名田）という単位に分けられました。

□ 5 ○ 名主とは，12世紀以降名田の年貢・公事をとりまとめた有力農民のことです。

□ 6 × 年貢や公事は，名（名田）単位に賦課されたため誤りです。

□ 7 ○ 10世紀以降の国司は，徴税請負人の性格が強くなり，**一定額の税の納入さえ行なえば，一国の支配を一任**されました。

□ 8 ○ 成功とは，朝廷の行事や造営の費用を負担して官職や位階を得るもので，同様の方法で官職に再任される重任も行なわれました。

□ 9 ○ **国司に任命されながら現地に赴任しない**国司を遙任国司といいます。遙任国司は現地に自分の代理である目代を派遣しました。

□ 10 × 尾張国郡司百姓等解は，強欲な受領（右図）とよばれる国守が，郡司・百姓等によって訴えられた文書。国守が報告したものではありません。

□ 11 × 初期荘園は，律令体制時の荘園のため**課税対象となる輸租田**となります。

□ 12 × 地方行政の実務にあたったのは，在庁官人とよばれる地方の豪族です。本家・領家は寄進を受けた荘園領主の名称です。

□ 13 × 開発領主とよばれる在地領主は，権威を得るために中央の貴族に荘園を寄進することが多く，**寄進を受けた荘園領主を**領家，この荘園が**上級の貴族などに重ねて寄進**された場合の領主を本家とよびました。

□ 14 × 不輸の権は租税の免除，不入の権は（荘園側が）国衙からの使者（検田使など）の立ち入りを拒否する特権のことです。

27 地方政治の混乱と武士の台頭

□ **1** 平将門は，桓武平氏の一族で，国司として派遣された関東地方で
★★★ 反乱を起こしたが鎮圧され，以後源氏が東国に勢力をもった。

□ **2** 藤原純友は太宰府を襲撃したが，九州の武士平貞盛によって討た
★★★ れた。

□ **3** 10世紀後半に起こった平忠常の乱を鎮圧させた源頼信は源氏の東
★★ 国進出の契機を作った。

□ **4** 陸奥国に赴任した源頼義は，東国の軍勢を率いて安倍氏と戦い，
★★ これを滅亡させた。

□ **5** 後三年合戦は，出羽の豪族清原氏一族の内紛に源義家が介入した
★★★ ものである。

28 院政の開始

□ **1** 藤原頼通の娘に皇子が生まれず，摂関家を外戚としない後三条天
★★★ 皇が即位すると，天皇は摂関家をおさえ，政治の刷新をはかった。

□ **2** 11世紀後半，後三条天皇が行なった荘園整理令では，荘園領主か
★★★ ら書類を提出させ，記録荘園券契所で国司が審査にあたった。

□ **3** 後三条天皇は，藤原氏の荘園も荘園整理令の対象としようとした
★★★ が失敗した。

□ **4** 後三条天皇は宣旨枡という統一的な枡を定めた。
★★

▼正解　　▼解説

□ 1 ×　　**平将門**は桓武平氏の一族で，**10世紀前半**に東国で反乱を起こし鎮圧されました。関東に土着の武士で国司ではありません。

□ 2 ×　　**藤原純友の乱**は，10世紀前半に**大宰府**などで起こった海賊蜂起です。この乱は**源経基**・小野好古によって追討されました。仮に平貞盛を知らなくても，平氏が関東で力をもっていたことさえ知っていれば誤りであるとわかります。

□ 3 ×　　**平忠常の乱**は11世紀前半の出来事です。**源氏の東国進出が11世紀前半以**降であるということを知っていれば誤りであるとわかります。

□ 4 ○　　**源頼義**は**前九年合戦**で活躍した人物です。前九年合戦では**安倍**氏を滅亡させました。

□ 5 ○　　**後三年合戦**は，清原氏の相続争いに**源義家**が介入したもので，勝利した**藤原清衡**（右図）の**奥州藤原氏**は，その後100年あまり栄華を極めました。

▼正解　　▼解説

□ 1 ○　　入内した藤原頼通の娘に皇子が生まれなかったため，摂関家を外戚としない**後三条**天皇が即位しました。天皇は摂関家をおさえる改革を行ないました。

□ 2 ×　　11世紀後半に後三条天皇が行なった延久の荘園整理令では，新しく設置された**記録荘園券契所**という役所で荘園整理が行なわれました。「国司が審査」の部分が誤りとなります。

□ 3 ×　　延久の荘園整理令では，記録荘園券契所が荘園整理の実務を行なったため，摂関家の荘園も整理の対象となりました。

□ 4 ○　　**後三条天皇**が定めた統一の枡を**宣旨枡**といいます。

□ **5** 白河天皇は，子の堀河天皇に譲位して，院政を始めた。また，院
★★★　の御所に北面の武士を置いて武士団を組織した。

□ **6** 院政期は，上皇の命令を伝える院宣や院庁下文が強い権威をもつ
★★　ようになった。

□ **7** 院政期は，摂関家におさえられていた中下級貴族や受領らが院の
★★★　近臣を形成した。

□ **8** 院政期は，成功や重任を禁止し，摂関家の経済的基盤であった知
★★★　行国の制度を廃止した。

□ **9** 地方政治にはたす郡司の役割が大きくなり，有力な郡司の中には
★　知行国主となる者が現れた。

□ **10** 院政期は，荘園の寄進が院に集中するようになり，摂関家をしの
★★★　ぐ勢いを示した。

□ **11** 院政時代，上皇は造寺・造仏を行なうと共に，たびたび熊野へ参
★★★　詣した。

□ **12** 平安時代末期の天皇・上皇らは，六勝寺など多数の寺院を作り，
★★★　また白河・鳥羽上皇らは出家して法皇となった。

□ **13** 興福寺や延暦寺は，僧兵を組織して，神木や神輿をもって朝廷に
★★★　強訴し，要求を通そうとした。

29 平氏政権の成立

□ **1** 平正盛は伊賀国の所領を六条院に寄進して北面の武士となり，平
★★　忠盛は瀬戸内海の海賊を平定して平氏政権の基盤を築いた。

□ **2** 保元の乱に勝利した後鳥羽上皇は，院政を主導した。
★★★

□ **3** 平治の乱で勝利を収めた平清盛は乱後，後白河院政のもとで中央
★★★　政界での地位を高めた。

ANSWERS

☐ 5 ○　子の**堀河天皇**に譲位し，初めて院政を行なったのは**白河天皇**です。また，院の警護のために**北面の武士**を置きました。

☐ 6 ○　**院政**では，院政を行なう役所である院庁から下される**院庁下文**や，上皇の命令を伝える**院宣**が国政一般に強い権限をもっていました。

☐ 7 ○　院政では，荘園整理の断行を歓迎する受領層や中下級貴族が院の近臣を形成しました。

☐ 8 ✕　院政期になると，上級貴族に**知行国主**として一国の支配権を与える**知行国**の制度が始まりました。また，成功や重任は禁止されていません。

☐ 9 ✕　知行国主は，上級貴族が任命されました。当時，地方政治に大きな役割をはたすようになったのは**在庁官人**です。在庁官人はもともと郡司だったものが多かったのですが，当時は在庁官人とよばれていました。

☐ 10 ○　院政期には多数の荘園が上皇や法皇に寄進されました。これを**院領荘園群**とよびます。

☐ 11 ○　院政期の上皇は仏教への帰依が厚く，造寺・造仏や，**熊野詣**や**高野詣**などを盛んに行ないました。

☐ 12 ○　院政期の天皇や皇族が建立した「勝」の字のつく6寺院を**六勝寺**といいます。また，上皇は出家して**法皇**となりました。

☐ 13 ○　大寺院は，下級僧侶を**僧兵**として組織し，神木や神輿を先頭に立てて朝廷に**強訴**を行ないました。

▼正解　　▼解説

☐ 1 ○　伊勢平氏である**平正盛**は伊賀国の所領を寄進して白河法皇の信任を得ました。**瀬戸内海の海賊を平定**したのは平清盛の父である**平忠盛**です。

☐ 2 ✕　**保元の乱**に勝利したのは**後白河天皇**です。**崇徳上皇**側に勝利しました。

☐ 3 ○　**平清盛**は，**平治の乱**で**源義朝**らに勝利し，院の近臣の頂点に立ちました。

V 平安 28 院政の開始

71

□4 平清盛は，娘徳子を安徳天皇の中宮とした。
★★

□5 平清盛は，六波羅探題を設置して，朝廷を監視した。
★★★

□6 13 〜 14 世紀には，日宋貿易の振興をはかって大輪田泊が修築され，
★★　短期間ながらこの近くに都が置かれた。

30 院政期の文化

□1 中尊寺金色堂などの阿弥陀堂が京都に多く作られ，浄土教が栄え
★★★　ていった。

□2 10 〜 11 世紀には，貴族の間に流行していた今様などを集めた『梁
★★★　塵秘抄』が編纂された。

□3 院政期，『今昔物語集』などの歴史物語が多く編纂された。
★★★

□4 『栄華物語』・『大鏡』は，道長など藤原氏の全盛期を賛美して描
★★　かれている。

□5 『陸奥話記』は，最初の軍記物語であり，11 世紀中頃に起きた後
★★　三年合戦を主題としている。

□6 平清盛ら平家一門は，厳島神社を信仰し，華麗な装飾をほどこし
★★★　た経巻を奉納した。

□ 4 × **平清盛**は娘**徳子**を**高倉天皇**の中宮としました。**安徳天皇**は，徳子と高倉天皇の間に産まれた子で，平清盛は外戚として力をもちました。

□ 5 × 六波羅探題（☞P.79：**32**-6）は鎌倉時代に設置された機関で，平清盛とは無関係です。

□ 6 × **日宋貿易**の振興のために**大輪田泊**が修築され，一時的に遷都され**福原京**が置かれたのは**12世紀後半**のことです。

▼正解　　▼解説

□ 1 × **中尊寺金色堂**は，院政期の文化を代表する阿弥陀堂ですが，京都ではなく，陸奥の**平泉**に作られました。

□ 2 × **『梁塵秘抄』**は，当時貴族の間に流行していた**今様**などの歌謡を集めたもので，**後白河法皇**が編纂しました。編纂されたのは**12世紀後半**です。

□ 3 × **『今昔物語集』**は院政期のものですが，歴史物語ではなく**説話集**です。

□ 4 × **『栄華物語』**は藤原全盛期を賛美した作品ですが，**『大鏡』**は藤原全盛期を批判的な視点をもって書いた作品です。いずれも院政期の代表的な歴史物語です。

□ 5 × 最初の軍記物語は**『将門記』**です。**『陸奥話記』**は，**前九年合戦を題材**とした軍記物語で，院政期の代表的な作品です。

□ 6 ○ 平清盛が厳島神社に奉納した装飾経を**『平家納経』**といいます。装飾経にはほかに，**四天王寺**にある**『扇面古写経』**があります。

共通テストの傾向と対策 ——第1・2問

　共通テストは，第1問〜第6問まで大問がありますが，第1問はテーマ史，第2問が原始・古代となっています。原始時代・古墳時代・飛鳥時代・奈良時代・平安時代がバランスよく出題されていますので，あくまでも全般的な学習を心がけたうえで，以下4点の傾向に重点を置いた対策を行なってください。

①まず，ヤマト政権の成立期と律令体制です。とりわけ5世紀の日本は，日本という国の成り立ちについて認識させようという意図からか頻出します。また，律令体制も，日本の国家体制が整った時期という意味で，よく出題される分野です。

②次に，民衆の生活史です。共通テストでは，支配者の立場ではない歴史というものが重視される傾向にあります。原始時代から奈良時代にかけての住居の変遷や，食生活などのスタイルの変遷については，小問レベルではよく出題されており，今後も十分に出題が予想される分野といえるでしょう。史料や図版をからめた問題で出題しやすい分野でもあるので，要注意であるともいえます。

③三番目は，蝦夷平定史です。多賀城の築城や，坂上田村麻呂の蝦夷平定といった歴史が，当時の中央政治とセットで出題されます。また，外交史については，隋や唐といった中国史はもちろんのこと，新羅・高麗や渤海・遼（契丹）との交流といったところも意外なほどに出題されている分野です。

④最後にはやはり文化史です。仏教史がらみの問題や，写真や図版を示して時期を判別させる問題が多い傾向にあります。細かい仏像名などを暗記するのではなく，仏像の写真を見て「何文化に属するものか」を判別できるようにしておくとよいでしょう。また，書物などはタイトルや著者を丸暗記するといった学習ではなく，その書物に記されている内容をしっかり理解する学習に重点を置いてください。

第 **2** 部

中世

THE MEDIEVAL PERIOD

VI 鎌倉時代
1185 — 1333

VII 室町時代
1336 — 1573

31 源平の争乱と鎌倉幕府の成立

☐ **1** 源頼政は，後白河法皇の令旨を受けて挙兵した。
★

☐ **2** 平清盛は，都を摂津の福原へ移したが，京都へ戻した。
★★

☐ **3** 源義仲が，北陸道から入京し，平氏一門を西国へ追った。
★★

☐ **4** 源頼朝は，源義経らを率いて平氏を壇の浦に滅亡させた。
★★

☐ **5** 奥州藤原氏は，源頼朝の保護を受け，金や馬などの交易で繁栄した。
★★

☐ **6** 源頼朝は，御家人を統制し軍事・警察を司る機関として侍所を置
★★ き，京都から下ってきた下級貴族の大江広元をその長官に任じた。

◆鎌倉幕府のしくみは，室町幕府との区別も含めてしっかり理解しておきたい。

☐ **7** 地頭は，年貢徴収・納入や，土地管理・治安維持にあたった。
★★★

☐ **8** 守護は原則として一国ごとに設置され，大番役の催促や謀叛人・
★★★ 殺害人の逮捕などの職務にあたった。

☐ **9** 鎌倉時代は，九州地方の御家人統率は九州探題，東北地方の御家
★ 人統率は奥州探題が担当した。

共通テストのポイント

▶鎌倉時代は，ほかの武家政権である室町幕府や江戸幕府の内容と混同しやすい部分が頻出です。武士の社会構造や，土地制度など政治史以外の部分や，鎌倉新仏教を中心とした文化もおさえておきましょう。

▼正解　　▼解説

☐ 1 ✕　源頼政は，以仁王の平氏打倒の令旨を受けて挙兵しました。

☐ 2 ◯　平氏打倒の令旨を受けて，平清盛は福原京に遷都しましたが，周囲の反対を受けて再び平安京に戻りました。福原京の場所には日宋貿易の拠点である大輪田泊がありました。

☐ 3 ◯　源義仲は源頼朝と同時期に平氏打倒の挙兵をしました。北陸の越中・加賀国境の倶利伽羅峠で大勝して入京，平氏一門を西国に追いやりました。

☐ 4 ✕　西国に追いやられた平氏は壇の浦で滅亡しましたが，その際平氏を滅亡させたのは源義経・範頼です。源頼朝は鎌倉にとどまって幕府を開くための準備をしていたので，「義経らを率いて」の部分が誤りです。

☐ 5 ✕　奥州藤原氏は金や馬などの産物を中央や北方と交易することで繁栄しましたが，保護を受けていたわけではありません。後には，源頼朝に追われた源義経をかくまったとして滅ぼされてしまいました。

☐ 6 ✕　侍所は御家人の統制機関で，その初代長官は有力御家人の和田義盛です。公家にならった政権を築くため，一般政務を担当する公文所（のちの政所）の初代長官には大江広元が任じられました。問注所という裁判事務を扱う機関も置かれました。

☐ 7 ◯　地頭は荘園・公領ごとに置かれ，土地管理や治安維持を行ないました。

☐ 8 ◯　守護は原則として一国一人で，大番役の催促（大番催促），謀反人・殺害人の逮捕といった大犯三カ条を基本的な権限としました。

☐ 9 ✕　九州の御家人統率は鎮西奉行，東北地方の御家人統率は奥州総奉行が担当しました。九州探題・奥州探題はいずれも室町幕府の地方機関です。

□ **10** 将軍家の知行国を関東知行国，将軍家領の荘園を関東御領とよん
★　　 だが，関東御領の大半は，東国の中小武士の寄進によって成立し
　　　 たものであった。

□ **11** 源実朝の死後，執権の家来が御家人，執権の家来でない者が非御
★★★　 家人とよばれるようになった。

□ **12** 御家人は京都大番役や鎌倉番役を負担したが，非御家人はいずれ
★★　　 も負担しなかった。

□ **13** 先祖伝来の所領を保証されることを本領安堵という。
★★★

32 執権政治の確立

□ **1** 13世紀初期に源頼家が将軍の地位を追われ，幽閉された。
★★★

□ **2** 源氏滅亡に続いて，侍所別当である和田義盛が滅ぼされた。
★★

□ **3** 北条義時は，政所別当に加えて侍所別当を兼任した。
★★★

□ **4** 1221年に後鳥羽上皇が源氏の追討を諸国に命じたことにより，承
★★★　 久の乱が勃発した。

□ **5** 12世紀後半の京都では，六波羅探題が朝廷の監視を行ない，京都
★★★　 の警備にもあたっていた。

□ **6** 承久の乱後，北条義時は頼朝が設置した六波羅探題の権限を強化
★★★　 した。

☐ 10 ✕ 　将軍家の知行国を**関東知行国**，将軍が支配した荘園を**関東御領**といいます。ただし，関東御領は主に平家から奪った領土である平家没官領からなるため誤りとなります。

☐ 11 ✕ 　<u>御家人</u>は将軍と主従関係を結んでいる武士のことで，それ以外の武士を<u>非御家人</u>といいます。執権の家来のことではありません。

☐ 12 ◯ 　**京都大番役**・**鎌倉番役**は，御家人の負担となります。非御家人は幕府の体制には組み込まれていませんでした。

☐ 13 ◯ 　先祖伝来の土地を保証されることを**本領安堵**，あらたに土地を与えられることを**新恩給与**といい，いずれも将軍からの**御恩**にあたります。

▼正解　　**▼解説**

- -

☐ 1 ◯ 　2代将軍 <u>源 頼家</u>は，比企能員の乱にくみしたことにより伊豆に幽閉され，3代将軍 <u>源 実朝</u>が就任しました。

☐ 2 ✕ 　侍所別当の和田義盛が滅ぼされたのは，源実朝が将軍のときのことです。

☐ 3 ◯ 　和田義盛の滅亡後，政所別当であった義時は侍所別当を兼任します。

☐ 4 ✕ 　<u>承久の乱</u>は，**後鳥羽上皇が北条義時の追討**を命じたことにより始まりました。源氏の滅亡後，源氏ではない人間が幕府を動かしていることに反発したと考えると，誤りであることがわかります。

☐ 5 ✕ 　<u>六波羅探題</u>の設置は承久の乱のあとの13世紀のことです。六波羅探題は，朝廷の監視や京都の警備にあたりました。

☐ 6 ✕ 　**六波羅探題**は鎌倉幕府によって，それまでの京都守護を廃止するかわりに設置されました。承久の乱後に新設された**役職**であり，頼朝は設置に関係していないため誤りです。

□ **7** 鎌倉幕府は，承久の乱で没収した所領にあらたに地頭を任命し，
★★ 　西国への支配を拡大した。

□ **8** 承久の乱後，執権を補佐する二名の引付衆を置いた。
★★★

□ **9** 承久の乱後，評定衆は北条氏の一族で独占された。
★
◆評定衆…幕府の重要政務や訴訟の評議をになう要職。

□ **10** 北条義時は，将軍にするため，九条頼経を鎌倉に迎えた。
★★★

□ **11** 御成敗式目は制定者の属した社会の先例や道理にもとづいていた。
★★★

□ **12** 御成敗式目は，公家の支配や律令を否定する目的で制定された。
★★★

□ **13** 北条時頼は，引付衆のもとに評定衆を置き裁判の公正をはかった。
★★★

□ **14** 北条時頼は，有力御家人の三浦泰村を滅ぼし，後嵯峨天皇の子の
★★★ 　宗尊親王を鎌倉幕府の将軍に迎えた。

33 元寇と鎌倉幕府の衰退

□ **1** 13世紀の中頃，フビライは南宋を圧迫し，高麗などを服属させて，
★★★ 　アジアの大半を支配した。

□ **2** 北条時宗は，2度にわたる元の侵入を防ぎ，異国警固番役を設置
★★★ 　した。

□ **3** 『蒙古襲来絵詞』には，モンゴル軍の集団戦法や，新兵器「てつ
★★★ 　はう」の使用のありさまが描かれている。

□ 7 ○ 承久の乱の結果，幕府は朝廷から多くの土地を没収し，それらの土地に新しく地頭を任命しました。これらの地頭は<u>新補率法</u>にもとづいて管理が行なわれたので，<u>新補地頭</u>とよばれました。

□ 8 × 北条泰時が新設した執権の補佐役は<u>連署</u>で，「二名」と決まってもいません。

□ 9 × <u>評定衆</u>は有力御家人による合議制で，北条氏一族が独占したものではありませんでした。

□ 10 ○ 源氏の滅亡後は，<u>九条（藤原）頼経</u>が<u>摂家将軍</u>として迎えられました。

□ 11 ○ 御成敗式目は，頼朝以来の<u>先例</u>や武家社会の<u>道理</u>にもとづいていました。

□ 12 × 御成敗式目は御家人にのみ適用され，律令は依然として存続しました。

□ 13 × <u>引付衆</u>は評定衆のもとに置かれ，所領に関する訴訟を専門に担当しました。

□ 14 ○ 北条時頼は<u>宝治合戦</u>で有力御家人三浦泰村を滅ぼしました。
また，摂家将軍藤原頼嗣を，前将軍で父の藤原頼経が幕府への謀反に加担したことから廃して，あらたに<u>宗尊親王</u>を皇族将軍としました。

▼正解　　▼解説
- -

□ 1 ○ <u>フビライ</u>は中国を支配するため，都を<u>大都</u>に移し，<u>元</u>という国を建国します。南宋を圧迫し，<u>高麗</u>を服属させ，日本にも朝貢を強要してきました。

□ 2 × <u>異国警固番役</u>は蒙古襲来前に九州警備のために置かれました。最初の元の来襲を<u>文永の役</u>，2度目の来襲を<u>弘安の役</u>といいます。

□ 3 ○ <u>『蒙古襲来絵詞』</u>は，蒙古襲来の様子を知る絵巻物で，モンゴル軍が集団戦法を用い，「てつはう」を使用していたことを知ることができます。

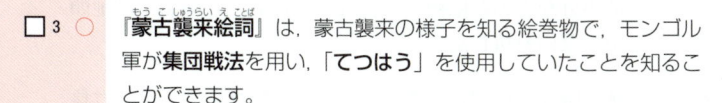

VI
鎌倉
32 執権政治の確立

□ **4** 鎌倉幕府は蒙古襲来をきっかけに，それまで支配の及ばなかった
★★★　荘園・公領の非御家人をも動員するようになった。

□ **5** 鎌倉時代後期になると，北条氏得宗の権限がいっそう強化され，
★★★　得宗専制といわれる体制ができた。

□ **6** 鎌倉時代末期になると，全国の守護職や地頭職の大部分を，得宗
★　や御内人などの北条氏が独占した。

□ **7** 鎌倉幕府は借上などに借金して経済的に困窮した御家人を救うた
★★★　め，負債の帳消しを内容とする徳政令を発令した。

□ **8** 文永・弘安の役の恩賞で多くの所領を獲得して以後，御家人の相
★★★　続方法は単独相続から分割相続へ変化した。

34 武士の生活と鎌倉時代の経済

□ **1** 武士の屋敷では外敵に備えるために，周囲に堀をめぐらし，櫓を
★★　備えた門を設け，櫓には楯が並べてある。

□ **2** 武士の子弟は，流鏑馬・笠懸・犬追物の習得につとめた。
★★★

□ **3** 鎌倉時代，戦闘力が重視される武士社会では，女子に所領を分配
★★★　することが禁止されていた。

□ **4** 鎌倉時代の惣領制は，惣領が庶子を統率して，軍役などをつとめ
★★★　る制度であった。

□ **5** 地頭は下地中分などの荘園侵略を行なったため，荘園領主は地頭
★★★　請所などを行ない対抗した。

□ **6** 名主は，鎌倉時代の後期になると，一定額の年貢の納入を請け負
★★　うかわりに，荘園を支配した。

□ 4 ○　蒙古襲来を契機に動員できるようになったのは，全国の荘園・公領の非御家人（御家人ではない武士）です。幕府は特に西国に勢力を伸ばしていきました。

□ 5 ○　得宗（とくそう）は北条氏の嫡流（ちゃくりゅう）の子孫のことで，鎌倉時代後期になると，得宗家の力が強大になり，**得宗専制体制**が確立されました。

□ 6 ×　鎌倉時代末期になると，全国の守護（しゅご）の半分以上と地頭職（じとう）の多くを北条氏一門が占めましたが，問題文のように大部分は独占しませんでした。

□ 7 ×　鎌倉幕府は，質入れ・売却した所領を無償でとり戻すことのできる**永仁（えいにん）の徳政令（とくせいれい）**を発令しました。室町幕府が出した借金帳消しを内容とする徳政令と混同しないようにしましょう。

□ 8 ×　**文永・弘安の役**では，恩賞はほとんど与えられなかったため，困窮した御家人は従来の分割（ぶんかつ）相続から単独（たんどく）相続に移行していきました。

▼正解　　▼解説

□ 1 ○　武士は河川の近くの微高地に館（やかた）とよばれる屋敷を構え，周囲に堀（ほり）・溝（みぞ）・塀（へい）をめぐらして住みました。

□ 2 ○　武士の子弟は，流鏑馬（やぶさめ）・笠懸（かさがけ）・犬追物（いぬおうもの）といった武芸の習得につとめました。これを騎射三物（きしゃみつもの）といいます。

□ 3 ×　鎌倉時代は女性の社会的地位は高く，地頭となる女性や所領を相続する女性も見られました。

□ 4 ○　惣領（そうりょう）とは宗家（そうけ）（本家（ほんけ））の首長のことで，庶子（しょし）を統率して軍役などを行ないました。

□ 5 ×　地頭請所（じとううけしょ）と下地中分（したじちゅうぶん）は，共に地頭の荘園侵略に対する対抗策のことです。

□ 6 ×　**名主**は，鎌倉時代になると作人から加地子（かじし）をとる地主に成長していきました。
　　　一定額の年貢納入を請け負う契約は地頭が行なう**地頭請所**のことです。

□ **7** 鎌倉時代にはすでに畿内で二毛作が普及した。
★★★

□ **8** 鎌倉時代にはすでに水田の耕作に牛の力が広く利用されるように
★★★ なるなど，農業技術の進展も見られた。

□ **9** 刈敷・草木灰などが，肥料として盛んに利用されるようになった。
★★★

□ **10** 鎌倉時代，遠隔地との取引のために，為替のかわりに銭が使用さ
★★ れるようになった。

□ **11** 問丸は港湾などの交通の要地で，年貢の運送や保管に従事した。
★★★

□ **12** 鎌倉時代の日本では，国家による銭貨鋳造は停止しており，銭貨
★★★ の流通は例外的であったと考えられる。

□ **13** 寺社は，民衆の雑踏が宗教活動の妨げになるのを嫌い，その門前
★★★ を市場には使わせなかった。

□ **14** 鎌倉時代末期になると，定期市のほかに常設の小売店である見世
★★★ 棚も見られるようになった。

35 鎌倉文化 (1) ～宗教～

□ **1** 法然の教えは一般の人々や女性には広く受け入れられたものの，
★★ 他方，武士には受け入れられなかった。
　　◆法然は修行ではなく阿弥陀仏の名をひたすら唱えることで往生ができると説いた。

□ **2** 親鸞は，他力に頼らざるをえない煩悩深き人々こそ救われるのだ
★★★ という悪人正機を唱え，広く民衆の魂の救済につとめた。

□ **3** 踊念仏では，「南無妙法蓮華経」の題目を唱えながら踊ることで，
★★★ 誰もが極楽往生できるとされた。

□ **4** 日蓮は，鎌倉新仏教以外の宗派を厳しく批判したため，しばしば
★★★ 迫害を受けた。

☐ 7 ○ **二毛作**は米の裏作に**麦**を植えるもので，鎌倉時代に畿内で普及しました。

☐ 8 ○ 鎌倉時代には牛馬に**犂**を引かせて田畑を耕すようになりました。

☐ 9 ○ 鎌倉時代の肥料として，**刈敷**や**草木灰**が利用されるようになりました。

☐ 10 ✕ 鎌倉時代になると，遠隔地との取引では，銭を用いるかわりに**割符**という為替手形を用いる**為替**での決済が行なわれました。銭と為替が逆になっているので誤りです。また，鎌倉時代の金融業者は**借上**といいます。

☐ 11 ○ 年貢や商品の輸送や保管に従事した業者は**問丸**です。

☐ 12 ✕ 鎌倉時代には銭貨鋳造は中止されていましたが，宋などの貨幣が流入したため，積極的に貨幣が流通するようになりました。

☐ 13 ✕ **定期市**は，寺社の門前や荘園・公領の中心地，交通の要地などで開かれました。鎌倉時代の市場の開設日は，月に3度（一定の日に）開かれるところが多く，これを**三斎市**といいました。

☐ 14 ○ 常設の小売店舗のことを**見世棚**といいます。

VI
鎌倉
34 武士の生活と鎌倉時代の経済

▼正解　　▼解説

☐ 1 ✕ **浄土宗**を開いた**法然**は**専修念仏**の教えを広めました。浄土宗を含めた鎌倉新仏教は，庶民だけでなく武士にも受け入れられたため，誤りです。

☐ 2 ✕ **親鸞**は**浄土真宗**の開祖で，煩悩の深い人間こそが阿弥陀仏の救おうとしている対象であるという**悪人正機**を唱えました。

☐ 3 ✕ **時宗**の開祖**一遍**が唱えた**踊念仏**は「**南無阿弥陀仏**」の念仏を唱えました。「**南無妙法蓮華経**」の**題目**を唱えるのは**日蓮宗**です。

☐ 4 ✕ （鎌倉新仏教を含めて）他宗の批判を行なったため，**日蓮**はしばしば迫害を受けました。『**立正安国論**』は日蓮の著書です。

□**5** 栄西は宋から臨済禅を伝え，五山制度の確立につとめた。
★★★
　　◆栄西の開いた宗派は鎌倉・室町幕府の保護を受けて発展してゆく。

□**6** 13世紀の前半に渡来した蘭溪道隆は，建長寺の開山となり，幕府
★★★　の実力者の帰依を受けた無学祖元は，円覚寺を開いた。

□**7** 曹洞宗の開祖道元は，越前に永平寺を開き，政治権力との結びつ
★★　きを排してひたすら坐禅に徹することを説いた。

□**8** 貞慶は，戒律を尊重しながら南都仏教の興隆につとめた。
★★

□**9** 忍性は，貧困や難病で苦しんでいる人々のために救済事業を行
★★　なった。

□**10** 伊勢神宮の神官度会家行は，本地垂迹説による唯一神道を完成さ
★★★　せた。

36 鎌倉文化(2)〜美術〜

□**1** 平家によって焼き打ちにあった興福寺の再建は，重源が責任者に
★★★　任命され，朝廷や鎌倉幕府の援助によってなされた。

□**2** 東大寺南大門は，　　　　　の建築様式である。
★★★　①禅宗様　　　　　　　　　　②大仏様

□**3** 運慶は，鎌倉時代を代表する仏師で代表作に興福寺の無著・世親
★★★　像などがある。

□**4** 『男衾三郎絵巻』は，元寇を描いた絵巻物である。
★★★

□**5** 鎌倉時代は，個人の肖像を写実的に描く似絵や，浄土真宗や日蓮
★★★　宗の僧侶の肖像画である頂相が描かれた。

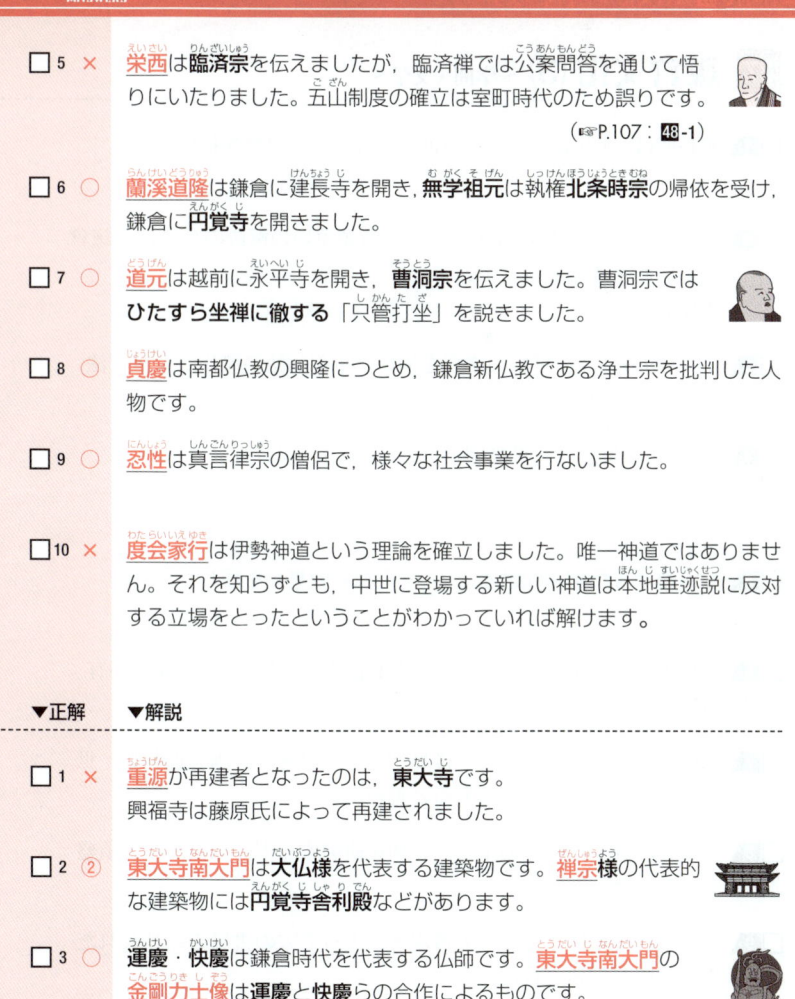

- [ ] 5 × <u>栄西</u>は<u>臨済宗</u>を伝えましたが，臨済禅では公案問答を通じて悟りにいたりました。五山制度の確立は室町時代のため誤りです。

  (☞P.107：**48**-1)

- [ ] 6 ○ <u>蘭溪道隆</u>は鎌倉に建長寺を開き，**無学祖元**は執権**北条時宗**の帰依を受け，鎌倉に**円覚寺**を開きました。

- [ ] 7 ○ <u>道元</u>は越前に永平寺を開き，**曹洞宗**を伝えました。曹洞宗では**ひたすら坐禅に徹する**「只管打坐」を説きました。

- [ ] 8 ○ <u>貞慶</u>は南都仏教の興隆につとめ，鎌倉新仏教である浄土宗を批判した人物です。

- [ ] 9 ○ <u>忍性</u>は真言律宗の僧侶で，様々な社会事業を行ないました。

- [ ] 10 × <u>度会家行</u>は伊勢神道という理論を確立しました。唯一神道ではありません。それを知らずとも，中世に登場する新しい神道は本地垂迹説に反対する立場をとったということがわかっていれば解けます。

▼正解　　**▼解説**

- -

- [ ] 1 × <u>重源</u>が再建者となったのは，**東大寺**です。興福寺は藤原氏によって再建されました。

- [ ] 2 ② <u>東大寺南大門</u>は**大仏様**を代表する建築物です。**禅宗様**の代表的な建築物には**円覚寺舎利殿**などがあります。

- [ ] 3 ○ **運慶**・**快慶**は鎌倉時代を代表する仏師です。<u>東大寺南大門</u>の<u>金剛力士像</u>は**運慶**と**快慶**らの合作によるものです。

- [ ] 4 × <u>元寇</u>のときの活躍を描いた絵巻物は，『**蒙古襲来絵詞**』です。『**男衾三郎絵巻**』は関東の武士の生活を描いた絵巻物です。

- [ ] 5 × <u>頂相</u>は禅宗の師僧の肖像画のことです。**似絵**は個人の肖像画で，**藤原隆信**・**藤原信実**父子が代表的な画家です。

VI
鎌倉
35 鎌倉文化(1)〜宗教〜

37 鎌倉文化 (3) 〜学問・文学〜

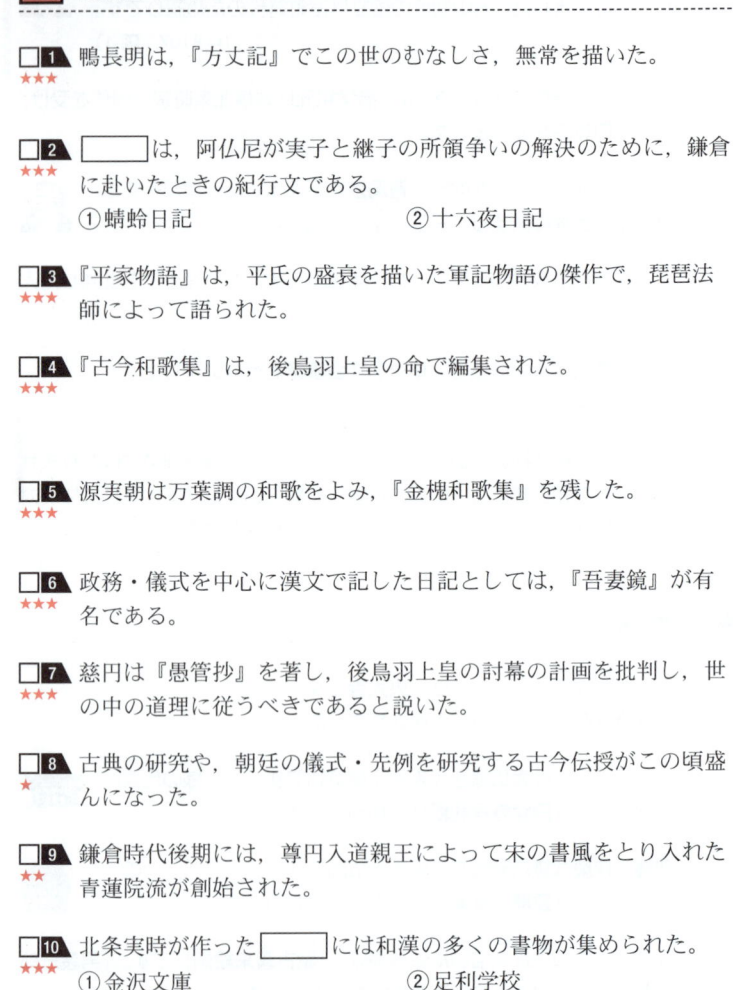

□1 鴨長明は,『方丈記』でこの世のむなしさ，無常を描いた。
***

□2 _____は，阿仏尼が実子と継子の所領争いの解決のために，鎌倉
*** に赴いたときの紀行文である。
　①蜻蛉日記　　　　　　　　　②十六夜日記

□3 『平家物語』は，平氏の盛衰を描いた軍記物語の傑作で，琵琶法
*** 師によって語られた。

□4 『古今和歌集』は，後鳥羽上皇の命で編集された。
***

□5 源実朝は万葉調の和歌をよみ，『金槐和歌集』を残した。
***

□6 政務・儀式を中心に漢文で記した日記としては，『吾妻鏡』が有
*** 名である。

□7 慈円は『愚管抄』を著し，後鳥羽上皇の討幕の計画を批判し，世
*** の中の道理に従うべきであると説いた。

□8 古典の研究や，朝廷の儀式・先例を研究する古今伝授がこの頃盛
* んになった。

□9 鎌倉時代後期には，尊円入道親王によって宋の書風をとり入れた
** 青蓮院流が創始された。

□10 北条実時が作った_____には和漢の多くの書物が集められた。
***　①金沢文庫　　　　　　　　　②足利学校

▼正解　　▼解説

- -

☐ 1　○　鴨長明の随筆『方丈記』には，この世の無常が描かれています。

☐ 2　②　『十六夜日記』は鎌倉時代を代表する紀行文で，阿仏尼の作品です。ほかの文学作品では，兼好法師の随筆『徒然草』をおさえておきましょう。

☐ 3　○　『平家物語』は，平家の栄枯盛衰を描いた鎌倉時代を代表する軍記物語で，琵琶法師によって語られました。

☐ 4　×　『古今和歌集』は国風文化の作品で，醍醐天皇による勅撰和歌集です。『新古今和歌集』は後鳥羽上皇による勅撰和歌集で，編者には，藤原定家・藤原家隆らがいます。

☐ 5　○　鎌倉幕府３代将軍源実朝は万葉調の和歌をよみ，『金槐和歌集』を残しました。同時期を代表する和歌集には西行の『山家集』があります。

☐ 6　×　『吾妻鏡』は鎌倉幕府の歴史書です。日記ではありません。

☐ 7　○　慈円の著した『愚管抄』は，歴史の変遷を道理の盛衰の観点から記述しており，道理を悟ってそれに従うことが大切だと説いています。

☐ 8　×　朝廷の儀式・先例を研究するのは有職故実です。古今伝授は『古今和歌集』の秘伝を弟子に伝えることで，室町時代に盛んになりました。

☐ 9　○　青蓮院流は，尊円入道親王によって創始された書道の流派のことで，江戸時代の御家流に発展していきます。

☐ 10　①　金沢文庫は北条実時が作った私設図書館です。②の足利学校は室町時代に上杉憲実によって再興された学問施設です。(☞P.107：48-12)

38 鎌倉幕府の滅亡

□ **1** 鎌倉中期以降，皇室は後深草上皇の流れの持明院統と，亀山天皇
★★★　の流れの大覚寺統に分かれた。

□ **2** 得宗北条高時のときには，内管領平頼綱が政治をほしいままにし
★★★　ていた。

□ **3** 足利高氏が京都の六波羅探題を，新田義貞が鎌倉を攻め，鎌倉幕
★★★　府は滅亡した。

□ **4** 建武政権は，中央に，政務機関として記録所，所領の訴訟などを
★★★　扱う機関として雑訴決断所などを置いた。

□ **5** 後醍醐天皇は土地所有権の確認を綸旨ではなく，裁判を厳正に行
★★★　なうことで処理しようとしたため，政治が混乱した。

□ **6** 建武政権は，地方に国司と守護とを併置し，さらに出羽に羽州探
★★　題，九州に九州探題を置いた。

□ **7** 建武政権は，公家と武家との両者によって構成され，その具体的
★★★　な政治方針は建武式目として発布された。

□ **8** 建武政権の時期から南北朝時代における下剋上の風潮を記す史料
★★★　として最も適当なものを，次のうちから一つ選べ。
　　①神皇正統記　　　　　　　　　②二条河原の落書

▼正解	▼解説

☐ 1 ○ 鎌倉時代中期，後嵯峨上皇の死後，皇統は後深草上皇の流れの**持明院統**と亀山天皇の流れの**大覚寺統**に分かれました。

☐ 2 ✕ 得宗**北条高時**のときに，政治をほしいままにしていた内管領は**長崎高資**です。平頼綱は得宗北条貞時の当時の内管領です。

☐ 3 ○ これにより，鎌倉幕府は約150年の歴史に幕を閉じました。

☐ 4 ○ 建武政権の主な中央機関として，政務機関である**記録所**や，鎌倉幕府の**引付**を受けついだ**雑訴決断所**などが置かれました。

☐ 5 ✕ 建武政権では，土地所有権についてすべて**綸旨**での確認が必要とされたため，安堵や訴訟が滞り，土地所有権に関するトラブルが増加しました。

☐ 6 ✕ 建武政権は，**国司と守護を併置**し，東北に**陸奥将軍府**，関東に**鎌倉将軍府**を置きました。羽州探題・九州探題は室町幕府の地方機関です。

☐ 7 ✕ 建武式目は室町幕府の発したもので，建武政権とは無関係です。「建武」という文字に惑わされないようにしましょう。(☞P.93：**39**-2)

☐ 8 ② 京都の**二条河原の落書**は，建武政権を風刺した落書きです。

39 南北朝の動乱

□ **1** 北条高時は鎌倉幕府再建をめざして，鎌倉を占領する中先代の乱
★★★ を起こした。

□ **2** 足利尊氏は，鎌倉幕府の影響力を排除するため建武式目を制定し
★★★ て，御成敗式目を廃止した。

□ **3** 足利尊氏は，持明院統の光明天皇をたて，後醍醐天皇を吉野に退
★★ けたことで，北朝と南朝の対立を収束させた。

□ **4** 室町幕府は，発足してまもなく，足利尊氏・直義兄弟の両派に分
★★★ 裂し，南朝勢力や全国の武士を巻き込んで争った。

□ **5** 室町幕府の将軍足利義満は，南北朝の合体を実現したが，南朝側
★★★ はその後も 200 年以上吉野に拠点を置き，室町幕府と一定の距離
をとっていた。

40 室町幕府の組織

□ **1** 足利義満は京都の室町に花の御所を造営し，政治を行なった。
★★

□ **2** 将軍の補佐として，侍所の長官である四職が任命された。
★★★

□ **3** 室町幕府は鎌倉に鎌倉将軍府を置き，鎌倉公方と関東管領に管轄
★★★ させた。

□ **4** 室町幕府は南北朝の動乱で多くの領土を手に入れたため，室町幕
★★ 府成立日に定められた税は次々と廃止されていた。

共通テストのポイント

▶室町時代も平安時代と同様,「一つの時代」ととらえないことが重要です。南北朝時代, 応仁の乱前, 戦国時代と三つに分けて, 各時代に何があったかを整理しておさえておきましょう。

▼正解 　▼解説

- [ ] 1 × **中先代の乱**を起こしたのは, 北条高時の子の**北条時行**です。北条高時は, 鎌倉幕府滅亡のときにすでに死去しています。

- [ ] 2 × 室町幕府は, 基本方針として**建武式目**を制定しましたが, 室町幕府のもとでも御成敗式目は基本法典として使われました。

- [ ] 3 × **足利尊氏**が**光明天皇**（右図）を立て, 後醍醐天皇が吉野に逃れることで, 南北朝の対立が始まりました。南北朝の合一は3代将軍**足利義満**のときの出来事です。（☞P.93：**39**-5）

- [x] 4 ○ **足利尊氏**と**足利直義**の兄弟の対立は, **観応の擾乱**（1350〜52年）に発展していきました。

- [ ] 5 × 3代将軍**足利義満**は1392年に南北朝合一を実現しました。南朝側と北朝側が和解したため, 問題文にあるような室町幕府と一定の距離をとるといったことはないので誤りとなります。

▼正解 　▼解説

- [ ] 1 ○ **足利義満**が室町に建てた**花の御所**は**室町殿**ともよばれ, 室町幕府の名の由来にもなりました。

- [ ] 2 × 将軍の補佐は**管領**で, 中央諸機関の統轄などを行ないました。**侍所**は京都内外の警備や裁判を司り, 所司は**四職**から任命されました。

- [ ] 3 × 室町幕府は**鎌倉府**を置き, **鎌倉公方**に支配をまかせました。関東管領は鎌倉公方を補佐する役職で, **上杉**氏が世襲しました。（☞P.107：**48**-12）

- [ ] 4 × 室町幕府の直轄地である**御料所**はわずかだったため, 幕府は様々な税を課しました。

□ **5** 室町幕府は京都に幕府を開き，朝廷が従来全国に課してきた段銭
★★ などを，徴収するようになっていった。

□ **6** 幕府は必要に応じて段銭・棟別銭を徴収したが，守護が独自にこ
★★ れを徴収することはなかった。

□ **7** 室町幕府が確立すると，京都の主な出入り口の関所を廃止して，
★★★ 関銭徴収をやめた。

□ **8** 室町幕府は朝廷が保持していた京都市中の施政権を吸収し，土倉
★★★ や酒屋に対して段銭や棟別銭を賦課した。

□ **9** 室町時代の守護の職務は，御成敗式目に定められているように，
★★★ 大番催促，謀叛・殺害人等の追捕など，いわゆる大犯三ヵ条に限
定されていた。

□ **10** 半済令は，荘園や国衙領に課せられた段銭の半分を，武士に与え
★★★ る権限を守護に認めたものである。

□ **11** 半済令は，はじめは1年限りで，特定の地域に限定されていたが，
★★ やがて永続的になり，土地分割も行なわれるようになりました。

□ **12** 守護が，幕府にかわって国内武士の本領安堵を請け負うことを，
★★★ 守護請という。

□ **13** 南北朝内乱期に，南朝によって新しく武士身分にとり立てられた
★★★ 人を，国人という。

□ **14** 室町時代の守護は国内の武士を家臣に組み込もうとしたが，地域
★★★ によっては国人とよばれた武士がそれに抵抗し，一揆を形成する
こともあった。

☐ 5 ✕ **段銭**とは，室町幕府が臨時の際，田の面積一段別に賦課した税のことです。「朝廷が従来全国に課してきた」ものではありません。

☐ 6 ✕ 守護も段銭や**棟別銭**を独自に賦課することがありました。**棟別銭**は守護などが家屋の棟数に応じて臨時に課す税のことです。

☐ 7 ✕ **関銭**は関所の**通行税**のことで，室町幕府が始まって以降，盛んに徴収れるようになりました。

☐ 8 ✕ 土倉や酒屋といった金融業者に対して幕府が賦課した税は，**土倉役（倉役）**と**酒屋役**です。

☐ 9 ✕ 室町時代の守護の職務は大犯三ヵ条に加えて，半済や，**刈田狼藉**をとりしまる権限，幕府の裁判の判決を強制執行する**使節遵行**など，様々な権限が付加されました。

☐ 10 ✕ **半済令**とは，守護が一国内の**年貢**の半分を軍費として取得し，武士に分与する権限のことです。「段銭の半分」ではありません。

☐ 11 ◯ 半済令は最初は１年限りのもので，動乱の激しかった**近江・美濃・尾張**に限定されていました。しかし，やがて全国に拡大して永続的になり，年貢のみならず，土地分割も行なわれるようになりました。

☐ 12 ✕ 守護請とは，荘園や公領の領主が年貢納入を守護に請け負わせることです。本領安堵は鎌倉幕府の御恩のことです。（☞P.79：**31**-13）

☐ 13 ✕ **国人**とは，荘官・地頭が在地に土着し，領主層に成長した有力武士のことです。南朝側・北朝側といった区分はありません。

☐ 14 ◯ **国人一揆**とは，守護の力の弱い地域などで，国人たちが連合して農民を支配するために結成した地縁的集団です。

VII
室町
40 室町幕府の組織

41 室町幕府の展開と動揺

□1 室町幕府は，応仁の乱や明徳の乱を通じて，有力守護の勢力を削
★★★　減していった。

□2 永享の乱では，専制化をめざす将軍と，鎌倉公方足利持氏との対
★★★　立が，この事件の起こる原因の一つであった。

□3 専制政治を強行した将軍足利義教が，有力守護赤松満祐に暗殺さ
★★★　れたことをきっかけに応仁の乱が起こり，幕府の権威は大きく揺
　　らいだ。

□4 大内氏・細川氏の勢力争いに，将軍の継嗣問題や有力守護大名家
★★★　の相続争いなどがからんで起こったのが応仁の乱である。

□5 応仁の乱の頃から，足軽の活動が目立つようになった。
★★★

42 惣村と土一揆

□1 惣村では，鎮守の祭礼を行なう宮座が，農民たちの結集する場で
★★　あった。

□2 惣村では，日常生活や祭礼などについて相談するために，寄合を
★★★　開いた。

□3 おとな・名主とよばれる村の指導者が惣村を運営した。
★★★

□4 惣村では，年貢納入を免除される地下請を行なうことがあった。
★★★

□5 惣村では，村人自身が罪を犯した者を処罰することもあった。
★★★

□6 惣村では，領主の定めた村法（惣掟）の内容に反発して，土一揆
★★★　を起こすことがあった。

□7 13世紀末，農民に馬借・車借を加えた一揆が，債務の破棄を要求
★★★　してしばしば蜂起し，土倉・酒屋などを襲撃した。

▼正解　　▼解説

- [ ] 1　×　室町幕府に権力を集中させるため，14世紀末には，**明徳の乱**によって<u>山名氏</u>，**応永の乱**によって<u>大内氏</u>といった有力守護が排除されました。応仁の乱は，細川氏と山名氏の勢力争いをきっかけに起こった争乱です。

- [ ] 2　○　専制的な将軍であった<u>足利義教</u>（右図）は，幕府に反抗的であった<u>足利持氏</u>を討ち滅ぼしました。これを**永享の乱**といいます。

- [ ] 3　×　応仁の乱のきっかけは将軍暗殺ではないので誤りです。**足利義教**は有力守護である<u>赤松満祐</u>に暗殺されました。これを**嘉吉の乱**といいます。

- [ ] 4　×　<u>細川氏</u>と<u>山名氏</u>の勢力争いに将軍継嗣問題や有力守護大名家の相続争いなどがからんで起こったのが，**応仁の乱**です。

- [ ] 5　○　<u>足軽</u>は軽装の武士で，応仁の乱の頃に盛んに活躍しました。

VII
室町
41 室町幕府の展開と動揺

▼正解　　▼解説

- [ ] 1　○　惣村（＝農民の自治的な組織）では，<u>宮座</u>（＝村の神社の祭礼を行なう組織）や農業の共同作業を通じて，村民の結合を強くしていきました。

- [ ] 2　○　惣村の運営は，<u>寄合</u>という村民の会議の決定に従って行なわれました。

- [ ] 3　×　惣村の運営は<u>おとな</u>・<u>沙汰人</u>といった**指導者**が行ないました。

- [ ] 4　×　<u>地下請</u>とは，年貢徴収などを惣村がひとまとめにして請け負うことです。

- [ ] 5　○　村民自身が警察権を行使することを<u>地下検断（自検断）</u>といいます。

- [ ] 6　×　<u>惣掟</u>は，村民自らが定めた惣の規約です。領主が定めたものではありません。

- [ ] 7　×　債務破棄を要求した一揆を**徳政一揆**といいます。徳政一揆は室町時代（15世紀）に頻発しましたが，「13世紀末」は鎌倉時代なので誤りです。

□8 正長の徳政一揆は，初めての大規模な土民蜂起で，幕府が徳政令
★★ を出したことでも有名である。

□9 嘉吉の徳政一揆の結果，幕府は初めて徳政令を出した。
★★

□10 応仁の乱以前，南山城では国人と農民が一揆を起こし，畠山両氏
★★★ の軍勢を撤退させ，その後8年にわたり自治的支配を行なった。

□11 応仁の乱以前，加賀では一向宗徒が国人と手を結んで守護富樫政
★★★ 親を倒し，約100年にわたって国を支配した。

□12 応仁の乱以前，京都では財力を蓄えた日蓮宗の信者が一向一揆に
★★ 対抗したり，一揆を結んだりした。

43 室町時代の外交(1)～日明関係～

□1 鎌倉時代末期に天龍寺船が元に派遣されたが，これは天龍寺造営
★★ に名を借りて幕府と無関係に商人が派遣したものである。

□2 14世紀には，中国人・日本人などからなる海賊の大集団が，中国
★★★ 大陸沿岸部を荒らし回り，倭寇として清国から非難された。

□3 足利義満は日明交易において，明に対して優越した態度を示すた
★★★ め，朝廷の権威を借りて，日本国王としての形式を整えた。

□4 遣明船は，明から交付された勘合の持参が義務づけられていた。
★★★

□5 室町時代の勘合貿易では，銅銭・生糸・絹織物などが中国から輸
★★★ 入された。

□6 室町時代の勘合貿易は，足利義教により一時中断されたが，義政
★★★ のときに復活された。

□7 日明貿易の主導権をめぐって，細川氏と大内氏が争い，16世紀前
★★★ 半に寧波で衝突した。

☐ 8 ✕ **正長**の徳政一揆は，1428年に起きた最初の大規模な土民蜂起ですが，幕府から徳政令は出されませんでした。しかし，一揆が自力で勝ち取る例もあり，大和などの国では国独自の徳政令が出されました。

☐ 9 ○ 最初に幕府から徳政令が出された一揆は，1441年に数万人の土一揆が京都を占拠した**嘉吉**の徳政一揆です。

☐ 10 ✕ **山城の国一揆**は，応仁の乱**以降**（1485年）の出来事です。南山城の**国人**が**畠山氏**の軍勢を追い出し，8年間にわたる自治支配を行ないました。

☐ 11 ✕ **加賀の一向一揆**は応仁の乱**以降**（1488年）の出来事です。加賀の一向宗徒が守護の**富樫政親**を倒して，1世紀にわたる自治支配を行ないました。

☐ 12 ✕ 京都町衆の日蓮宗信仰を基盤とした団結を**法華一揆**といいます。法華一揆は，応仁の乱**以降**の出来事です。

▼正解　　▼解説

☐ 1 ✕ 鎌倉時代末期に，建長寺の再建費用を得るため元に派遣した貿易船は，**建長寺船**です。また，建長寺船は幕府の公認で派遣された商船で，幕府と無関係ではありません。

☐ 2 ✕ 室町時代は，海賊集団である**倭寇**が朝鮮半島や中国大陸の沿岸を襲いましたが，当時の中国は**清**ではなく**明**です。

☐ 3 ✕ **足利義満**は，明を中心とする国際秩序のもとで，明の皇帝に対して服属する態度をとり，明皇帝から日本国王に任じられました。

☐ 4 ○ 明から交付された**勘合**という証票を持参していました。

☐ 5 ○ 日明貿易の主な輸入品：**銅銭**・**生糸**・**絹織物**・陶磁器（唐物）
日明貿易の主な輸出品：**硫黄**・**銅**・**刀剣**・**鎧**

☐ 6 ✕ 勘合貿易を屈辱的として中断したのは，4代将軍**足利義持**です。6代将軍**足利義教**は，貿易の利益に着目し貿易を再開させた将軍です。

☐ 7 ○ **細川氏**は**堺商人**と結び，**大内氏**は**博多商人**と結んで争いました。これを**寧波の乱**といいます。乱後は，**大内氏**が日明貿易を独占しました。

VII
室町
42 惣村と土一揆

99

44 室町時代の外交 (2) 〜対外関係〜

□**1** 室町時代に朝鮮との間で行なわれた貿易では, 朝鮮は三つの港（三浦）を開き, 日本の使節の接待と貿易のための倭館を置いた。
★★

□**2** 14世紀末に成立した李氏朝鮮と日本との間には, 国交はなかったが, 密貿易によって大量の生糸が日本に輸入された。
★★

□**3** 室町時代の日朝貿易では, 貿易は朝貢の形式で行なわれ, 貿易船は皇帝が発行した勘合を携えなければならなかった。
★★★

□**4** 倭寇の被害に悩んだ朝鮮は, その根拠地を対馬と考え, 軍隊を送ってその鎮圧をはかったため, 日朝貿易が盛んになった。
★★★

□**5** 室町時代の日朝貿易では, 日本からの主要な輸出品は, 金や銀などの鉱産物, 刀剣, 経典や書籍などであった。
★★

□**6** 日朝貿易は, 16世紀後半の三浦の乱を契機に衰退していった。
★★★

□**7** 15世紀, 尚巴志の三山統一により誕生した琉球王国は, 東アジアの中継貿易基地として繁栄し, 室町幕府とも交渉をもった。
★★★

□**8** 13世紀頃まで北海道は, 狩猟・漁労に依存する続縄文文化が展開していた。
★

□**9** 15世紀には, 蠣崎氏の手で, 蝦夷ヶ島全域に対して和人の直接支配が行なわれるようになったため, コシャマインを指導者とするアイヌの激しい抵抗が起こった。
★

▼正解　　▼解説

- -

☐ 1 ○　室町時代の日朝間の貿易は，三浦に置かれた倭館で行なわれました。

☐ 2 ✕　**足利義満**は，**朝鮮との間に国交**を開きました。日朝貿易の主な輸入品は
木綿です。生糸は日明貿易の主な輸入品です。(☞P.99：**43**-5)

☐ 3 ✕　室町時代の日朝貿易は，朝貢形式ではありませんでした。**対馬の宗氏**が
日朝貿易を統制していました。

☐ 4 ✕　朝鮮軍が倭寇の本拠地と考えていた対馬を襲撃した**応永の外寇**により，
日朝貿易は一時中断しました。

☐ 5 ✕　日朝貿易の主な輸入品：**木綿・大蔵経**など
日朝貿易の主な輸出品：**硫黄・銅・琉球輸入品**（**蘇木・香木**など）

☐ 6 ✕　日朝貿易衰退の原因は，16世紀はじめの**三浦の乱**です。

☐ 7 ○　**琉球王国**は15世紀前期に**尚巴志**が**三山**を統一することにより建国されました。**那覇**は**中継**貿易の基地として繁栄しました。

☐ 8 ✕　続縄文文化は7～8世紀頃には終わり，擦文文化とオホーツク文化が13
世紀頃まで展開していました。

☐ 9 ✕　中世における和人の支配は，**蝦夷ヶ島（北海道）南部**のみです。
15世紀に「**コシャマイン**を指導者とするアイヌの激しい抵抗が
起こった」の部分は正しいです。

45 室町時代の産業と経済

□ **1** 室町時代には，稲の品種改良が行なわれ，早稲・中稲・晩稲が作
★★　られた。

□ **2** 応仁の乱後は，6日に一度開かれる六斎市が一般化した。
★★

□ **3** 室町時代には，連雀商人や振売とよばれた行商人の数も増加し，
★★★　京都では大原女・桂女をはじめとする女性の行商人も活躍した。

□ **4** 室町時代には，土倉や酒屋といった金融業者が活動した。
★★★

□ **5** 室町時代には，馬借・車借とよばれる運送業者が活躍した。
★★★

□ **6** 室町時代，中国から輸入された宋銭の永楽通宝が用いられた。
★★★

□ **7** 応仁の乱による荒廃から京都を復興させるため，幕府は町衆の負
★★★　担する撰銭を免除した。

□ **8** 室町幕府は撰銭令を出して，撰銭を公認した。
★★★

□ **9** 室町時代に発生した商工業者の同業者組合である座は，営業の独
★★★　占権を獲得した。

46 戦国大名

□ **1** 越後国の守護代であった長尾景虎は，上杉氏の家督を継承して，
★★★　のち上杉謙信と名乗った。

□ **2** 戦国大名は地侍という土着の武士を家臣として抱えていくことに
★★★　より，その軍事力を増強した。

□ **3** 戦国大名は，家臣団に組み入れた地侍を有力家臣に預けることに
★★★　よって家臣団を拡張した。

□ **4** 戦国大名は喧嘩両成敗法によって家臣間の私闘を禁止した。
★★★

▼正解　　▼解説

- -

☐ 1 ◯ 稲の品種改良により，収穫時期の異なる**早稲**・**中稲**・**晩稲**が作られ，収穫が増大するようになりました。

☐ 2 ✕ <u>六斎市</u>は**月に６回開かれる**定期市で，応仁の乱以後に普及しました。

☐ 3 ◯ 室町時代の行商人には，**連雀商人**・**振売**がいたほか，女性の行商人である**大原女**や桂女も活躍しました。

☐ 4 ◯ 室町時代の金融業者には<u>土倉</u>や<u>酒屋</u>がいました。幕府に保護・統制され，営業税を徴収されていました。

☐ 5 ◯ 室町時代の運送業者には，<u>馬借</u>・<u>車借</u>がいました。

☐ 6 ✕ **永楽通宝**などは，明で鋳造された貨幣なので<u>明銭</u>といいます。

☐ 7 ✕ <u>撰銭</u>は税の一種ではなく，取引にあたって**悪銭を嫌い良質な貨幣を選ぶ**ことで，この行為は撰銭令によって禁止されました。

☐ 8 ✕ <u>撰銭令</u>は**貨幣間の交換比率**を定め，撰銭を制限しました。

☐ 9 ✕ <u>座</u>は平安時代末期には成立したので誤りです。商工業者の組合である座は，営業の独占権などを認められていました。

▼正解　　▼解説

- -

☐ 1 ◯ <u>長尾景虎</u>は，**越後国**の守護代でしたが，上杉氏の家督を継承して<u>上杉謙信</u>と名乗りました。

☐ 2 ◯ <u>地侍</u>とは，土着した下級武士のことで，大名と主従関係を結んで侍身分を与えられました。

☐ 3 ◯ 戦国大名は，家臣団に組み入れた地侍を有力家臣に預ける形で組織化しました。これを<u>寄親・寄子制</u>といいます。

☐ 4 ◯ <u>喧嘩両成敗</u>とは，理非（道理にかなっているか否か）を問わず喧嘩の当事者双方を処罰することです。

□5 戦国大名の多くは，商工業や商品経済の発展によって生み出され
★★★　る利益を独占するために，関所などを設けたり，楽市令を廃止し
　　　たりした。

□6 戦国大名の多くは，商工業者の城下町への集住を促して城下町の
★★★　発展につとめ，領国内の交通路も整備した。

□7 年貢の銭納が進み，所領の規模をその年貢に相当する銭の量で表
★★★　す貫高が用いられた。

□8 戦国大名は，検地を実施して所領の大きさをはかり，年貢として
★★★　とれる銭の量を確定した。

□9 戦国大名は，領国内で土一揆などが頻発したので，これを阻止す
★★★　るために，刀狩令を発して農民から武器をとりあげた。

47 室町時代の都市の発展

□1 小田原は，北条氏が城下町として整備して栄えた。
★★★

□2 山口は大友氏の城下町であり，京都の文化が移植して栄えた。
★★★

□3 富田林は寺内町で，桑名は港町である。
★★
　　◆富田林は現在の大阪府，桑名は三重県にあり，今も市として続いている。

□4 堺は，内海航路の拠点であると共に，清との貿易で栄えた。
★★★

□5 堺の市政は，戦国時代には会合衆によって運営された。
★★

□6 町は，町衆の有力者の中から，幕府が任命した代表者によって運
★★★　営された。

□7 応仁の乱でとだえていた京都の祇園祭は，近郊の農村の農民に
★★★　よって再興され，民衆の祭りとなった。

□ 5 × 戦国大名は，商工業の発展のため，**関所を廃止したり**，楽市令を出すことによって，自由な商取引を認めたりしました。

□ 6 ○ 戦国大名の多くは，**家臣や商工業者の城下への集住**を促しました。**越前（一乗谷）の朝倉義景**がその代表例です。

□ 7 ○ 貫高制とは，家臣の収入を銭に換算する制度で，収入に応じた軍役を負担させました。

□ 8 × 戦国大名が行なった検地は，年貢量を自己申告させるものでした。所領の大きさをはかる検地は，安土・桃山時代の太閤検地以降のことです。

□ 9 × 刀狩令は，豊臣秀吉政権の出来事で，安土桃山時代のことです。

(☞P.119：**53**-10)

▼正解　　▼解説

□ 1 ○ 主な城下町：**小田原（北条氏）**，**駿府（今川氏）**，**春日山（上杉氏）**，**山口（大内氏）**，府内（大友氏），鹿児島（島津氏）

□ 2 × **山口**は**大内氏**の城下町です。

□ 3 ○ 問題文の通り桑名は**港町**であり，他に**堺**，**博多**，**大津**，**大湊**，**坊津**などがあります。また寺内町は，浄土真宗の寺院や道場を中心に形成された町で，**富田林**，石山，金沢，今井などがあります。

□ 4 × 堺・博多は，清ではなく，明との貿易で栄えました。

□ 5 ○ 堺は**会合衆**，博多は**年行司**とよばれる豪商によって運営されました。

□ 6 × 町衆による**町の運営は自治**によるものです。幕府が代表者を任命するわけではありません。

□ 7 × **祇園祭は京都の町衆によって復興**されました。農民によるものではありません。

48 室町時代の文化 (1) ~宗教・学問~

□ **1** 五山の制度は，南宋の官寺の制度にならったものであった。
★★

□ **2** 夢窓疎石は，足利尊氏の帰依を受けた。
★★

□ **3** 応仁の乱中から乱後にかけて，五山文学では，絶海中津が出て最
★★★ 盛期を迎えた。

□ **4** 五山の僧侶によって，五山版が出版された。
★★★

□ **5** 絶海中津は，明から渡来し，円覚寺を開いた。
★★★

□ **6** 臨済宗は幕府の保護を受けていたが，曹洞宗は幕府に保護されて
★★★ おらず，林下とよばれた。

□ **7** 一休宗純は，足利義満の外交顧問をつとめた。
★★

□ **8** 法華信仰にもとづき，他宗を厳しく批判した日親は，しばしば迫
★★★ 害を受けた。

□ **9** 吉田兼倶が，神道を中心に仏教・儒教をとり入れて，唯一神道を
★★★ 唱えた。

□ **10** 地方文芸の興隆では，一条兼良は，『樵談治要』を著した。
★★★

□ **11** 中世後期の『梅松論』は，南朝の立場から南北朝内乱を描いた史
★★★ 書である。

□ **12** 15世紀以降，東国で有力武将が金沢文庫という教育施設を再興し
★★★ た。

□ **13** 室町時代の中期には，日常語句を類別した辞書である『庭訓往来』
★★ が作られ，後世の辞書に大きな影響を与えた。

□ **14** 中国地方では，守護大内氏が，戦乱をおそれてきた公家や僧侶を
★★★ 迎え，その城下町山口には文化が栄えた。

▼正解　　▼解説

- -

☐ 1 ○　五山の制度は南宋の官寺の制度にならい，鎌倉末期に始められました。

☐ 2 ○　**足利尊氏**は，**夢窓疎石**のすすめで**天龍寺**を創建しました。

☐ 3 ×　**五山文学**が最盛期を迎えるのは，**北山文化**の頃です。**東山文化**が栄えた応仁の乱の頃ではありません。

☐ 4 ○　**五山版**は，禅の経典や漢詩文集などを出版したものです。

☐ 5 ×　円覚寺は，**鎌倉時代**の寺院で，南宋から渡来した**無学祖元**が開いたものです。(☞P.87：**35**-6)

☐ 6 ×　**林下**は幕府の保護を受けない禅宗諸派で，曹洞宗系では**永平寺**・総持寺，臨済宗系では**大徳寺**・妙心寺がありました。

☐ 7 ×　**一休宗純**は，応仁の乱の頃の人物です。

☐ 8 ○　日親は日蓮宗の僧侶で，将軍義教に「**立正治国論**」をもって諫言しましたが，焼き鍋を頭から冠らせられる拷問を受けました。

☐ 9 ○　**吉田兼倶**は，**反本地垂迹説**にもとづき，**唯一神道**を唱えた人物です。

☐ 10 ×　『**樵談治要**』は，**一条兼良**が足利義尚に提出した政治意見書です。地方文芸の興隆とは無関係です。

☐ 11 ×　『**梅松論**』は，**北朝**である足利氏の立場から書かれた南北朝時代の戦記です。南朝の立場で書かれたものではありません。

☐ 12 ×　**関東管領**の**上杉憲実**は，15世紀に**足利学校**を再興しました。鎌倉時代の金沢文庫と混同しないようにしましょう。(☞P.89：**37**-10)

☐ 13 ×　『**庭訓往来**』や『**貞永式目**』は**教科書**として用いられました。日常語句を類別した辞書は『**節用集**』です。

☐ 14 ○　**山口**では公家や僧侶を迎えて貴族文化が栄えましたが，この地は**大内氏**の城下町です。

49 室町時代の文化 (2) ～絵画・建築・工芸～

□1 北山文化は，将軍引退後に造営された山荘に代表される文化で，
★★★ 床の間・違い棚・付書院をもった書院造の東求堂が建てられた。

□2 室町時代中期になると，庭園では，龍安寺や大徳寺大仙院などの
★★★ 枯山水が造られた。

□3 南北朝時代，あらたに素材を高僧の伝記や寺社の縁起に求めた絵
★★★ 巻物が作られ，布教に用いられ始めた。

□4 北山文化は，公家の文化と武家の文化と禅宗をはじめとする大陸
★★★ の文化が融合した文化で，水墨画では明兆が現れた。

□5 室町時代中期になると，水墨画では，明から帰った雪舟が日本的
★★★ な水墨画を描いた。

□6 東山文化では，如拙・周文・雪舟らが，墨の濃淡で自然や人物を
★★★ 象徴的に表現した絵画の世界を作りあげた。

□7 東山文化では，土佐光起が，伝統的な唐絵の手法を変革し，大胆
★★★ な構図をもつ土佐派を起こした。

50 室町時代の文化 (3) ～能楽・連歌など～

□1 猿楽能は語りと歌に浄瑠璃節をとり入れた舞台芸術である。
★★★

□2 相次ぐ戦乱により，都市と農村の交流がとだえ，閉ざされた農村
★★★ の中であらたな独自の芸能が発達した。

□3 能の源流の一つである田楽は，古くから農村の庶民の間で親しま
★★ れ，各地の祭礼で演じられていた。

□4 もともと大和を基盤に活躍していた観阿弥・世阿弥は，京都で足
★★★ 利義政の庇護を受け，その洗練された芸を完成させた。

▼正解	▼解説

☐ 1 ✕ **北山**文化は，将軍**足利義満**の頃の文化です。**違い棚**や**付書院**などをもった書院造の**慈照寺東求堂**は，将軍**足利義政**の頃の**東山**文化です。

☐ 2 ◯ 岩石や砂利を組み合わせた**枯山水**は，**東山文化**を代表する作庭です。**龍安寺石庭**や**大徳寺大仙院庭園**が有名です。

☐ 3 ✕ 絵巻物が盛んに作られ布教に用いられていたのは，**鎌倉**時代のことなので誤りとなります。

☐ 4 ◯ **北山文化**の頃には，禅の精神を具体化した**水墨画**が盛んに描かれるようになり，**明兆**，**如拙**，**周文**といった画家が活躍しました。

☐ 5 ◯ **雪舟**は**東山文化**を代表する水墨画家で，日本の水墨画の大成者です。代表作には『**四季山水図巻**』などがあります。

☐ 6 ✕ 如拙と周文は，北山文化を代表する水墨画家です。**如拙**の代表作には『**瓢鮎図**』があります。

☐ 7 ✕ 東山文化の頃の**土佐派**は**土佐光信**です。また，土佐派は唐絵ではなく**大和絵**の手法を変革しました。

▼正解	▼解説

☐ 1 ✕ 浄瑠璃節は，**近世**に入ってからなので誤りとなります。

☐ 2 ✕ 応仁の乱以降，京都の文化が逆に地方に流入してきたので，誤りとなります。

☐ 3 ◯ 能は，猿楽に，民間の間で発達した田楽をとり入れたものです。

☐ 4 ✕ 能の大成者である**観阿弥・世阿弥**を保護したのは**足利義満**です。

□ **5**　都で民衆の支持を受けた観阿弥は，民衆の世界を描写し，当時の
★★　権力者を鋭く風刺した作品を数多く発表した。

□ **6**　世阿弥は猿楽能の脚本を集成して，『風姿花伝』をまとめた。
★★★

□ **7**　狂言は能の合間に行なわれ，民衆の日常的な口語で演じられた。
★★★

□ **8**　二条良基は，南北朝時代の人物で，連歌の規則書である『菟玖波集』
★★★　を著した。

□ **9**　宗祇は，連歌の芸術性を高め，地方の武士らに広めた。
★★★

□**10**　宗祇の編纂した『菟玖波集』は，勅撰に準ぜられた。
★★★

□**11**　宗祇は，発句を独立した一つの文学作品として確立させた。
★★

□**12**　連歌には，各人の句を全体で一つの作品にするための規則があり，
★★★　14世紀後半に俳諧連歌をおこした宗鑑は，この規則を細かく定め
た『応安新式』を著した。

□**13**　室町時代には浮世草子とよばれる物語が流行した。
★★★　◆浮世草子は現世を享楽的にとらえた小説。

□**14**　堺の村田珠光は，武野紹鷗が始めた侘び茶を受けついだ。
★★★

□**15**　中世後期の立花は室内装飾の生活文化としてもてはやされていた
★★　が，その華美を競ったために衰えていった。

□**16**　中世後期の『閑吟集』は，室町時代に広く流行した今様などを集
★★★　めたもので，庶民生活を知るうえでもよい材料である。

□**17**　室町時代には，風流（風流踊り）が流行し，華麗な装いで歌い踊
★★★　られた。

□**18**　戦国時代には，女性の服装として，華やかな振袖が流行し，帯の
★★　幅も広くなった。

☐ 5 ✕ **観阿弥・世阿弥**は，民衆よりも時の権力者に支持されました。

☐ 6 ✕ 『**風姿花伝**』は，**世阿弥**の著で，能の真髄を述べた理論書です。能の脚本を集めたものではありません。

☐ 7 ◯ **狂言**は能の合間に演じられた風刺性の強い喜劇のことです。

☐ 8 ✕ **二条良基**は南北朝時代の連歌師です。彼の編纂した『**菟玖波集**』は連歌集です。彼の編纂した連歌の規則書は『**応安新式**』です。

☐ 9 ◯ **宗祇**は，**正風連歌**を確立し，連歌の芸術性を高めた人物です。

☐ 10 ✕ **宗祇**の編纂した連歌集は『**新撰菟玖波集**』です。『菟玖波集』の撰者は二条良基です。

☐ 11 ✕ **連歌**は，和歌の上の句と下の句を別人がよみ合う文芸のことです。発句を独立した文学として完成させたものは近世に成立した俳諧です。

☐ 12 ✕ 14世紀後半に連歌の規則を定めた人物は，『**応安新式**』を著した二条良基（☞P.111：**50**-8）です。**宗鑑**は16世紀に**俳諧連歌**を確立した人物です。

☐ 13 ✕ 室町時代に流行した物語文学は**御伽草子**です。浮世草子は江戸時代です。
（☞P.151：**69**-1）

☐ 14 ✕ **侘び茶**は，奈良の**村田珠光**が始め，**武野紹鴎**が受けついだので誤りです。

☐ 15 ✕ **立花**は，当初華美を競っていましたが，**幽玄・閑寂**を重んじるようになり，いっそう栄えていきました。

☐ 16 ✕ 『**閑吟集**』は室町時代後期の**小歌集**です。平安時代末期の今様を集めた『**梁塵秘抄**』と混同しないようにしましょう。（☞P.73：**30**-2）

☐ 17 ◯ **風流**は，**念仏踊り**と結びついて，**盆踊り**に発展していきました。

☐ 18 ✕ 振袖は，元禄時代になって流行したものです。戦国時代では，小袖を着て腰に打掛を巻いた服装が女性の礼服でした。

共通テストの傾向と対策　　──第3問

　第3問は中世から出題される傾向があります。最近では，延久の荘園整理令（1069年）以降が中世だという扱いを受けます。そのため，中世のきっかけとなった延久の荘園整理令から院政にかけての展開の出題が増えてきています。もちろん，鎌倉時代，室町時代，戦国時代とバランスよく出題されるのが共通テストの特徴でもありますから，原始・古代同様，「全般的な学習」を心がけましょう。そのうえで，以下3点の頻出事項の学習はしっかりと行なってください。

①まず頻出するのは，一揆などの民衆運動史です。とりわけ惣（惣村）の発展などがよく出題されています。また，地頭請や下地中分，半済といった土地制度を中心とした抽象的な事象の意味の理解を問う問題もよく出題されているので，教科書の用語を暗記するというよりは，それぞれの歴史事象を理解しながら，問題処理能力を高めていくことが必要になってきます。

②次に仏教史です。本試験か追試験で，それこそ毎年のように出題されている分野です。鎌倉新仏教と旧仏教との関係や，室町時代の五山の制など，また一向一揆や法華一揆といった民衆運動史とからめての出題などが増加しています。古代の文化史のときと同様，寺院の名称や書物の名称を丸暗記するといった学習ではなく，それぞれの宗派の仏教思想の理解にもとづいた学習を心がけてください。

③最後に，頻出するわりに多くの受験生が手薄になっているのが，中世の末期を中心とした地方史です。自治都市の形成や，日本海交流など，地方の政治・外交に関するものや，地方への文化波及，そして地方の代表者である戦国大名の支配方式などが頻出となっています。ただ，これらの分野の学習は，政治史の理解が前提になっているので，政治史の展開を早めにおさえて，地方の歴史にいかに早く手をつけるかがカギとなるでしょう。

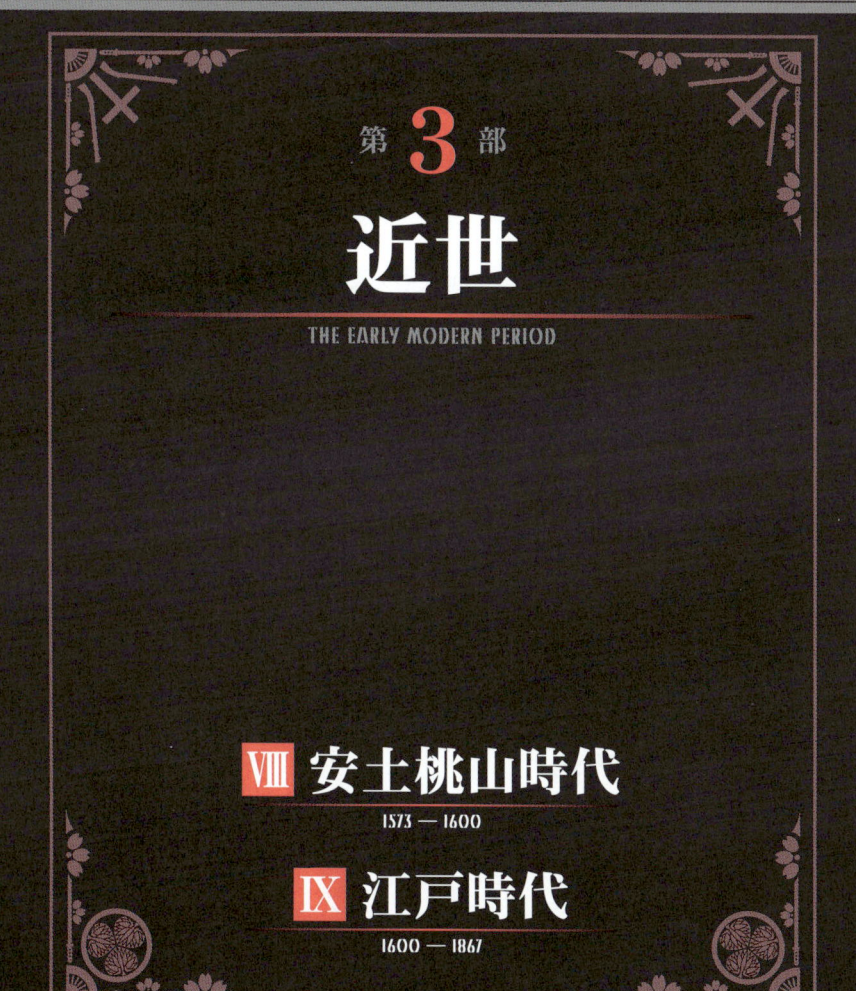

安土桃山時代 AZUCHI MOMOYAMA PERIOD

51 ヨーロッパ人の来航

□1 種子島に伝来した鉄砲は，主に近江国友や和泉堺の鍛冶により大
★ 量に製造された結果，国内に普及していった。

□2 当時の日本では，ポルトガル人やスペイン人を南蛮人とよんだ。
★★★

□3 15世紀末イエズス会の宣教師フランシスコ゠ザビエルが鹿児島に
★★ 来航し，日本にキリスト教を伝えた。

□4 16世紀に来日したイエズス会の宣教師らは，セミナリオなどの神
★★★ 学校を建てて教育活動を行なった。

□5 織田信長は，少年使節をローマ教皇のもとに派遣した。
★★

□6 ヴァリニャーニのすすめにより，少年使節がローマに派遣された。
★★★

52 信長の政治

□1 織田信長は，桶狭間の戦いで今川義元を破ることで，将軍足利義
★★ 昭を奉じて入京することができた。

□2 織田信長は室町幕府の将軍足利義昭を追放して，足利氏にかわっ
★★★ て征夷大将軍になろうとして失敗した。

□3 織田信長は，仏教に対抗させるためにキリスト教を保護して，東
★★★ 大寺を焼き打ちし，法華一揆を弾圧した。

共通テストのポイント

▶安土桃山時代は，外交史と文化史が中心の出題となっています。また，信長・秀吉政権についても，信長・秀吉の行なった戦いというよりも，その政策に焦点があてられた出題が行なわれます。

▼正解　▼解説

□ 1　○　**鉄砲**は **16世紀半ば**に，種子島に漂着した**ポルトガル人**の手によって伝来しました。鉄砲の国内生産地には，近江国友，和泉堺，紀伊根来などがあります。

□ 2　○　南蛮人は，**ポルトガル人**や**スペイン人**をさします。**イギリス人**や**オランダ人**は同じ西洋人ですが，紅毛人とよばれました。

□ 3　×　**フランシスコ＝ザビエル**は，**16世紀半ば**に鹿児島に来航し，キリスト教を伝えました。15世紀末ではないので誤りです。

□ 4　○　**セミナリオ**：下級の神学校のこと。（中等教育を実施）
　　　　　コレジオ　：宣教師を養成する大学のこと。

□ 5　×　織田信長はキリスト教に寛容的でしたが，少年使節を派遣するほど積極的ではありませんでした。

□ 6　○　**ヴァリニャーニ**のすすめにより，**大友義鎮**，**大村純忠**，**有馬晴信**の3大名が，ローマ教皇のもとへ**天正遣欧使節**を派遣しました。

▼正解　▼解説

□ 1　×　**織田信長**は桶狭間の戦いで今川義元（右図）を破りましたが，このことが将軍足利義昭を奉じて入京する直接のきっかけとはなりませんでした。

□ 2　○　**織田信長**（右図）も豊臣秀吉も征夷大将軍にはなりませんでした。

□ 3　×　**織田信長**は東大寺ではなく延暦寺を焼き打ちし，法華一揆ではなく**一向一揆**を弾圧しました。

□ 4 長篠合戦（長篠の戦い）は，鉄砲が初めて大量に使用された戦い
★★★ である。

□ 5 自治都市の堺を屈服させた人物は安土に城下町を建設した。
★★★

□ 6 織田信長は各地の一向一揆を討ち滅ぼし，その本山である延暦寺
★★★ を屈服させた。

□ 7 織田信長は，征服地に検地役人を派遣し，指出検地を実施して土
★★★ 地の掌握につとめた。

□ 8 織田信長は，関所を撤廃し，城下町の商業活動が円滑にいくよう
★★★ にした。

□ 9 堺の町衆は，堺の周囲を土塁や堀で囲み，織田信長の侵入を阻止
★★★ した。

53 秀吉の政治 (1) ～秀吉の天下統一～

□ 1 秀吉は，石山本願寺の跡地に，城郭風邸宅である聚楽第を造営した。
★★★ ◆聚楽第は造営からわずか8年でとり壊された。

□ 2 豊臣秀吉は，新築した聚楽第に天皇を迎えたとき，諸大名に秀吉
★★★ に対する忠誠を誓わせた。

□ 3 豊臣秀吉は四国・九州を平定したことによって，全国統一を完成
★★★ した。

□ 4 豊臣秀吉は摂政，次いで関白に任じられたが，征夷大将軍になる
★★★ ことはなかった。

□ 5 豊臣秀吉は，京都・大坂・江戸などの重要都市を直轄地とした。
★★★ また佐渡・生野などの鉱山を直営とし，天正大判を鋳造した。

☐ 4 ○ **織田信長**は**長篠合戦**で，鉄砲を大量に用いた戦法により，**武田氏**の軍勢に大勝しました。

☐ 5 ○ 自治都市**堺**を屈服させた人物は**織田信長**です。信長は**安土城**を築城し，城下町を建設しました。

☐ 6 × **織田信長**は，**伊勢長島**や**越前**の一向一揆を平定し，その本山である**石山本願寺**を屈服させました。延暦寺は天台宗の寺院です。

☐ 7 × **織田信長**は，戦国大名同様，年貢量を申告させる**指出検地**を行ないました。検地役人を派遣した土地調査は豊臣秀吉の太閤検地が最初です。

(☞P.119：**53**-6・10)

☐ 8 ○ **織田信長**は，**関所**を撤廃したり，城下町に**楽市令**を出すことで，自由な商取引を認め，城下町の商業活動を盛んにしました。

☐ 9 × 堺の町衆は，信長の侵入を阻止できず，自治都市堺は信長に支配されることになりました。

VIII 安土桃山 52 信長の政治

▼正解　　▼解説

☐ 1 × **石山本願寺**の跡地に造営したのは**大坂城**です。**聚楽第**は京都に造営され，**後陽成天皇**を歓待した場所です。

☐ 2 ○ **後陽成天皇**を迎え，その御前で諸大名に秀吉に対する忠誠を誓わせた場所は京都の**聚楽第**です。

☐ 3 × **豊臣秀吉**は，**奥州・関東**を平定したことで全国統一をはたしました。

☐ 4 × **豊臣秀吉**は，**関白**，次いで**太政大臣**に任じられました。摂政と征夷大将軍には任じられていません。

☐ 5 × 江戸は豊臣秀吉の直轄地ではありません。**豊臣秀吉**は，**京都・大坂・長崎**などの重要都市や，**佐渡・生野**などの鉱山を直轄化しました。

□ **6** 豊臣秀吉は，検地を全国的に実施して，田畑などに等級をつけ，
★★★ その生産力を米で表して石高を定めた。

□ **7** 石高制が成立したため，米の年貢高を基準として，何万石の大名
★★ という呼び方が行なわれるようになった。

□ **8** 太閤検地で把握されたのは耕地であり，屋敷地は対象から除外さ
★★★ れた。

□ **9** 検地帳に登録された農民は，耕作権が保証される一方で年貢負担
★★★ の責任を負うことになり，ここに兵農分離の基礎が定まった。

□ **10** 豊臣秀吉は，太閤検地によって複雑な土地所有関係を整理して農
★★ 民の土地所有権を認め，また刀狩令を出して農民が武器を所有す
ることを禁じた。

□ **11** 豊臣秀吉が人掃令（身分統制令）を出した結果，士農工商の身分
★★★ が固定化された。

54 秀吉の政治 (2) 〜秀吉の対外政策〜

□ **1** 豊臣秀吉は，バテレン追放令を出し，長崎の教会領を没収した。
★★

□ **2** 諸大名たちは，バテレン追放令の趣旨を守り，宗門改めや踏絵な
★★★ どで日本人教徒たちの改宗を強制した。

□ **3** バテレン追放令では，キリスト教の布教と共に貿易も禁止した。
★★★

□ **4** バテレン追放令により，宣教師は追放されることとなったが，密
★★★ 貿易を行なう者があとを絶たず，趣旨は徹底しなかった。

□ **5** 豊臣秀吉は，倭寇（後期倭寇）などの海賊行為をとりしまった。
★★★

☐ 6 ◯ **太閤検地**では，村ごとに田畑・屋敷地の面積・等級を調査して，土地の生産力を米の生産高で表す<u>石高</u>を定めました。

☐ 7 ✕ <u>石高制</u>では，全国の生産力が米の量で換算されました。米の年貢量ではなく生産量が基準となりました。

☐ 8 ✕ 屋敷地も太閤検地の対象となりました。

☐ 9 ◯ **検地帳**により農民は耕作権が保証されましたが，同時に年貢負担の責任も明確になり，これが**兵農分離**の基礎となりました。

☐ 10 ◯ **豊臣秀吉**は，**太閤検地**の実施により，**検地帳**に実際に耕作している農民の田畑と屋敷地を登録し，農民の土地所有権を認めました。また，農民から武器を没収して農民の身分を明確にする<u>刀狩令</u>を出しました。

☐ 11 ✕ 人掃令（身分統制令）では，武家奉公人が町人・百姓になることや，百姓が商人・職人になることを禁じた法令です。士農工商の身分が固定化されるのは，江戸時代になってからのことです。

▼正解　　▼解説
- -

☐ 1 ◯ <u>バテレン（宣教師）追放令</u>により，長崎の教会領は秀吉の直轄地となりました。

☐ 2 ✕ バテレン追放令は，あくまでも**宣教師の追放を定めた法令**です。キリスト教そのものを禁止した法令ではありませんので注意しましょう。宗門改めや踏絵は江戸時代の政策です。

☐ 3 ✕ バテレン追放令には，貿易を禁止する規定はなく，秀吉はむしろ貿易を奨励しました。

☐ 4 ◯ バテレン追放令は宣教師を追放しましたが，貿易は奨励したため実効性は高くありませんでした。

☐ 5 ◯ **豊臣秀吉**は，<u>海賊取締令</u>を出して倭寇をとりしまりました。

Ⅷ
安土桃山
53 秀吉の政治(1)〜秀吉の天下統一〜

□ 6 豊臣秀吉は，明・朝鮮及び東南アジア諸国との国交を確立させた。
★★

□ 7 秀吉は朝鮮と対馬に対して，入貢と明征服の先導役をはたすこと
★★ を求めた。

□ 8 秀吉は名護屋に本陣を築き，加藤清正らの大軍を釜山に上陸させ
★★ た。

□ 9 朝鮮に出兵していた諸大名とその軍勢は，秀吉が病に倒れたため
★★★ 全軍撤退した。

55 桃山文化

□ 1 安土桃山時代の城郭の内部にある襖や壁・屏風は，濃絵とよばれ
★★★ る華麗な色彩で描かれた障壁画で飾られることが多かった。

□ 2 安土城の障壁画を描いた狩野派は，水墨画と大和絵の技法を融合
★★★ させた。

□ 3 城郭には，尾形光琳の「紅白梅図屏風」などの濃絵が飾られた。
★★★ ◆様々ある屏風がいつの時代のものか，正確に覚えておきたい。

□ 4 千利休は，中国から茶の湯を移入し，城下町の町人に広めた。
★★★

□ 5 茶の湯を大成した千利休は堺の富裕な町人で，彼の作った茶室は
★ 寝殿造の華麗な建物として知られている。

□ 6 出雲阿国が京都でかぶき踊りを始めたのが，歌舞伎の発生へとつ
★★★ ながっていった。

□ 7 宗教楽器としてわが国に伝わった琵琶は，やがて三味線に変形し，
★★ かぶき踊りなどに用いられた

☐ 6 ✕ 豊臣秀吉は，周辺諸国に服属と入貢を求めたので，国交が樹立されることはありませんでした。

☐ 7 ✕ 秀吉は**対馬の宗氏を通じて**朝鮮に対し入貢と明征服の先導を求めました。対馬は日本の一部のため，入貢を要求するといったことはしませんでした。

☐ 8 ○ 朝鮮出兵の大軍が上陸したのは，**釜山**です。

☐ 9 ✕ 朝鮮出兵の軍勢は，1598年の秀吉の病死をきっかけに撤退しました。

▼正解　　▼解説
- -

☐ 1 ○ 城郭内には**書院造**をとり入れた**居館**が設けられ，内部の襖・壁・屏風には，金箔地に青・緑を彩色する**濃絵**など豪華な**障壁画**が描かれました。

☐ 2 ○ 狩野派は水墨画と大和絵を融合させたもので，代表作に『**洛中洛外図屏風**』などがあります。

☐ 3 ✕ 尾形光琳は元禄時代の画家です。桃山文化の代表的な画家には，**狩野永徳・狩野山楽**などがいます。

☐ 4 ✕ **千利休**は，**侘び茶**の大成者で，茶の湯をもたらした人物ではありません。

☐ 5 ✕ 千利休は堺の豪商です。彼の作った茶室には**妙喜庵待庵**があり，書院風の建築物として有名です。寝殿造は平安時代の貴族の邸宅の建築様式です。（☞P.63：**24**-9）

☐ 6 ○ **出雲阿国**は17世紀はじめに京都でかぶき踊りを始めました。これが歌舞伎の発祥といわれています。

☐ 7 ✕ **三味線**は**琉球**から伝来した蛇皮線が変形したものです。

□ 8 キリスト教の宣教師が活字印刷術を伝えたので，それまでの木版
★★★ による印刷法は急速にすたれていった。

□ 9 宣教師が活字を用いてイソップ物語などを出版した。
★★★

□ 10 豊臣秀吉による朝鮮出兵の際に，朝鮮で発達していた活字印刷の
★★★ 技術が日本へもち込まれた。

□ 11 朝鮮出兵の際に大名たちが朝鮮の陶工を連れ帰り，のちの薩摩焼
★★★ や有田焼などの基礎を作った。

□ 8 ✕ この頃，**ヴァリニャーニ**によって活字印刷術が伝わりましたが，木版は
江戸時代の浮世絵の発展からもわかるようにすたれませんでした。

□ 9 ○ 『**平家物語**』・『**伊曽保物語**』・『**日葡辞書**』などが出版されました。

□ 10 ○ 桃山時代には，ヨーロッパからの印刷技術と共に，朝鮮半島からの印刷
技術ももち込まれました。

□ 11 ○ 朝鮮出兵の際に連れ帰った朝鮮の陶工たちによって，肥前有田焼や薩摩
焼が始められました。

Ⅷ
安土桃山
55 桃山文化

56 江戸幕府の成立

☐ **1** 徳川家康と豊臣秀吉との対立がきっかけで，関ヶ原の戦いが起き
★★★ た。

☐ **2** 徳川家康は関ヶ原の戦いで豊臣氏を滅し，1603年（慶長8年），征
★★★ 夷大将軍に任じられた。

☐ **3** 徳川家康は，関ヶ原の戦いのあと，全国に通用する貨幣として慶
★★ 長小判を鋳造させた。

☐ **4** 大老は，将軍を補佐する最高職であるが，常置の役職ではなかった。
★★ ◆常置か否かは盲点だが，問われることがあるので注意。

☐ **5** 老中は，幕府政務総括の職で，譜代大名から選任された。
★★

☐ **6** 老中は，月番交代で政務にあたり，重要な政策は合議によって決
★★ 定した。

☐ **7** 大目付は，民衆の生活の監視の職で，旗本から選任された。
★★

☐ **8** 目付は，江戸の民衆の監視にあたり，江戸の治安維持の役割をに
★★ なった。

☐ **9** 京都所司代は，朝廷・西国大名などを監督し，譜代大名から選任
★★★ された。

☐ **10** 重要事項は評定所で，老中と評定衆が合議して裁決した。
★★ ◆ほかの時代の似た役職名とまぎらわしいので注意。

共通テストのポイント

▶江戸時代は，約260年間もあります。そのため，各時期の対比をしっかりしておくことが大切です。各出来事について，江戸時代のどの時期のものであるかを認識しながらおさえておきましょう。

▼正解　　▼解説

☐ 1 ✕　**関ヶ原の戦い**は，秀吉の没後伏見城で実権を握った**徳川家康**と，それに対抗する**石田三成**との対立がきっかけで起こりました。

☐ 2 ✕　家康は，**関ヶ原の戦い**により征夷大将軍となって江戸に幕府を開き，**大坂の役**で豊臣氏を滅亡させました。

☐ 3 ◯　**豊臣秀吉**：**天正大判**を鋳造。
　　　　徳川家康：**慶長小判**を鋳造。

☐ 4 ◯　大老は江戸幕府の職制の最高職ですが，臨時に置かれる非常置職でした。常置の最高職は**老中**です。

☐ 5 ◯　**老中**は幕政統括の役職で，**譜代大名**の中から選出されました。譜代大名とは，関ヶ原の戦い以前から徳川氏の家臣だった大名のことです。

☐ 6 ◯　老中をはじめとした幕府の重職は，権力の集中を防ぐため，原則として**月番交代**（1ヶ月交代）とされていました。

☐ 7 ✕　**大目付**は，大名の監視の役職で，**旗本**から選出されました。

☐ 8 ✕　目付は，**旗本**や**御家人**を監視する役職でした。民衆の監視ではありません。

☐ 9 ◯　**京都所司代**は朝廷の監察のほか，西国大名の統括などにもあたりました。鎌倉時代の**京都守護**，**六波羅探題**と混同しないようにしましょう。
　　　　（☞P.79：**32**-6）

☐ 10 ✕　江戸の重要事項は，**老中**と**三奉行**（寺社奉行・勘定奉行・町奉行）などからなる**評定所**にて合議が行なわれました。評定衆は鎌倉時代の合議を担った役職名です。（☞P.81：**32**-9）

IX 江戸

56 江戸幕府の成立

57 大名の統制

□**1** 武家諸法度は大名の統制法令で，将軍の代替わりごとに出された。
★★★

□**2** 諸大名の城郭修理は，武家諸法度の内容に従えば，幕府の許可を
★★★　得なくても可能になった。

□**3** 大名は参勤交代を義務づけられたため，国元と江戸の往復や江戸
★★★　滞在に多額の費用を必要とした。

□**4** 大名は，妻子を国元に置き，原則として江戸と国元に交互に1年
★★　ずつ居住しなければならなかった。

□**5** 幕府は400万石に及ぶ幕領のほかに，主要な鉱山を直轄していた。
★★

□**6** 17世紀半ばには，幕府が天領の支配のために郡代・代官を置いた
★★　ように，各藩も郡奉行や代官を置き，農民支配にあたらせた。

□**7** 17世紀半ばには，藩主が，俸禄として米や貨幣を家臣に与える俸
★★　禄制から，農業生産を重視するため地方知行制に移行していった。

58 朝廷・寺社の統制

□**1** 朝廷統制は禁中並公家諸法度によって規定され，京都所司代が朝
★★★　廷を監視した。

□**2** 紫衣事件での幕府の対応に反発した朝廷は，徳川秀忠の孫明正天
★★　皇を降位させた。

□**3** 寺院は，縁起や説話などを通して民衆の帰依を集めることで，民
★★★　衆を檀家に組織し，寺請制度を確立した。

▼正解　▼解説

□ 1　○　幕府は1615年、大名の統制法令である武家諸法度を制定しました。その後は将軍の代替わりごとに出されることになりました。

□ 2　×　武家諸法度により、居城の修築には幕府の許可が必要となりました。

□ 3　○　1635年に改訂された武家諸法度（寛永令）によって定められた参勤交代は、大名にとって大きな負担となりました。

□ 4　×　大名は、参勤交代で江戸と国元に交互に1年ずつ居住しなければなりませんでしたが、妻子は江戸に住むことを強制されました。

□ 5　○　幕領は400万石ありました。伊豆金山・佐渡金山・生野銀山・石見銀山などの鉱山も直轄していました。

□ 6　○　幕領：郡代・代官を農民支配にあたらせた。
各藩：郡奉行・代官を農民支配にあたらせた。

□ 7　×　江戸時代の最初の頃は、家臣に禄高にあたる領地を与える地方知行制が用いられていましたが、次第に米や貨幣を与える俸禄制となりました。

▼正解　▼解説

□ 1　○　朝廷統制の法令は禁中並公家諸法度で、大坂の役の直後に制定されました。

□ 2　×　紫衣事件は、後水尾天皇が出した紫衣勅許を幕府が無効にした事件で、これを機に、後水尾天皇は、中宮和子（徳川秀忠の娘）の生んだ内親王である明正天皇に譲位しました。

□ 3　×　寺請制度は、寺院に一般庶民を檀家として所属させてキリシタンでないことを証明させる制度で、寺院が自発的に形成したものではありません。

□4 農民は，各家を代表する者のみが宗旨人別帳に登録され，檀那寺
★★ をもつことになっていた。

□5 江戸幕府は，全国の寺院を本山・末寺に組織する本末制度を完成
★★★ させた。

□6 仏教寺院は，寺請制度などにより幕府や藩の保護を受けると共に，
★★★ 庶民の信仰も獲得したため，本末制度から自立するようになった。

□7 近世には，隠元が中国から，禅宗の一派である黄檗宗を伝えた。
★★★

59 農民・町人の統制

□1 江戸時代の村の運営は，名主・組頭・百姓代からなる村方三役と
★★★ よばれる武士が担当した。

□2 村役人は，村請制により年貢の徴収を行なった。
★★★

□3 江戸時代の村は，草木灰や薪などを入手するために，入会地をもっ
★★ た。

□4 結とよばれる監視組織を作って共同作業を行なった。
★★

□5 五人組に編成され，年貢納入などで連帯責任をとらされた。
★★★

□6 村の秩序をみだすと，村八分などの制裁が加えられた。
★★★

□7 農民は，田畑・屋敷にかかる本途物成（本年貢）のほかに，山野
★★★ の利用に対してかかる小物成なども負担した。

□8 本途物成（本年貢）は，田畑・屋敷地をもたない水呑百姓には課
★★★ されなかった。

□9 本年貢は，それを負担する百姓がそれぞれ個別に領主に納入した。
★★★ ◆江戸時代の年貢が納められるしくみを問う問題。

☐ 4　✕　**宗旨人別帳**にはキリスト教禁止を徹底するためにすべての民衆が登録されました。

☐ 5　○　本末制度とは，全国の寺院を**本山と末寺**に分類し，**本山に末寺の管理を任せるという制度**です。

☐ 6　✕　仏教寺院は，江戸時代になると寺請制度により幕府の統制下に置かれることになり，本末制度から自立することは不可能となっていました。

☐ 7　○　**黄檗宗**は，隠元隆琦が江戸時代に開いた宗派です。

▼正解　　▼解説

- -

☐ 1　✕　村の運営は，**名主・組頭・百姓代**からなる**村方三役**が担当しました。村役人は有力な本百姓から選ばれました。「役人」といっても，武士ではないので注意しましょう。

☐ 2　○　**村請制**は，村全体で年貢などを納入する制度です。

☐ 3　○　**入会地**は村の共同利用地で，草木灰用の採草や，薪炭の採取ができる山野地のことです。

☐ 4　✕　**結**は農民の共同労働のことで，監視組織ではありません。

☐ 5　○　**五人組**は連帯責任の制度です。**村八分**と混同しないようにしましょう。

☐ 6　○　村八分は制裁制度です。連帯責任の制度ではないので注意しましょう。

☐ 7　○　田畑・屋敷地に対する税を**本途物成**，それ以外（山野の利用など）にかかる税を**小物成**といいます。

☐ 8　○　**本途物成（本年貢）**は，田畑・屋敷地をもつ本百姓にのみ課されました。

☐ 9　✕　本年貢をはじめとした年貢・諸役は，村全体の責任で領主に納入されました。

IX
江戸
58 朝廷・寺社の統制

□**10** 近世の農民には，田畑をもつ本百姓，田畑をもたず小作で生活す
★★★　る水呑などがあり，共に村の運営に参加した。

□**11** 江戸幕府は，本百姓が土地を失って没落することを防ぐために，
★★★　田畑の永代売買を禁止した。

□**12** 江戸幕府は，本百姓の分割相続による耕地の細分化をおさえるた
★★★　め分地制限令を出し，本百姓の経営を維持しようとした。

□**13** 近世の武士は支配者として苗字・帯刀など多くの特権を得ていた
★★★　が，武士内部での上下関係には厳しいものがあった。

□**14** 江戸時代の町年寄などの町役人は，町政の運営をまかされた。
★★★

□**15** 城下町の住民である町人は，商工業者が中心であったが，農村と
★★★　は異なり，居住者すべてが町政に参加できた。

□**16** 江戸時代の職人の家には，徒弟が住み込みで働いている場合が
★★　あった。

□**17** 江戸時代の町人町の中には，同じ職業の人だけで住む町もあった。
★★

□**18** 近世において賤民身分とされた人々は，居住地を制限されたり，
★★★　ほかの身分の人々との結婚や交際を厳しく規制されたりした。

□**19** 近世の長屋は，一つの屋根の下を仕切って複数の世帯の住居とし
★★　て使われ，井戸や便所は共同利用であることが多かった。

□**20** 江戸時代には女性が家の中では大きな力をもち，女子に対する教
★★　育においては，自我の尊重が説かれた。

□**21** 女子の道徳として幼いときは親に，嫁しては夫に，老いては子に
★★　従うという三従の教が説かれた。

□**22** 江戸時代，離縁状は普通，三行半で書いたので三くだり半ともよ
★★★　ばれ，夫が妻に三くだり半を与えることで離婚が成立した。

☐ 10 ✕　村の運営に参加できるのは，田畑をもつ**本百姓**だけでした。小作で生活する**水呑**や，本百姓に隷属する**名子・被官**は対象外となります。

☐ 11 ◯　**田畑永代売買の禁令**は，本百姓体制の維持を目的に出されました。

☐ 12 ◯　**分地制限令**は，分割相続に対する土地の細分化を阻止する目的で出されました。

☐ 13 ◯　武士は，士農工商の身分制度の最上位に置かれました。また，**苗字・帯刀**は武士のみの特権です。

☐ 14 ◯　町政の運営を行なっていた町人のことを**町役人**といいます。

☐ 15 ✕　町の運営に参加できるのは，<u>**町人**</u>とよばれる地主・家持だけでした。

☐ 16 ◯　江戸時代は，**職人**（親方）の家に**徒弟**が住み込み，無給で働きながら技術を教わるスタイルが一般的でした。

☐ 17 ◯　現在でも「呉服町」「紺屋町」などの名称が各地に残っています。

☐ 18 ◯　賤民身分は，**えた・非人**です。

☐ 19 ◯　近世の**長屋**は，一つの建物を複数の住居に仕切る形態のもので，井戸や便所は共有である場合が一般的でした。

☐ 20 ✕　江戸時代の女性は，**三従の教**にあるように女性は男性に従うべきであると教えられました。

☐ 21 ◯　江戸時代，三従の教は女性の心構えとして教えられました。

☐ 22 ◯　江戸時代，離縁は夫の方からしか申し出ることができませんでした。

IX

江戸

59

農民・町人の統制

131

60 江戸時代初期の外交

□1 1600年，豊後に漂着したオランダ船リーフデ号の乗組員ウィリア
★★★　ム＝アダムズは，外交顧問として徳川家康に重用された。

□2 家康政権は，ポルトガル商人との貿易を統制するために，京都・
★★★　堺・長崎の特定の商人に糸割符仲間を作らせた。

□3 朱印船貿易が活発に行なわれるのに伴い，東南アジアの人々が日
★★★　本に定住するようになり，日本町が作られた。

□4 京都の茶屋四郎次郎などの豪商は，幕府から海外渡航の許可を得
★★　て朱印船貿易に従事し，東南アジアにまで商圏を拡大した。

□5 朱印船貿易における，わが国の輸出品としては，生糸・銀・刀剣・
★★★　漆器など，輸入品としては生糸・絹布・香料などがある。

□6 奥羽地方で唯一のキリシタン大名であった伊達政宗は，ヨーロッ
★★★　パやメキシコとの通商を求め，伊東マンショなどの少年使節を派
　　　遣した。

61 鎖国への展開と長崎貿易

□1 幕府は禁教令を発し，宣教師を長崎出島に拘束した。
★★★　◆キリスト教の禁止から鎖国にいたるまでの流れをしっかりとおさえたい。

□2 秀忠政権は，貿易の制限などを目的として，すべての外国船の来
★　航を平戸と長崎の2港に制限した。

□3 島原の乱のあとに幕府は，スペイン船の来航を禁止した。
★★★　◆島原の乱…天草四郎時貞を首領として決行されたキリシタン農民の一揆。

▼正解　　▼解説

☐1 ○　1600年にオランダ船**リーフデ号**が**豊後**に漂着しました。リーフ
デ号に乗船していたヤン=ヨーステンとウィリアム=アダムズは
徳川家康に重用されました。

☐2 ○　幕府は<u>糸割符</u>制度を設けて，<u>糸割符</u>**仲間**とよばれる特定の商人らに輸入
生糸を一括購入させ，**ポルトガル**商人の利益独占を排除しました。糸割
符仲間にはのちに大坂・江戸の特定商人も加わりました。

☐3 ✕　東南アジアの貿易都市で日本人が多く居住する地域には**日本町**が作られ
ました。東南アジアの人々が日本に作った町のことではありません。

☐4 ○　江戸時代初期の豪商には，**朱印船貿易**に従事する者が多くいました。

☐5 ✕　**朱印船貿易**では，日本は<u>銀</u>・<u>銅</u>・<u>硫黄</u>，のちに漆器・刀剣などを輸出し，
<u>生糸</u>・<u>絹織物</u>・**砂糖**・香料などを輸入しました。生糸が主な輸出品とな
るのは幕末になってからのことです。（☞P.177：**80**-6）

☐6 ✕　伊東マンショをはじめとする**天正遣欧使節**は，安土桃山時代に派遣され
たものです。また，**伊達政宗**はキリシタン大名ではなく，メキシコとの
通商を求めて江戸初期に藩士<u>支倉常長</u>をヨーロッパ（スペイン）に派遣
しました。

IX
江戸

60
江戸時代初期の外交

▼正解　　▼解説

☐1 ✕　**禁教令**は江戸幕府によって発せられましたが，長崎の出島は鎖国の際に
作られたもので，当時はまだ存在しませんでした。

☐2 ✕　すべての外国船ではなく，中国船をのぞく外国船の来航を**平戸**と**長崎**の
2港に制限しました。

☐3 ✕　スペイン船の来航を禁止したのは，1620年代のことです。島原
の乱は1630年代に起こったので，島原の乱の前となります。

□ 4 奉書船制度が導入され，海外に頻繁に往来することができるようになると，海外に移住する日本人も増え，東南アジアの各地に日本町ができた。
★★★

□ 5 家光政権は，日本人の海外渡航を禁止し，来航する外国船に対しては奉書船制度を定めた。
★★★

□ 6 徳川家光は，ポルトガル船の来航を禁止し，長崎の出島で中国船・オランダ船との貿易を許可した。
★★

□ 7 18世紀には日本人の自由な海外渡航が認められていたが，宗門改が全国規模で実施されてキリスト教の布教と信仰が禁止されていた。
★★★

□ 8 オランダ商館長は，船が入港するたびに幕府に対して『オランダ風説書』を提出したので，幕府は，これによって国際状況を知ることができた。
★★★

□ 9 オランダは，絹織物・毛織物や薬品・砂糖などを日本にもたらし，日本からは生糸・銀・銅などを手に入れた。
★★

□ 10 オランダ商館は，出島の唐人屋敷，対馬の倭館とも密接な関係を有し，鎖国下の日本における貿易センター的役割をはたした。
★★

□ 11 江戸幕府と朝鮮との外交折衝は，対馬藩を通じて行なわれた。
★★★

□ 12 朝鮮人貿易商は，長崎へ来て交易することが認められていたが，清国人同様唐人屋敷の範囲内に行動が制約されていた。
★★

□ 13 徳川将軍の代替わりごとなどに通信使が江戸まで派遣され，その沿道各所では詩文のやりとりなど様々な交流がなされた。
★★★

□ 14 江戸時代初期，琉球は中国との間に外交関係を樹立していたが，幕府は薩摩藩に命じて琉球に出兵させて服属させ，ここに琉球藩を置いた。
★★

□ 15 17世紀前半，薩摩藩は，幕府の鎖国令にもとづき，琉球王国に対して清との貿易を禁じた。
★★★

□ 4 ✕ **奉書船制度**は，**奉書船**以外の海外渡航を禁止するもので，これにより貿易は制限され，海外に渡航する日本人は減少しました。

□ 5 ✕ 奉書船制度は，日本に来航する外国船にではなく，海外に渡航する日本船に対して定められたものです。

□ 6 ✕ 長崎の**出島**に居住したのは，ポルトガル人とオランダ人のみです。中国人は長崎の**唐人屋敷**に居住し貿易を行ないました。

□ 7 ✕ 17世紀前半に，日本人の海外渡航と帰国が全面的に禁止されて以来，日本人の自由な海外渡航は行なわれなくなりました。

□ 8 ○ **オランダ商館長**が提出したのは，**オランダ風説書**です。これによって幕府は鎖国中でも海外の事情を知ることができました。

□ 9 ✕ オランダからの輸入品：**生糸・絹織物**（中国産）
　　　　　　輸出品：**銀・銅**

□ 10 ✕ 唐人屋敷は，**長崎**に置かれた中国人居住区域のことです。また，倭館は対馬ではなく**釜山**に設置されました。

□ 11 ○ 朝鮮とは**対馬**の**宗氏**を介して外交交渉が行なわれました。

□ 12 ✕ **唐人屋敷**で交易を認められたのは，清国人のみとなります。

□ 13 ○ 朝鮮からの外交使節である**朝鮮通信使**は，**将軍の代替わりごとに派遣**されました。

□ 14 ✕ 琉球は，17世紀初頭に薩摩藩の**島津家久**が征服しました。しかし，江戸時代を通じて琉球は日本と清に両属する形をとっており，国号も**琉球王国**のままでした。

□ 15 ✕ 江戸時代，**琉球**は日本と清に両属する立場をとっていたので，日本は清との貿易を禁じる立場にありませんでした。

□16 琉球国王は，江戸時代から，天皇の代替わりごとに慶賀使を送る
★★★ など，天皇に対しても臣従関係をもっていた。

□17 琉球王は譜代大名の一員に加えられ，将軍に参勤交代などの義務
★★ を負っていた。

□18 松前氏の先祖は，15世紀半ばに発生したコシャマインの戦いをし
★★ ずめて勢力を伸ばした蠣崎氏である。

□19 アイヌとの交易の独占を許された松前氏は，その交易権を家臣に
★★ 分与した。その後，交易は商人が請け負うようになった。

□20 江戸時代中期には，多くの商場が和人商人の請負となった。
★★★ ◆江戸時代におけるアイヌ貿易の変化を問う問題。

□21 アイヌの主な交易品は，鮭や鰊，昆布などの海産物であった。和
★★ 人側は，本州から米や酒をもちこんだ。

□22 17世紀半ば，シャクシャインの戦いが起こった。この事件は，交
★★ 易条件の悪化を原因の一つとしていた。

62 江戸時代初期の文化

□1 家康をまつる日光東照宮をはじめとする霊廟建築を数寄屋造とい
★★★ う。

□2 江戸時代の狩野派では，探幽が幕府の御用絵師になると，子孫は
★★ 幕府の保護を背景に，あらたな画風を次々と生み出した。

□3 『唐獅子図屏風』は，俵屋宗達の代表作で，大和絵の装飾画に新
★★★ 風を吹き込んだ作品として評価されている。

□4 酒井田柿右衛門は，上絵付の技法を修得し，赤絵磁器の製造に成
★★★ 功して，有田焼の名を高めた。

16 ✕ **慶賀使**は天皇ではなく**将軍**の代替わりごとに琉球から江戸に派遣されました。琉球からは琉球国王の代替わりごとに**謝恩使**も派遣されました。

17 ✕ 琉球国王は，島津氏に服属している立場のため大名の一員には加えられませんでした。よって，参勤交代の義務も発生しませんでした。

18 ○ 松前氏は，蠣崎氏が改姓したものです。

19 ○ **商場知行制**　：アイヌとの交易権を家臣に分与する制度。
場所請負制度：アイヌとの交易を和人商人に請け負わせる制度。

20 ○ 場所請負制度は，江戸時代中期以降の松前藩において一般化していきました。

21 ○ アイヌの人々は漁業を生業としていたので，鮭や鰊，昆布といった海産物が交易の中心に用いられていました。

22 ○ **コシャマインの戦い**　：15世紀半ば（アイヌと和人の戦い）
シャクシャインの戦い：17世紀半ば（アイヌと和人の戦い）

▼正解　　▼解説

1 ✕ **権現造**　：**日光東照宮**などの霊廟建築。
数寄屋造：**桂離宮**など書院造に草庵風の茶室をとり入れたもの。
zzz..

2 ✕ 江戸時代の狩野派は，子孫の世襲が進んだ結果，先代の画風を踏襲するようになり，あらたな画風は生み出されませんでした。

3 ✕ **俵屋宗達**は，土佐派の画風のもとに，装飾画に新様式を生み出した人物で，代表作は『**風神雷神図屏風**』です。

4 ○ **酒井田柿右衛門**（江戸時代初期）：**赤絵**の技法を確立。**有田焼**。
野々村仁清（元禄文化）：**色絵**を完成。**京焼**の祖。
瀬戸焼や**備前焼**は室町時代の文化なので混同しないこと。

IX
江戸

61 鎖国への展開と長崎貿易

137

63 文治政治と正徳の政治

□**1** 島原の乱が起きて牢人問題が深刻化したため，末期養子を認め，
***　改易を減らした。

◆末期養子…跡つぎのない武家が危篤になってから急に決める養子。

□**2** 明暦の大火後，大坂は市街地の復興事業により大都市となった。
**

□**3** 幕府は明暦の大火で焼けた江戸城や江戸の町の復興などのため，
***　蓄えていた金銀の多くを使った。

□**4** 徳川家綱は殉死の禁止を命じ，主人の死後は跡つぎの新しい主人
**　に奉公することを義務づけた。

□**5** 17世紀半ばには，岡山藩が熊沢蕃山を招いたように，いくつかの
***　藩では，儒学思想にもとづいて，家臣や領民を教化する政策がと
　られた。

□**6** 将軍徳川綱吉は，湯島聖堂を建てて，林信篤（鳳岡）を大学頭に
***　任じた。

□**7** 将軍徳川吉宗は，生類憐みの令を出して，その違反者を厳しく処
***　罰した。

□**8** 勘定吟味役荻原重秀は，幕府財政を立て直すため，慶長小判より
***　質の悪い元禄小判を鋳造させた。

□**9** 新井白石は側用人の柳沢吉保と政治の刷新をはかった。これを正
***　徳の政治という。

□**10** 新井白石は，新しく閑院宮家を設立して，朝廷と幕府との関係の
***　融和をめざし，徳川家の永続をはかろうとした。

□**11** 幕府は18世紀前半に長崎貿易を拡大して，幕府の財政難を打開し
***　ようとした。

□**12** 正徳小判は，元禄小判より金の含有率が増えたが，重量が減少し
***　たため，貨幣価値は向上しなかった。

▼正解　　▼解説

- -

☐ 1　✕　牢人問題の深刻さは，島原の乱ではなく，17世紀半ばに起こった慶安の変により顕在化しました。牢人問題を解消するため，幕府は大名の末期養子の禁止を緩和して牢人の増加を防ぎました。

☐ 2　✕　明暦の大火は，江戸市街で起きた大火事です。

☐ 3　◯　明暦の大火をきっかけに，幕府の財政は窮乏化していきました。

☐ 4　◯　徳川家綱は文治政治を展開し，殉死の禁などを行ないました。

☐ 5　◯　17世紀半ばに儒者を顧問にして藩政の刷新をはかった藩主には，池田光政（岡山藩），保科正之（会津藩），徳川光圀（水戸藩），前田綱紀（加賀藩）がいます。

☐ 6　◯　5代将軍徳川綱吉は，湯島聖堂を建てると共に林信篤（鳳岡）を大学頭に任じて，儒教を重視しました。

☐ 7　✕　生類憐みの令を出した将軍は徳川綱吉です。生類憐みの令は新井白石により廃止されました。

☐ 8　◯　勘定吟味役荻原重秀は，金の含有率を減らした小判を発行して多大な増収をあげましたが，貨幣価値が下落し，物価の騰貴を引き起こしました。

☐ 9　✕　新井白石と共に政治の刷新を行なった側用人は間部詮房です。

☐ 10　◯　新井白石は，閑院宮家を創設して，天皇家との結びつきを強めました。

☐ 11　✕　幕府は18世紀前半に海舶互市新例を出して，長崎貿易を制限しました。長崎貿易を制限した目的は，金銀の海外流出を防ぐためでした。

☐ 12　✕　新井白石が改鋳した正徳小判は，貨幣価値を家康の鋳造した慶長小判と同質にしたものです。

□13 幕府は18世紀前半に朝鮮通信使の待遇を改善し，従来より手厚い
★★★　ものとした。

□14 新井白石は，朝鮮からの国書において将軍の呼称を日本国大君か
★★★　ら日本国王に改めさせ，将軍の地位を明確にしようとした。

64 江戸時代の農業

□1 商人の富裕化を抑制するため，江戸時代中期に町人請負新田は廃
★★★　止され，村役人の指導による新田開発が進んだ。

□2 江戸時代になると，耕作用の農具として備中鍬が普及した。
★★★

□3 江戸時代には，唐箕や千石簁が普及したため，脱穀が容易になった。
★★★

□4 中国から伝来した竜骨車の普及は，生産物の輸送力を飛躍的に高
★★　めたため，農村では商品作物の栽培が盛んになった。

□5 自給肥料の草木灰などは，江戸時代になると金肥とよばれ珍重さ
★★★　れた。

□6 油粕・干鰯などの金肥が普及すると，刈敷・草木灰などの自給肥
★★★　料は使われなくなった。

□7 宮崎安貞の『農業全書』，大蔵永常の『農具便利論』などの農書
★★★　によって，栽培技術や農業知識が広まった。

□8 二宮尊徳は，民間にあって農村の復興を指導した。
★★

□9 藩の中には，藍や紅花などの特産物の生産を奨励し，またその流
★★★　通を独占するため，専売制を実施するところもあった。

□10 たばこは江戸時代には商品作物として作られるようになった。
★★★

☐ 13 ✕ **朝鮮通信使**の待遇は，18世紀前半に**新井白石**のときに簡素化されました。

☐ 14 ◯ 将軍の呼称は，新井白石により「**日本国大君**」から「**日本国王**」に改めさせられました。

▼正解　▼解説

☐ 1 ✕ **町人請負新田**は江戸時代中期以降（17世紀末）から各地に見られるようになりました。

☐ 2 ◯ 江戸時代になると，**深耕**用の農具として**備中鍬**が発明され，普及しました。

☐ 3 ✕ **唐箕**や**千石簁**は**選別**用の農具です。**脱穀**用の農具は**千歯扱**が普及しました。

☐ 4 ✕ **竜骨車**は灌漑用の道具です。また，江戸時代は**竜骨車**の他に**踏車**が灌漑用の道具として考案され普及していました。

☐ 5 ✕ **金肥**とは**油粕**・**干鰯**など，現金で購入する肥料のことをさします。

☐ 6 ✕ 金肥が普及しても，**刈敷**・**草木灰**や**下肥**といった自給肥料は広く用いられていました。

☐ 7 ◯ 農書：（元禄期）**宮崎安貞**：『**農業全書**』
　　　　　（19世紀）**大蔵永常**：『**広益国産考**』・『**農具便利論**』

☐ 8 ◯ **二宮尊徳**（右図）や**大原幽学**は農政家として農村の復興につとめました。

☐ 9 ◯ 藩財政の窮乏化を打開するために，多くの藩が専売制を実施しました。

☐ 10 ◯ **たばこ**は江戸時代の代表的な商品作物の一つです。

□**11** 木綿をはじめ，たばこ・紅花・藍などの商品作物は，畿内の特産
★★★ 物となり，大阪の商業発展に貢献した。

□**12** 近世における木綿の主な産地は，大坂周辺や尾張・三河地方など
★★ であった。

□**13** 衣料原料としての麻は木綿よりも遅れて発達し，近世に入ると庶
★★★ 民の間に広く普及した。

65 江戸時代の諸産業

□**1** 日本からの輸出品のうち，俵物とよばれた海産物は，料理の材料
★★★ として中国で珍重され，18世紀半ばから増加した。

□**2** 畿内で綿や菜種などの商品生産が高まり，干鰯の原料である鰯の
★ 漁場が拡大された。

□**3** 絹織物は，近世のはじめには，主に中国産の生糸を原料としてい
★★★ たが，のちには国内産の生糸が用いられるようになった。

□**4** 高機で高級絹織物を生産する技術は，近世を通して西陣が独占し
★★★ ていた。

□**5** 縮の原料は麻などであるが，松平定信の時代になると従来からの
★ 越後縮に加えて，京縮という新しい織物も現れた。

66 江戸時代の交通

□**1** 江戸時代には街道・宿駅が整備され，宿駅には本陣・問屋場など
★★★ が置かれ，人馬による交通の便がはかられた。

□**2** 宿駅には，人馬による輸送業務をする問屋場や，庶民の宿泊施設
★★★ である本陣があった。

□**3** 東海道には，品川から大津まで53の宿駅があり，五街道のうち最
★ も宿駅が多かった。

□11 × 紅花は出羽村山，藍は阿波の特産物で，いずれも畿内の特産物ではありませんでした。

□12 ○ 木綿は，尾張・三河・河内が主な生産地でした。

□13 × 麻は昔から日本にありましたが，木綿は室町時代に国内生産が始まったので，木綿の方が麻よりも遅れて発達しました。（☞P.101：44-2）

▼正解　　▼解説

□1 ○ 俵物とは，いりこ，ほしあわび，ふかのひれなどのことで，中国料理の材料として珍重され，江戸時代中期以降，重要な輸出品となりました。

□2 ○ 鰯は，肥料である干鰯の原料として重宝されました。

□3 ○ 鎖国後は国内産の生糸も多く使われるようになったため，幕末に生糸がわが国の主な輸出品となったわけです。

□4 × 高機の技術は，京都の西陣が独占したわけではなく，上野の桐生などにも伝わっていきました。

□5 ○ 縮とは麻などを原料とした織物のことです。越後縮や京縮などが知られています。

▼正解　　▼解説

□1 ○ 街道の城下町中心部や小都市には宿駅が置かれ，宿駅には人馬のつぎたてを行なう問屋場が置かれました。

□2 × 本陣や脇本陣は，大名らが利用する宿泊施設のことです。旅籠屋や木賃宿が，庶民の宿泊施設です。

□3 × 東海道：53の宿駅（品川から大津まで）
中山道：67の宿駅（板橋から守山まで）→五街道中最も宿駅が多い。

IX
江戸
64 江戸時代の農業

143

□ **4** 宿駅には関所が設けられ，そこで人や荷物を改め，通行税を徴収
★★★ した。

□ **5** 東海道の大井川など特定の河川では，幕府の政策として橋を架け
★★★ ることが禁じられた。

□ **6** 17世紀の中頃，江戸と京都・大坂との間に民間の文書・荷物を運
★★★ ぶ町飛脚が公認され，次第に全国各地に普及した。

□ **7** 京都の豪商であった角倉了以は，富士川・高瀬川などの河川の開
★★★ 削を行なった。

□ **8** 西廻り航路の港となった長崎は，国内の水運と海外貿易の接点と
★★ して重要な役割をはたすようになった。

□ **9** 東廻り航路によって，東北地方の米を，大坂を経ずに，江戸に運
★★ ぶことができるようになった。

□ **10** 大坂から江戸へ酒を輸送するために登場した樽廻船は，やがてそ
★★★ の他の日常物資をも輸送するようになった。

□ **11** 大坂・江戸間には，物資輸送の大動脈として，菱垣廻船・樽廻船
★★★ とよばれる定期船が運航していた。

67 江戸時代の商業

□ **1** 商品別の卸売市場が作られ，大坂堂島の米市，江戸神田・大坂天
★★ 満の青物市が活況をていした。

□ **2** 大坂は諸藩の蔵屋敷が建ち並び，全国市場の中心地としてにぎ
★★★ わった。

□ **3** 大坂に集まった大量の物資には，諸藩の年貢米を中心とする蔵物
★★★ と，民間の荷物である納屋物とがあった。

☐ 4 ✕ 江戸時代の関所では，中世の関所とは違って通行税は徴収しませんでした（☞P.95：**40**-7）。主な関所は以下の4つです。
東海道の関所：**箱根・新居**
中山道の関所：**碓氷・木曽福島**

☐ 5 ◯ 大井川などの河川は軍事上の理由から架橋も渡船も禁止されていましたので，旅人は川越人足の助けを得て，歩いて川を渡りました。

☐ 6 ◯ **継飛脚**：幕府公用の書状・荷物のつぎ送り。
町飛脚：民間の文書・荷物の輸送。

☐ 7 ◯ **角倉了以**：富士川・保津川・高瀬川の開削。
河村瑞軒：**東廻り航路・西廻り航路**の整備。

☐ 8 ✕ 西廻り航路は，関門海峡を通って**大坂**に向かう航路なので，長崎ではなく，**下関**を通ります。

☐ 9 ◯ 東廻り航路は，日本海側から東廻りで**江戸**に荷物を送る航路のことです。

☐ 10 ◯ 江戸・大坂間の航路を**南海路**といい，**菱垣廻船・樽廻船**が就航しました。**樽**廻船は船足が速いことから，のちに主流となっていきました。

☐ 11 ◯ 多くの荷物を積み込む菱垣廻船に対して，樽廻船は主に酒荷のみを扱うことで積み込みと輸送の時間を短縮しました。

Ⅸ
江戸
66
江戸時代の交通

▼正解　　▼解説

☐ 1 ◯ **魚市**：**日本橋**（江戸），**雑喉場**（大坂）／**米市**：**堂島**（大坂）
青物市：**神田**（江戸），**天満**（大坂）

☐ 2 ◯ 大坂は「天下の台所」とよばれ，日本経済の中心でした。

☐ 3 ◯ **蔵物**：蔵屋敷に集められた年貢米や特産物。
納屋物：民間商人の手を経た商品。

□**4** 諸藩は大坂などに蔵屋敷を置き，蔵物の保管と売却には蔵元が，
★★★ 売却代金の保管と送金には掛屋があたった。

□**5** 札差は，旗本・御家人から委託を受けて，俸禄米を売却した。
★★★

□**6** 株仲間は，同業者を組織して，営業の独占を排除するための団体
★★★ であった。

□**7** 幕府は江戸時代初期より，株仲間を認めて，運上や冥加を徴収した。
★★★

□**8** 大坂・江戸間の物資運送を円滑にするために，江戸に十組問屋が，
★★ 大坂に二十四組問屋が作られた。

□**9** 金座・銀座・銭座は，金融業や為替（かわせ・かわし）取引を行なっ
★★★ た。

□**10** 幕府は貨幣鋳造権をもち，金銀銭の統一貨幣を発行した。
★★★

□**11** 貨幣として流通したのは，金・銀・銭の三貨に限られた。
★★

□**12** 金貨は秤量貨幣であり，小判・豆板金などの種類があった。
★★★

□**13** 銀貨は秤量貨幣で，主に東日本で流通した。
★★★ ◆江戸期の貨幣の種類と流通地域を問う問題。

□**14** 藩の中には，財政難の解消をはかったり，通貨量を増やしたりす
★★★ るために，独自に藩札を発行するところもあった。

□**15** 藩札は，貨幣の不足した17世紀前半に最も多く発行された。
★★

□**16** 両替商には，三貨間の両替を行なうと同時に，預金・貸付け・為
★★★ 替の業務を行なうものもあった。

□**17** 京都・大坂・奈良は，総称して三都とよばれた。
★★★

☐ 4 ○ **蔵元**：蔵屋敷で蔵物の出納・売却をとり扱った。
　　　　掛屋：蔵物の売却代金の保管や藩への送付。蔵元が兼務することも多い。

☐ 5 ○ **札差**：旗本・御家人の代理として，蔵米の受けとり・売却を行なった。

☐ 6 ✕ **株仲間**は，幕府や諸藩から，営業の独占権を与えられた商工業者の同業
　　　　組織のことです。株仲間の経済的機能をしっかり把握しておましょう。

☐ 7 ✕ 株仲間は江戸時代初期には禁止されていましたが，江戸時代中期から公
　　　　認されるようになり，田沼時代には積極的に紹介されました。幕府や諸
　　　　藩は，**株仲間**を認めるかわりに<u>運上</u>・<u>冥加</u>を徴収しました。

☐ 8 ○ **十組問屋**：江戸の荷受け問屋。
　　　　二十四組問屋：大坂の荷積問屋。

☐ 9 ✕ **金座・銀座・銭座**：貨幣の鋳造を行なった。
　　　　両替商（本両替）：金融業務や為替取引を行なった。

☐ 10 ○ 貨幣鋳造権は幕府が所有し，金座・銀座・銭座はの管轄下にありました。特
　　　　に銅一文銭である**寛永通宝**は大量に鋳造されました。

☐ 11 ✕ 三貨以外に，各藩は藩札などを発行していました。（☞P.147：**67**-14）

☐ 12 ✕ 金貨は**計数貨幣**です。**秤量貨幣**は銀貨です。

☐ 13 ✕ **金貨**は江戸を中心とした東日本，**銀貨**は大坂を中心とした西日本で流通
　　　　しました。

☐ 14 ○ **藩札**は，諸藩・旗本領内で発行・通用した紙幣のことで，主に
　　　　藩の財政難がきっかけとなって発行されました。

☐ 15 ✕ 藩札は，藩財政の窮乏した江戸時代中期以降に多く発行されました。

☐ 16 ○ 両替商は（本両替），三都を中心に発達し，両替のみならず，現在の銀行
　　　　業務と同様の業務を行なっていました。特には為替・貸付業務も担い，
　　　　冨を蓄える者も現れました。

☐ 17 ✕ **三都**は，京都・大坂・**江戸**のことです。

IX
江戸

67
江戸時代の商業

□18 江戸は「天下の台所」といわれ，全国の物資が集散されてにぎわった。
★★★

□19 京都は公家や寺社の本山などが集まり，高級な伝統工芸品の供給地として発展した。
★★★

68 元禄文化 (1) ～儒学の興隆～

□1 上下の秩序や礼節を重んじた朱子学は，藤原惺窩と彼の門人で幕府に登用された林羅山によって広められた。
★★★

□2 新井白石は，歴史は為政者にとって鑑であるとの立場から，公家政権から武家政権への推移と徳川政権成立の正当性を論じた『読史余論』を著した。
★★★

□3 新井白石は，潜入したイタリア宣教師シドッチを尋問し，『西洋紀聞』を著した。
★★★

□4 朱子学者の室鳩巣は，幕府に登用され八代将軍徳川吉宗の信任を得た。
★★★

□5 朱子学の一派である南学（海南学派）から出た山崎闇斎は，神儒融合の垂加神道を説いた。
★★★

□6 中江藤樹は，朱子学に対抗して，門人の大塩平八郎と共に古文辞学を提唱した。
★★★

□7 古学を提唱した山鹿素行は，水野忠邦に大きな影響を与えた。
★★★

□8 伊藤仁斎は，朱子の教えを擁護し，古義堂を開いて多くの門人を育てた。
★★★

□9 荻生徂徠は，朱子学派を訓詁の学であると批判し，古典に返ることを主張した。
★★★

□18 ✕ 「天下の台所」とよばれたのは大坂です。江戸は「将軍のお膝元」とよばれました。

□19 ○ 京都は，西陣織に代表されるように，高級伝統工芸品の供給地として発展しました。

▼正解　　▼解説

□1 ○ 朱子学は京学と南学に分かれます。そのうち京学の祖となるのが藤原惺窩で，その門人である林羅山の子孫によって栄えていきます。

□2 ○ 『読史余論』は，新井白石が著した史論書です。

□3 ○ 新井白石はイタリア人宣教師シドッチを尋問して，『采覧異言』・『西洋紀聞』を残しました。福沢諭吉の『西洋事情』と混同しないように。

□4 ○ 室鳩巣は，木下順庵の門人で，8代将軍徳川吉宗に登用されました。

□5 ○ 垂加神道：山崎闇斎（朱子学者）が創始。神道と朱子学を結合。
復古神道：平田篤胤（国学者）が創始。儒仏に影響されない神道を提唱。（☞P.165：75-13）

□6 ✕ 中江藤樹が，朱子学に対抗して提唱したのは陽明学です。また，中江藤樹の門人は熊沢蕃山です。

□7 ✕ 古学を提唱した山鹿素行は『聖教要録』を著し，朱子学を否定したので幕府に処罰されました。水野忠邦は江戸時代後期の為政者で，その頃は朱子学が重んじられていました。

□8 ✕ 伊藤仁斎は，朱子学ではなく古学の一派である堀川学派の人物です。

□9 ○ 荻生徂徠の古文辞学派は古学の一派で，孔子・孟子の古典に立ち返ることを主張しました。

□10 太宰春台は，藩による専売制などの必要性を論ずる『経済録』を
★★★ 著した。

□11 契沖は，古典の和歌を従来の伝統にとらわれずに綿密に考証し，
★★★ 『万葉代匠記』を著した。

□12 貝原益軒は本草学の書である『大和本草』を著した。
★★★

□13 関孝和は，西洋の最新の数学理論をとり入れた『発微算洗』を著
★★★ した。

□14 19世紀になると，幕府は，渋川春海（安井算哲）が編修した「貞
★★★ 享暦」を採用し，彼を天文方に任じた。

69 元禄文化 (2) ～元禄時代の諸文化～

□1 浮世草子を創始した井原西鶴は，町人の愛欲の世界を奔放に描写
★★★ し，営利の道を肯定的に描いた。

□2 人形浄瑠璃や歌舞伎脚本を書いた近松門左衛門は，当時の世相や
★★★ 歴史に題材をとり，義理と人情の葛藤に苦悩する人間を描いた。

□3 元禄文化を代表する浄瑠璃脚本家の井原西鶴は，竹本義太夫と結
★★★ び多くの作品を残した。

□4 人形浄瑠璃は，新しい曲風の義太夫節と結びつくことによって発
★★★ 展した。

□5 美少年が女役を演じる若衆歌舞伎が禁止されると，これにかわっ
★★ て女歌舞伎が盛んになった。

□6 江戸の市川団十郎は，立ち回りの勇壮な演技で荒事役者としての
★★★ 名声を博した。

□10 ○ 太宰春台は荻生徂徠の門人で，『経済録』を著してその後の経世論の発展に寄与しました。

□11 ○ 契沖は古典や古歌の注釈研究を行ない，『万葉代匠記』を著しました。

□12 本草学：貝原益軒『大和本草』（本草学の基礎を築いた）
　　　　　稲生若水『庶物類纂』（本草学の大著，1000巻にわたる）

□13 ✕ 関孝和は，日本独自の数学理論である和算を大成させ，『発微算法』を著した人物。西洋の最新の数学理論をとり入れたわけではないので誤りです。なお，同じく和算の普及に貢献した人物に『塵劫記』を著した吉田光由がいます。

□14 ✕ 幕府が渋川春海（安井算哲）の編集した『貞享暦』を採用するのは元禄文化の頃（17世紀末）です。

- -
▼正解　　▼解説
- -

□1 ○ 浮世草子の井原西鶴は，好色物の『好色一代男』，町人物の『日本永代蔵』・『世間胸算用』，武家物の『武家義理物語』などを残しました。

□2 ○ 近松門左衛門は脚本家で，『曽根崎心中』などの当時の世相を題材にとった世話物や，『国性（姓）爺合戦』などの時代物を残しました。

□3 ✕ 義太夫節の竹本義太夫と組んで多くの浄瑠璃作品を残したのは，近松門左衛門です。

□4 ○ 義太夫節は，人形浄瑠璃の際に語られることで人気を博しました。

□5 ✕ 歌舞伎は，女歌舞伎→若衆歌舞伎→野郎歌舞伎と発展していきました。

□6 ○ 江戸の役者：市川団十郎（荒事：勇壮な演技）
　　　　　　　　上方の役者：坂田藤十郎（和事：色男の優美），芳沢あやめ（女形）

☐ **7** 松尾芭蕉は，俳諧紀行を多く残したが，18世紀の末，江戸から東
★★★ 北，北陸，近畿をめぐって著した『奥の細道』がその代表作であ
る。

☐ **8** 「見返り美人図」は，元禄期の喜多川歌麿の作品で，多色刷りの
★★★ 錦絵の技法を駆使した華やかなものとして，町人たちに愛好され
た。

☐ **9** 「紅白梅図屏風」などを描いた尾形光琳は，菱川師宣の画法をと
★★★ り入れ，洗練された装飾的表現をとった。

☐ **10** 野々村仁清は，上絵付の技法を発展させ，色絵陶器を大成して京
★★ 焼の祖となった。

☐ **11** 円空は，諸国をめぐりながら，鉈彫りとよばれる方法で製作した，
★★★ 仏像と神像を各地に残した。

70 享保の改革

☐ **1** 将軍徳川吉宗は側用人政治を廃し，譜代大名・旗本を重く用いた。
★★★ また，一時，大名の参勤交代を緩和した。

☐ **2** 相対済し令は，旗本・御家人救済のため，札差からの借金を破棄
★★★ することが目的であった。

☐ **3** 幕府は，基準石未満の禄高の者が役職についた場合，終生にわたっ
★★★ て俸禄の加算を行なう足高の制を設けた。

☐ **4** 徳川吉宗により町奉行に登用された大岡忠相は，市政改革を行な
★★★ うと共に，裁判の基準となる法典の制定などにあたった。

☐ **5** 8代将軍吉宗は，公事方御定書などを編集して，裁判や刑罰の基
★★★ 準を定めた。

☐ **6** 幕府は広く人材を集めることを目的に，庶民が有能な人材を推薦
★★★ する目安箱の制度を設けた。

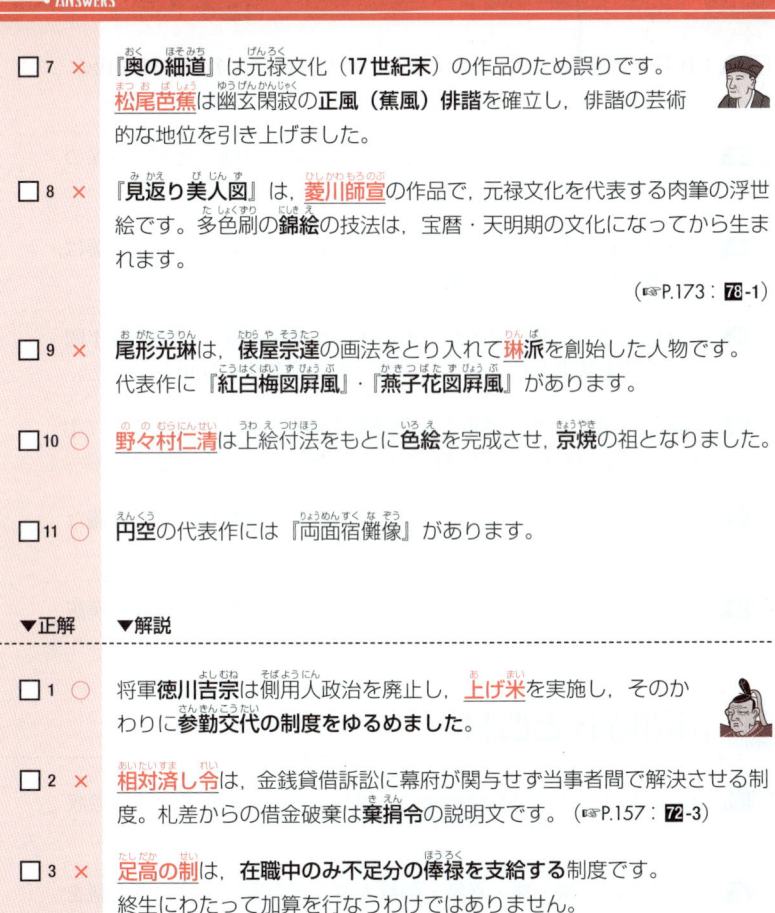

☐ 7　✕　『奥の細道』は元禄文化（**17世紀末**）の作品のため誤りです。
松尾芭蕉は幽玄閑寂の**正風（蕉風）**俳諧を確立し，俳諧の芸術的な地位を引き上げました。

☐ 8　✕　『**見返り美人図**』は，**菱川師宣**の作品で，元禄文化を代表する肉筆の浮世絵です。多色刷の**錦絵**の技法は，宝暦・天明期の文化になってから生まれます。

（☞P.173：**78**-1）

☐ 9　✕　**尾形光琳**は，**俵屋宗達**の画法をとり入れて**琳**派を創始した人物です。代表作に『**紅白梅図屏風**』・『**燕子花図屏風**』があります。

☐ 10　○　**野々村仁清**は上絵付法をもとに**色絵**を完成させ，**京焼**の祖となりました。

☐ 11　○　**円空**の代表作には『**両面宿儺像**』があります。

▼正解　　▼解説

☐ 1　○　将軍**徳川吉宗**は側用人政治を廃止し，**上げ米**を実施し，そのかわりに**参勤交代の制度をゆるめ**ました。

☐ 2　✕　**相対済し令**は，金銭貸借訴訟に幕府が関与せず当事者間で解決させる制度。札差からの借金破棄は**棄捐令**の説明文です。（☞P.157：**72**-3）

☐ 3　✕　**足高の制**は，**在職中のみ不足分の俸禄を支給する**制度です。終生にわたって加算を行なうわけではありません。

☐ 4　○　**大岡忠相**は足高の制によって，**江戸町奉行**に登用され，裁判や刑罰の基準である**公事方御定書**の制定に貢献しました。

☐ 5　○　吉宗のもと，**大岡忠相**らが編纂した江戸幕府の基本法典が**公事方御定書**です。上下２巻からなり，下巻は『**御定書百箇条**』ともいわれます。

☐ 6　✕　**目安箱**は，庶民の意見を聞く制度です。これによって貧民を対象とする医療施設である**小石川養生所**などが作られました。

IX
江戸

69
元禄文化(2)〜元禄時代の諸文化〜

□**7** 8代将軍吉宗は，上げ米を実施し，かわりに諸大名の参勤交代の
★★★　制をゆるめた。

□**8** 江戸幕府は，町人請負新田などの新田開発を奨励したが，享保の
★★★　改革の際には禁止した。

□**9** 大規模な新田開発には多大の経費を必要としたので，幕府や藩は，
★★★　この頃成長してきた寄生地主の資力を利用した。

□**10** 江戸幕府は，初期の段階からその年の作柄に関係なく過去数年間
★★★　の収穫量を基準として，年貢を徴収する定免法を採用していた。

□**11** 幕府は18世紀前期，薬用として朝鮮人参や，凶荒用食物として甘
★★★　藷（さつまいも）などの栽培を奨励した。

□**12** 享保の改革による殖産政策では，貝原益軒の登用により，甘藷な
★★★　どの栽培が奨励された。

□**13** 享保の改革では，実学奨励のために，キリスト教関係以外の漢訳
★★★　洋書の輸入を認めた。

71 田沼時代と農村

□**1** 田沼意次は，株仲間を積極的に公認して，運上・冥加などを徴収
★★★　した。

□**2** 田沼意次は，銅・鉄・真鍮・朝鮮人参などの座を設けて専売制を
★★★　しいた。

□**3** 老中田沼意次は，財政対策として，長崎貿易を縮小し，支払い方
★★★　法も銅や俵物に制限しようとした。

□**4** 田沼意次は，商人に出資させた新田開発や下総印旛沼の干拓など
★★★　を企てた。

□**5** 貧窮農民の中には，借金などのため土地を手放して小作農となり，
★★★　地主に小作料を支払うものがいた。

☐ 7 ○ <u>上げ米</u>とは，大名から石高1万石につき100石を臨時に献上させる制度で，かわりに**参勤交代の在府期間が半減**されました。

☐ 8 × 享保の改革で，新田開発奨励の高札が出され，**町人請負新田**など民間主体の新田が増加しました。

☐ 9 × この頃大規模に開発された**町人請負新田**は，商人資本をもとに開発されました。

☐ 10 × 将軍吉宗の時代に，その年の収穫量に応じて税率を決める**検見法**から，過去数年間の年貢高をもとに税率を一定にする**定免法**にかわりました。

☐ 11 ○ 将軍吉宗は，**甘藷・さとうきび・櫨・朝鮮人参**の栽培などを奨励しました。

☐ 12 × 甘藷の栽培は，**青木昆陽**に命じました。
貝原益軒（☞P.151：**68-12**）は元禄文化を代表する本草学者です。

☐ 13 ○ 将軍**吉宗**は**漢訳洋書輸入の禁**を緩和し，キリスト教関係以外の中国語に翻訳された洋書の輸入を認めました。

▼正解　　　▼解説

☐ 1 ○ **田沼意次**は**株仲間**を広く公認し，**運上**や**冥加**など営業税の増収をめざしました。

☐ 2 ○ 田沼意次は，幕府の専売のもとに**銅座・鉄座・真鍮座・朝鮮人参座**などを設けました。

☐ 3 × **田沼意次**は長崎貿易を積極的に行なわせましたが，金銀の海外流出を防ぐため，その支払いを金や銀でなく**銅**や**俵物**で行なわせようとしました。

☐ 4 ○ **田沼意次**は，江戸や大坂の商人の力を借りて**印旛沼・手賀沼**の干拓工事を始めるなど，新田開発を積極的に行ないました。

☐ 5 ○ 貧窮した農民は，**質入れ**という形で農地を手放し，**小作農**となっていきました。

IX
江戸
70
享保の改革

□6 佐倉惣五郎の伝承に知られるように，処刑された一揆の指導者の
★★★ 中には義民として崇められる者がいた。

□7 貧窮農民の中には，幕末期に米の安売りなどを要求して，米屋や
★★★ 質屋を打ちこわす惣百姓一揆を起こすものがいた。

□8 専売制に反対する一揆は，商品生産が活発化した17世紀前期に多
★★★ 発し，その多くは惣百姓一揆であった。

□9 江戸時代中期になると，村役人の不正を追及し，村の民主的運営
★★★ を求める村方騒動が頻発した。

□10 18世紀末に，西日本一帯のうんか大発生により，享保の飢饉が起
★★ こった。

□11 天明の飢饉では，幕府や藩の対応が不十分であったために，特に
★★★ 西国では多数の餓死者が出た。

□12 百姓一揆の発生件数がピークとなったのは，元禄期・天保期・明
★★ 治維新期の三期である。

72 寛政の改革

□1 寛政の改革では，飢饉に備えて米穀を貯蔵する社倉・義倉を各地
★★★ に設けさせた。

□2 18世紀末に，幕府や諸藩が軍用米を集めたため，米価が高騰した。
★★★

□3 18世紀後半幕府は，武士が質入れした土地や道具を無償でとり戻
★★★ させるよう命じた。

□4 旗本・御家人への賃金を放棄させる棄捐令は，経済を混乱させ，
★★ 百姓一揆が頻発する原因となった。

□5 18世紀末，江戸の町に，町入用の節約分を財源とする七分積金を
★★★ 命じた。

□ 6 ○ **佐倉惣五郎**や**磔茂左衛門**といった**義民**は，村人を代表して直訴を行なう **代表越訴型一揆**を行ないました。江戸時代前期のことです。

□ 7 × **惣百姓一揆**とは，江戸時代中期以降に見られる全村民による一揆のことです。米屋や質屋を襲撃するのは**打ちこわし**のです。

□ 8 × 専売制に反対する一揆は，天保の改革と前後して諸藩の藩政改革が専売制を広く実施するようになる**19世紀**になって増大しました。

□ 9 ○ 村役人の不正を，貧農などが領主に訴える行動を**村方騒動**といいます。

□ 10 × **享保の飢饉**は，享保の改革の頃，18世紀前期の出来事です。享保の飢饉は西日本一帯の**うんか**という害虫の大発生が原因とされています。

□ 11 × **天明**の飢饉は，**東北地方**を中心に多くの餓死者を出しました。

□ 12 × 元禄期は，百姓一揆の件数はピークになっていません。ピークになったのは，天保の飢饉が起こった**天保期**と**幕末期**です。

▼正解　　▼解説

□ 1 ○ **寛政**の改革で老中**松平定信**は，飢饉に備え，各地に**社倉・義倉**を作らせて米穀を蓄えさせる**囲米**を行なわせました。

□ 2 × この時代には軍用米を集めるほどの戦乱はありませんでした。天明の飢饉に伴う田畑の荒廃が原因で米価が高騰しました。

□ 3 × **棄捐令**は，旗本・御家人への貸金を札差に放棄させたもので，土地や道具を無償でとり戻させるものではありません。

□ 4 × 百姓には棄捐令の損害はないので，百姓一揆の原因にはなりません。

□ 5 ○ 寛政の改革では，町々に町費節約を命じ，節約分の7割を積み立てて低利融資で増殖をはかり，その利子は貧民救済にあてるという**七分積金**を行なわせました。

IX
江戸
71 田沼時代と農村

□ **6** 18世紀末，江戸の石川島に，人足寄場を設けて無宿者などを収容
★★★ した。

□ **7** 幕府は，農民の出稼ぎを制限し，江戸に流入した農民のうち，帰
★★★ 村を希望するものに旅費や食糧を支給するなど，農村人口の維持
につとめた。

□ **8** 幕府は，湯島聖堂付属の学問所で朱子学以外の学問を教えること
★★★ を禁止し，さらにその後，学問所を幕府の学校とした。

□ **9** 林子平は，ペリー来航を間近に見て，アメリカからの外圧に対す
★★★ る準備の必要性を説いた『海国兵談』を著して処罰された。

□ **10** 寛政の改革では，民間の風俗のとりしまりにも力を入れ，洒落本
★★★ 作家の山東京伝が処罰された。

□ **11** 18世紀後半下級武士は，俸禄を担保に借金をしたり内職をしたり
★★ して生活を支えた。

□ **12** 18世紀後半藩の中には，特産物を専売してあらたな財源を求める
★★★ ところもあった。

73 列強の接近と生産の近代化

□ **1** ロシア使節ラクスマンが，根室に来航して幕府に通商を求めたが，
★★ 幕府は交渉の窓口は長崎であるとして，要求を拒絶した。

□ **2** レザノフは，ラクスマンのもち帰った長崎入港許可証をもって長
★★ 崎に来航したが，幕府に拒絶された。

□ **3** 幕府は，近藤重蔵に命じて，千島の探検をさせた。
★★★

□ **4** 間宮林蔵は，幕府の命令により千島を探検した際，間宮海峡を発
★★★ 見した。

□ **5** 19世紀に入ると，東蝦夷地・西蝦夷地を，相次いで幕府の直轄地
★ とした。

☐ 6 ○ 寛政の改革では，石川島に人足寄場を設けて無宿人を強制的に収容し，技術を身につけさせ職業をもたせようと試みました。

☐ 7 ○ 寛政の改革では，正業をもたない者に資金を与えて農村に帰ることを奨励する旧里帰農令が出されました。

☐ 8 ○ 寛政異学の禁では，湯島聖堂の学問所での朱子学以外の講義や研究を禁じ，湯島聖堂の学問所を昌平坂学問所として官立としました。

☐ 9 × 林子平がロシアを警戒して『海国兵談』で海防論を唱えたのは寛政の改革の頃なので，ペリー来航の半世紀以上も前のことになります。

☐ 10 ○ 寛政の改革では出版統制令が出され，黄表紙作家の恋川春町や，洒落本作家の山東京伝，出版元の蔦屋重三郎が弾圧されました。

☐ 11 ○ 下級武士は，藩財政の窮乏に伴い，俸禄の一部削減である借りあげの実施により窮乏し，借金や内職をする者が少なくありませんでした。

☐ 12 ○ 18世紀後半の藩政改革では，特産物生産の奨励と共に藩の専売制が強化されました。

IX 江戸
72 寛政の改革

▼正解　　▼解説
- -

☐ 1 ○ ラクスマンが根室に来航すると，幕府は交渉の窓口は長崎であるとして要求を拒絶しました。

☐ 2 ○ レザノフは，ラクスマンのもち帰った長崎入港許可証をもって長崎に来航しましたが，幕府はこれを追い返しました。

☐ 3 ○ 幕府は，近藤重蔵に択捉島などを探査させました。

☐ 4 × 間宮林蔵は，千島ではなく樺太を探検し，樺太が島であることを発見して，その海峡を間宮海峡と名づけました。

☐ 5 ○ 幕府ははじめ東蝦夷地を，その後すべての蝦夷地を直轄地にしました。

□ **6** 19世紀初頭，イギリスの軍艦フェートン号がオランダ船をとらえ
★★★　るために，長崎に侵入する事件が発生した。

□ **7** 欧米諸国の接近に対処する異国船打払令が出されたため，大名は
★★★　海岸警備に多額の費用を必要とした。

□ **8** アメリカ船モリソン号は，日本人漂流民を護送し，通商を求めて
★★★　きたが，幕府は異国船打払令により砲撃を行なった。

□ **9** 渡辺崋山らが幕府の対外政策を批判して処罰されたが，その後も
★★　モリソン号を撃退するなど幕府の対外政策に変更はなかった。

□ **10** 幕府は天保年間，アヘン戦争をきっかけに，外国船が薪や食料を
★★★　求めた場合には，与えて退去させる法令を出した。

□ **11** 手工業生産は，当初，問屋制家内工業がとられていたが，農民の
★★★　富裕化に伴って，農民自らが生産・販売する形へと変化していっ
　　た。

74 天保の改革と藩政改革

□ **1** 元大坂町奉行所与力の大塩平八郎は，窮民救済のため民衆の蜂起
★★★　をよびかける檄文を出して反乱を起こした。
　　◆与力は奉行や所司代のもとに配置された下級役人のこと。

□ **2** 天保の改革では，株仲間の結成を認め，商業統制を試みた。
★★★

□ **3** 老中水野忠邦は，江戸に流入した農民に帰村を奨励する人返しの
★★★　法を出した。

□ **4** 天保の改革では，旗本・御家人の救済のために，棄捐令が出された。
★★★

□ **5** 上知令は，将軍家斉の治世下に，老中水野忠邦によって発令された。
★★　◆江戸の諸改革はそのときの将軍が誰であったかも重要事項としておさえたい。

☐ 6 ○ 19世紀初頭に，**イギリス**軍艦**フェートン**号が，オランダ船を追って長崎に入り，オランダ商館員を人質にし，薪水と食糧を強要しました。

☐ 7 ○ 外国船員と住民との衝突を回避するために，外国船を撃退する<u>異国船打払令</u>が出されました。

☐ 8 ○ **アメリカ船**<u>モリソン</u>号は，**異国船打払令**により撃退されました。

☐ 9 ✕ <u>渡辺崋山</u>が処罰されたのは，『**慎機論**』でモリソン号事件を批判したことによるので，モリソン号事件のあとの出来事です。

☐ 10 ○ アヘン戦争で清国がイギリスに敗北したのをきっかけに，幕府は異国船打払令を緩和し，**天保の薪水給与令**が出されました。

☐ 11 ✕ 手工業生産は最初，農民自らが生産・販売する<u>農村家内工業</u>でしたが，のちに**問屋制家内工業**，**工場制手工業（マニュファクチュア）**が導入されます。

▼正解　　▼解説

☐ 1 ○ 大坂町奉行所の元与力である<u>大塩平八郎</u>は，貧民救済のため門弟や民衆を動員して武装蜂起し，鎮圧されました。これを**大塩の乱**といいます。

☐ 2 ✕ 老中**水野忠邦**による**天保の改革**では，<u>株仲間</u>の解散が命じられました。

☐ 3 ○ <u>人返しの法</u>は，農民の帰村を奨励する法令です。
旧里帰農令（☞P.159：**72**-7）と混同しないようにしましょう。

☐ 4 ○ **棄捐令**は，**寛政の改革**，**天保の改革**いずれにも出されました。
（☞P.157：**72**-3）

☐ 5 ✕ **上知令**は，天保の改革の政策なので，将軍家慶の治世に発令されたものです。

□ **6** 江戸幕府は，天保の改革の際に上知令を出し，江戸・大坂周辺の
★★★　農民の土地をとりあげようとした。

□ **7** 薩摩藩では，琉球貿易や砂糖の専売制などで利益をあげ，財政の
★★★　再建に成功した。

□ **8** 薩摩藩では，18世紀後半に，藩主島津斉彬が集成館と称する直営
★　工場群を建設し，あらたな産業の導入と軍事改革を進めた。

□ **9** 長州藩では，村田清風を中心に改革が行なわれ，巨額の借財を整
★★　理すると共に，下関の越荷方を拡大して利益をあげた。

□ **10** 佐賀藩では，藩主鍋島直正が均田制の実施，反射炉築造と大砲製
★★★　造などの諸事業を推進した。

□ **11** 幕末期になると，幕府やいくつかの藩は，反射炉や大砲製造所，
★★　藩営工場を設立するなど，軍備や工業の洋式化につとめた。

75 江戸時代後期の文化 (1) ～国学・洋学～

◇◇◇◇◇◇◇◇◇◇◇◇◇◇◇◇◇◇◇◇◇ 宝暦・天明期の文化 ◇◇◇◇◇◇◇◇◇◇◇◇◇◇◇◇◇◇◇◇◇

□ **1** 西川如見は，中国・東南アジア・ヨーロッパなど世界各地域の産
★★　物を記した『華夷通商考』を著した。

□ **2** 荷田春満の弟子の賀茂真淵は万葉集などの研究を進めた。
★

□ **3** 賀茂真淵は，儒仏に影響されない日本古来のものの考え方を否定
★★★　し，『万葉代匠記』などを著した。

□ **4** 本居宣長は，長年にわたって『古事記』を研究した成果を『大日
★★★　本史』としてまとめた。

□ **5** 本居宣長は，国学という学問を思想的に高めたが，『古事記伝』
★★★　では，日本古来の精神に返るべきではないと主張した。

☐ 6 ✗ 天保の改革で出された<u>上知令</u>は，江戸・大坂周辺の**大名と旗本の知行地**を直轄地にしようとした計画です。

☐ 7 ◯ **薩摩藩**では，<u>調所広郷</u>が藩政改革を行ない，**黒砂糖**の専売強化や，琉球王国との貿易を増やすなどして，藩財政を立て直しました。

☐ 8 ✗ 島津斉彬が反射炉の築造，造船所やガラス製造工場の建設など集成館という直営工場群を設けたのは，19世紀中頃のことです。

☐ 9 ◯ **長州藩**の藩政改革は，<u>村田清風</u>が中心人物です。**下関**などに<u>越荷方</u>を置いて，諸国の廻船の商品の委託販売などで利益をあげました。

☐ 10 ◯ **佐賀藩**では，藩主<u>鍋島直正</u>が中心となり，<u>均田制</u>を実施して**小作料の納**入を猶予し，陶磁器の専売を進めるなどの藩政改革を行ないました。

☐ 11 ◯ 佐賀藩の大砲製造所や反射炉など，幕府の軍需工場以外でも，いくつかの藩で軍備の洋式化が行なわれました。

▼正解　　▼解説

☐ 1 ◯ **西川如見**は『**華夷通商考**』で，海外事情を紹介しました。

☐ 2 ◯ **荷田春満**の弟子が**賀茂真淵**です。『**万葉集**』の研究を進めた人物です。

☐ 3 ✗ **賀茂真淵**は，儒教・仏教といった外来思想を排しました。また『万葉代匠記』（☞P.151：**68**-11）は契沖の作です。

☐ 4 ✗ 国学者**本居宣長**は，『古事記』を研究した成果を『<u>古事記伝</u>』としてまとめました。『<u>大日本史</u>』は**徳川光圀**が編纂に着手した歴史書です。

☐ 5 ✗ 本居宣長は，**日本古来の精神に返る**ことを主張しました。

☐ **6** 塙保己一は，和学講談所を創立し，古典を分類・収録した『群書
★★★ 類従』を刊行した。

☐ **7** 『解体新書』の訳述に加わった蘭医の緒方洪庵は，芝蘭堂を開い
★★★ て門人の教育にあたった。

☐ **8** 17世紀末には，一部の蘭学者の海外渡航も認められ，その見聞を
★★★ 紹介した杉田玄白の『西洋紀聞』なども著された。

☐ **9** 幕府の天文方では，稲村三伯らを中心に，最初の英日辞書である
★★★ 『ハルマ和解』を出版した。

☐ **10** 大槻玄沢は，蘭学研究の意義と歴史を述べた入門書『蘭学階梯』
★★★ を著した。

◇◇◇◇◇◇◇◇◇◇◇◇◇◇◇◇◇◇◇◇◇◇◇◇ **化政文化** ◇◇◇◇◇◇◇◇◇◇◇◇◇◇◇◇◇◇◇◇◇◇◇◇

☐ **11** 志筑忠雄はケンペルの『日本誌』の一部を訳出し，対外関係に多
★ くの制約のある当時の状態を「鎖国」という訳語で示した。

☐ **12** 志筑忠雄は，天文・物理学の書である『暦象新書』を訳述して，
★★ 地動説やニュートンの引力の法則などを紹介した。

☐ **13** 平田篤胤は，賀茂真淵の影響を受けて唯一神道を唱え，日本古来
★★★ の純粋な神道を尊んだ。

☐ **14** シーボルトは，全国の沿岸の測量を行ない，『大日本沿海輿地全図』
★★★ の作成にあたった。

□ 6 ○ 盲目の国学者塙保己一は，古典の収集・保存を行ない，幕府の援助を受け和学講談所を設けて，『群書類従』の編集・刊行を行ないました。

□ 7 × 『解体新書』は前野良沢・杉田玄白らが訳述しました。また，芝蘭堂は大槻玄沢が開いた蘭学塾です。

□ 8 × 『西洋紀聞』は新井白石の著（☞P.149：68-3）。当時は鎖国のため海外渡航は行なわれませんでした。杉田玄白が著したのは『蘭学事始』です。

□ 9 × 『ハルマ和解』は，最初の蘭日辞書です。稲村三伯が作りました。

□ 10 ○ 蘭学の入門書である『蘭学階梯』は，大槻玄沢が著しました。

□ 11 ○ 志筑忠雄は，「鎖国」の文字を初めて使用しました。

□ 12 ○ 志筑忠雄は『暦象新書』で，地動説やニュートンの万有引力の法則などを紹介しました。

□ 13 × 平田篤胤は本居宣長の影響を受けて復古神道を唱えました。この神道は，日本古来の純粋な信仰を尊び，儒教や仏教を強く排斥しました。唯一神道とは，室町時代に吉田兼俱が提唱した神道理論です。（☞P.107：48-9）

□ 14 × 全国の沿岸を測量して『大日本沿海輿地全図』を作成したのは，伊能忠敬です。

76 江戸時代後期の文化 (2) 〜教育と諸学問〜

◇◇◇◇◇◇◇◇◇◇◇◇◇◇◇◇◇◇◇ 宝暦・天明期の文化 ◇◇◇◇◇◇◇◇◇◇◇◇◇◇◇◇◇◇◇

□ **1** 竹内式部は京都で尊王論を説き，また山県大弐は江戸で幕政を批
★★　　判したため，幕府の厳しい処分を受けた。

□ **2** 諸藩では，長州藩の明倫館などのように，藩士の教育を行なう機
★★★　関として，藩校（藩学）を設立した。

□ **3** 石田梅岩は，士農工商の身分を前提にしつつ町人の生活倫理を説
★★★　いた。

□ **4** 医師の安藤昌益は，士農工商の身分が自然の営みに沿うと主張し
★★★　た。

□ **5** 大坂の町人によって懐徳堂が設立され，山片蟠桃ら多くの町人学
★★★　者を生み出した。

□ **6** 江戸時代に庶民教育機関として幕府が設置した寺子屋では，実用
★★★　的な読み・書き・そろばんの教育を行なった。

□ **7** 幕藩制社会にあっては，年貢は村請であったので，これを委任さ
★★★　れた村役人には，年貢に関する文書を処理する能力が要求された。

◇◇◇◇◇◇◇◇◇◇◇◇◇◇◇◇◇◇◇◇ 化政文化 ◇◇◇◇◇◇◇◇◇◇◇◇◇◇◇◇◇◇◇◇

□ **8** 海保青陵は，『稽古談』を著して，武芸に励む武士の優位性を示
★★★　したため，武士が商人を卑しむ風潮が生まれた。

□ **9** 佐藤信淵は，産業の国営化と積極的な海外進出を唱え，強力な統
★★★　一国家の形成を主張した。

□ **10** 本多利明は，『西域物語』を著し，西洋に対する憧れは夢物語に
★★★　すぎないことを解き，封建社会の維持を主張した。

▼正解　　▼解説

☐ 1 ○ **竹内式部**は，京都で尊王論を説いて追放刑になり（宝暦事件），**山県大弐**は江戸で尊王論を説いて幕政を攻撃したので，死刑に処せられました（明和事件）。

☐ 2 ○ 多くの藩では藩士子弟の教育のために**藩校（藩学）**が設立され，城下町を離れた土地にも藩士や庶民の教育をめざす**郷学**が作られました。

☐ 3 ○ 京都の町人**石田梅岩**は**心学**をおこし，儒教道徳に仏教や神道の教えを加味した生活倫理をやさしく説きました。

☐ 4 × **安藤昌益**は，『**自然真営道**』を著し，万人自ら耕作して生活する自然の世を理想として，身分社会を否定した人物です。

☐ 5 ○ 大坂の町人の出資で設立された**懐徳堂**は，**富永仲基**や**山片蟠桃**などの町人出身の学者を生み出しました。

☐ 6 × **寺子屋**は一般庶民の教育機関で，読み・書き・そろばんなどの日常生活に役立つ教育を行ない，道徳も教えました。幕府が設置したものではありません。

☐ 7 ○ 江戸時代の識字率は，世界的に見ても非常に高いものでした。

☐ 8 × **海保青陵**は，商売を卑しむ武士の偏見を批判して，藩財政の再建は商工業によるという説を展開し，『**稽古談**』を著しました。

☐ 9 ○ **佐藤信淵**は，産業の国営化と貿易による振興策を主張し，『**経済要録**』・『**農政本論**』などを著しました。

☐ 10 × **本多利明**が，西洋諸国との交易による富国策を説き，『**西域物語**』を著しました。

□**11** 水戸学は，尊王論と攘夷論を結び合わせた倒幕論を中心に発展し
★★★ た。

□**12** 水戸藩に仕えた会沢正志斎（会沢安）は即時開港の必要を説き,『新
★★ 論』を著した。

□**13** 緒方洪庵により設立された適塾（適々斎塾）では陽明学が教授さ
★★★ れ，多くの人材を輩出した。

□**14** 日本が開国すると，シーボルトが長崎郊外に鳴滝塾を開き，医学
★★★ の講義や実際の治療を行なった。

□**15** 蘭学の成果を吸収するために設けられた蛮書和解御用（掛）では,
★★★ 洋書の翻訳などにあたった。

□**16** 19世紀前半，シーボルトが最新の日本地図を国外にもち出そうと
★★ した事件で，幕府の役人高橋景保が処罰された。

77 江戸時代後期の文化 (3) 〜文学・芸能〜

◇◇◇◇◇◇◇◇◇◇◇◇◇◇◇◇◇◇◇ ▼宝暦・天明期の文化 ◇◇◇◇◇◇◇◇◇◇◇◇◇◇◇◇◇◇◇

□**1** 江戸時代後期には，江戸・大坂をはじめとする都市では多くの貸
★★ 本屋が民衆の需要にこたえた。

□**2** 和歌から派生した狂歌では，大田蜀山人や宿屋飯盛が活躍し，ま
★★★ た川柳では『誹風柳多留』を選んだ竹田出雲が著名である。

□**3** 江戸時代後期には，音曲を主とする一中節・常磐津節・清元節・
★ 新内節などの四条派の唄浄瑠璃が流行した。

□ 11 × **水戸学**などで主張された**尊王思想**は，天皇を王者として尊ぶという思想で，外国を排斥する**攘夷論**と結びついていきました。ただ，尊王思想そのものには倒幕という概念はありません。

□ 12 **会沢正志斎**は，水戸学の学者で，尊王攘夷を主張していたため，外国人を受け入れることにつながる即時開港を主張するわけがありません。

□ 13 × **緒方洪庵**が大坂に開いた適塾は，**蘭学**塾です。

□ 14 × **シーボルト**が長崎郊外に**鳴滝塾**を開いたのは，開国前の19世紀初期（1824年）のことでした。

□ 15 ○ 天文方高橋景保の建議により設置した**蛮書和解御用**は，洋書の翻訳などを行なう機関です。

□ 16 ○ これを**シーボルト事件**といいます。高橋景保は国外もち出し禁止の地図をシーボルトに渡したことで処罰されました。

▼正解　　▼解説

□ 1 ○ 貸本屋の普及に伴い，様々な文学作品が生まれました。

□ 2 × **川柳**では選者である**柄井川柳**が，**狂歌**では**大田南畝（蜀山人）**や**石川雅望（宿屋飯盛）**が登場しました。竹田出雲は浄瑠璃作家です。

□ 3 × 宝暦・天明期，浄瑠璃は歌舞伎に圧倒され，座敷でうたわれる唄浄瑠璃の方向へ移っていきました。四条派は絵の流派なので唄浄瑠璃とは無関係です。

□ **4** 歴史や伝説を題材として，勧善懲悪を痛快に描いた滑稽本には，
★★★ 十返舎一九や式亭三馬が現れた。

□ **5** 庶民の生活を描いた滑稽本では，十返舎一九の『東海道中膝栗毛』，
★★★ 式亭三馬の『浮世風呂』などの作品がある。

□ **6** 『春色梅児誉美』を著した人情本作家の為永春水は，天保改革期に，
★★★ 風俗をみだしたという理由で処罰された。

□ **7** 曲亭馬琴の『南総里見八犬伝』など，庶民生活を軽妙に描いた読
★★★ 本が人気を博した。

□ **8** 読本は文章主体の小説で，上田秋成や曲亭馬琴が代表的作家であ
★★★ る。

□ **9** 一茶は，農村生活に密着した独自の俳諧をよみ，『おらが春』な
★★★ どの作品集を残した。

□ **10** 幕末期の歌舞伎作者の河竹黙阿弥は，白波とよばれる新分野を開
★★★ 拓した。

□ **11** 江戸後期の演劇では，幕府のとりしまりの対象となったため，歌
★★★ 舞伎が衰え，それにかわって人形浄瑠璃が盛んになった。

□ **12** 鈴木牧之は，人間愛や自己の生活を平明にうたった和歌集『北越
★★ 雪譜』を編んだ。

□ 4 ✗ **滑稽本**は，庶民の生活を描いた小説です。**十返舎一九**や**式亭三馬**が代表的な作家です。

□ 5 ○ 滑稽本の作家　**十返舎一九**：『**東海道中膝栗毛**』
　　　　　　　　　　式亭三馬　：『**浮世風呂**』・『**浮世床**』

□ 6 ○ **人情本**は恋愛ものを扱った小説で，『**春色梅児誉美**』を著した**為永春水**は天保の改革で処罰を受けました。

□ 7 ✗ **読本**は，文章主体の小説で歴史や伝説を題材にしたものです。

□ 8 ○ 読本の作家　**上田秋成**：『**雨月物語**』
　　　　　　　　曲亭馬琴：『**南総里見八犬伝**』・『**椿説弓張月**』

□ 9 ○ 俳諧では，18世紀後半に**蕪村**が絵画的な句をよみ，19世紀前半に**一茶**が農村の生活感情をよんだ『**おらが春**』などを残しました。

□ 10 ○ 河竹黙阿弥は，幕末から明治にかけて活躍した歌舞伎作者です。

□ 11 ✗ 江戸時代後期には，歌舞伎よりも人形浄瑠璃の方が衰えました。

□ 12 ✗ **鈴木牧之**の『**北越雪譜**』は，雪国の自然や生活を紹介した随筆です。和歌集ではありません。

IX
江戸
77
江戸時代後期の文化(3)〜文学・芸能〜

78 江戸時代後期の文化 (4) ～美術・工芸～

◇◇◇◇◇◇◇◇◇◇◇◇◇◇◇◇◇◇< 宝暦・天明期の文化 >◇◇◇◇◇◇◇◇◇◇◇◇◇◇◇◇◇◇

□**1** 18世紀半ばになると，鈴木春信によって錦絵とよばれる多色刷の
★★★ 版画が創始され，浮世絵は黄金時代を迎えた。

◇◇◇◇◇◇◇◇◇◇◇◇◇◇◇◇◇◇◇◇◇< 化政文化 >◇◇◇◇◇◇◇◇◇◇◇◇◇◇◇◇◇◇◇◇◇

□**2** 歌川（安藤）広重は，19世紀の前半，葛飾北斎らの影響を受けて，
★★★ 風景・風俗版画「東海道五十三次」を完成させた。

□**3** 「富嶽三十六景」は，文人・学者らが中国の南画の影響を受けて
★★★ 描き始めた文人画で，化政期に最盛期を迎え，その後，司馬江漢
が継承，発展させた。

□**4** 「富嶽三十六景」は，円山応挙の代表作で，彼のリアルな描写に
★★★ 見られるように，ていねいな写生にもとづいた写実的な画風が特
徴になっている。

□**5** 18世紀半ばになると，民衆の間では盆踊りが行なわれるように
★★★ なった。

□**6** 寺社参詣の旅を目的とする庚申講が，各地に作られ，講から選ば
★★ れた代表者が参詣に赴いた。

□**7** 伊勢神宮への参詣が盛行し，御蔭参りの年には，数百万人の参宮
★★★ 者があったという。

▼正解　　▼解説

- [ ] 1 ○ 浮世絵版画は元禄文化の頃は単色刷（たんしょくずり）でしたが，**鈴木春信**（すずきはるのぶ）が**錦絵**（にしきえ）とよばれる多色刷の浮世絵版画を創始し，浮世絵は大ブームとなりました。

- [ ] 2 ○ 天保期の浮世絵師には，『**東海道五十三次**（とうかいどうごじゅうさんつぎ）』の**歌川広重**（うたがわひろしげ）や，『**富嶽三十六景**（がくさんじゅうろっけい）』の**葛飾北斎**（かつしかほくさい）などがいました。

- [ ] 3 ✕ 文人画（ぶんじんが）は，明（みん）や清（しん）の影響を受けた画風で，『**十便十宜図**（じゅうべんじゅうぎず）』の**池大雅**（いけのたいが）・**蕪村**（ぶそん）が大成させました。化政期には豊後（ぶんご）の**田能村竹田**（たのむらちくでん），江戸の**谷文晁**（たにぶんちょう）・**渡辺崋山**（わたなべかざん）らが活躍し，全盛期を迎えました。

- [ ] 4 ✕ **円山応挙**（まるやまおうきょ）の代表作は『**雪松図屏風**（ゆきまつずびょうぶ）』。『富嶽三十六景』は葛飾北斎の代表作。**円山応挙**に始まる**円山派**は写生を重んじ，**呉春**（ごしゅん）が始めた**四条派**（しじょう）につながっていきます。

- [ ] 5 ✕ 盆踊りは，室町時代から盛んでした。（☞P.111：**50**-17）

- [ ] 6 ✕ **庚申講**（こうしんこう）とは，庚申の夜に徹夜で集会する民間信仰のことです。ちなみに当時は，**日待**（ひまち）や**月待**（つきまち）などの集まりも行なわれました。

- [ ] 7 ○ **伊勢神宮**（いせじんぐう）への参詣は，庶民にとって数少ない旅行の機会でした。

IX 江戸

78 江戸時代後期の文化(4)〜美術・工芸〜

79 開国 (1) 〜欧米列強のアジア進出〜

□**1**
★★
ゴールド・ラッシュがアメリカ太平洋岸に達してしまったので，さらに西方に金を期待して，「黄金の島」日本の開国を求めた。

□**2**
★★
中国貿易や捕鯨業のために日本近海でのアメリカ船の往来が盛んになったので，（アメリカは）燃料や食糧などの供給地を日本に求め，開国を求めた。

□**3**
★★★
幕府はペリーの強硬な態度に押されて国書を受けとり，翌年に回答することを約束したが，時の大老井伊直弼は勅許を待たず条約に調印することとした。

□**4**
★★★
幕府は，日米和親条約を締結して，下田・箱館を開港し，アメリカに対して領事裁判権を認めた。

80 開国 (2) 〜不平等条約の締結と開国後の貿易〜

□**1**
★★★
ハリスは，初代駐日総領事として下田に着任し，清国におけるアロー戦争を巧みに利用して，幕府との日米修好通商条約の締結に成功した。

□**2**
★★★
井伊直弼は，勅許を得ることができないまま，日米修好通商条約に調印した。

□**3**
★★★
日米修好通商条約は，自由貿易の原則でつらぬかれ，輸入関税率の決定は相互の協定によるなど，経済的には平等互恵的な性格をもつものであった。

□**4**
★★
安政の五カ国条約によって，下田・神奈川・長崎・新潟・下関で一斉に自由貿易が開始され，国内経済は深刻な影響を受けた。

□**5**
★★★
開港地の中では横浜における貿易額が最も多く，また取引相手ではアメリカの商館が第一位であった。

▼正解　　▼解説

☐ 1　✕　アメリカは，北太平洋を航海する自国の清への貿易船や捕鯨船の寄港地
として，日本の開国を求めました。

☐ 2　◯　アメリカの開国要求は，日本との直接の通商や，日本の植民地
化などを目的としたわけではありませんでした。

☐ 3　✕　ペリー来航の翌年，日本は**日米和親条約**を締結しました。大老
井伊直弼が勅許を待たず調印したのは**日米修好通商条約**です。

☐ 4　✕　**日米和親条約**では，(1)**燃料・食糧**の供給，(2)**難破船**や**乗組員**の救助，(3)
下田・箱館の開港，(4)アメリカに一方的な**最恵国待遇**，を定めました。
領事裁判権は日米修好通商条約で定められたものです。

▼正解　　▼解説

☐ 1　◯　下田のアメリカ総領事だった**ハリス**は，大老**井伊直弼**を説得し，勅許の
ないまま**日米修好通商条約**を締結させました。

☐ 2　◯　**日米修好通商条約**の内容は，(1)**神奈川・長崎・新潟・兵庫**の開港，(2)**自
由貿易**，(3)開港地に**居留地**を設ける，(4)**治外法権**，(5)**協定関税**。

☐ 3　✕　輸入関税率は，相互の協定により決定する**協定関税**をとっていましたが
これは**関税自主権**の喪失を意味するもので，不平等な性格をもちます。

☐ 4　✕　**下田**は，神奈川開港時に閉鎖されました。貿易は1859年に**横浜（神奈
川）・長崎・箱館**の3港で始まりました。

☐ 5　✕　輸出入額は**横浜**が圧倒的に多く，取引相手国では南北戦争中のアメリカ
をおさえて**イギリス**が先頭に立ちました。

□ **6** 輸出の第一位は生糸で，茶・蚕卵紙などが続き，輸入品では毛織
★★★ 物・綿織物などが多かった。

□ **7** 外国貿易の開始以後，商人たちが輸出品を江戸で買い占め，直接
★★★ 貿易港に輸送したため，江戸の商品が減少した。

□ **8** 地方の商人が商品を開港場に直接輸送するために出された五品江
★★★ 戸廻送令によって，江戸・大坂などの特権商人は大きな打撃を受
けた。

□ **9** 五品江戸廻送令の五品とは，雑穀・水油・蠟・呉服・茶である。
★★

□ **10** わが国の金の銀に対する交換比率が外国と比べて高かったので，
★★★ 大量の銀貨が海外に流出した。

□ **11** 外国貿易開始により安い毛織物・綿織物が大量に輸入され，物価
★★★ を引き下げる役割をはたしたため，民衆は貿易を歓迎した。

81 江戸幕府の滅亡 (1) ～幕末の動揺と混乱～

□ **1** 大老井伊直弼は，一橋派の反対をおさえ，徳川慶福を次期将軍と
★★★ 定めた。

□ **2** 井伊直弼は，尊王攘夷運動を弾圧して，吉田松陰らを処刑した。
★★★

□ **3** 井伊直弼は，水戸藩を脱藩した志士らによって，江戸城桜田門外
★★★ で暗殺された。

□ **4** 桜田門外の変のあと，老中安藤信正は，尊王攘夷をおさえるため，
★★ 公武合体運動を中止した。

□ **5** 文久の改革は，公武合体をめざす島津久光の要求を受けて行なわ
★★ れた。

☐ 6 ○ 幕末の輸出品：生糸・茶・蚕卵紙・海産物など
幕末の輸入品：毛織物・綿織物・鉄砲・艦船など

☐ 7 × 貿易は大幅な輸出超過であったため，国内の品不足が深刻化し，江戸へ集まる商品が減少しました。当時，外国貿易を行なう商人たちは，生産地で輸出品は直接買い占めていたため，江戸で買い占めたとある部分が誤りとなります。

☐ 8 × 五品江戸廻送令は，江戸の特権商人を保護するために，指定された五品の開港場への直送を禁止したものです。

☐ 9 × 五品江戸廻送令の五品は，雑穀・水油・蠟・呉服・生糸です。茶は輸出品の第2位でしたが，嗜好品とされ輸出制限の対象にはなりませんでした。

☐ 10 × 金と銀の交換比率は，日本は1：5，外国は1：15だったため，大量の金貨が海外に流出しました。

☐ 11 × 外国貿易は，国内の品不足を招き物価を引き上げました。その結果，民衆の生活は圧迫され，攘夷運動が起こっていきました。

IX

江戸

80 開国(2)〜不平等条約の締結と開国後の貿易〜

▼正解　　▼解説

☐ 1 ○ 将軍継嗣争いでは，徳川慶福を次期将軍とする南紀派と，徳川慶喜を次期将軍とする一橋派が対立。井伊直弼が慶福を次期将軍としました。

☐ 2 ○ 井伊直弼は，安政の大獄で自らを批判する勢力を弾圧しました。

☐ 3 ○ 安政の大獄に憤激した水戸脱藩の志士たちが，井伊直弼を江戸城桜田門外で暗殺しました。これを桜田門外の変といいます。

☐ 4 × 老中安藤信正は，桜田門外の変のあと，幕政の中心となり公武合体を推進しました。和宮を将軍家茂の夫人として迎えたため，坂下門外の変で反対派に襲撃されました。

☐ 5 ○ 坂下門外の変のあと，島津久光は公武合体を進めるため，勅使を奉じて江戸に入り，幕政改革を要求しました。これを文久の改革といいます。

□**6** 文久の改革で，徳川慶喜が将軍後見職に，松平慶永が政事総裁職
★★ に，松平容保が京都守護職に就任した。

□**7** 文久の改革で，幕府は初めて対外問題について朝廷に報告し，諸
★★★ 大名や幕臣に意見を述べさせることにした。

□**8** 文久の改革で，幕府は大名の参勤交代を緩和した。
★★

□**9** 会津藩は，八月十八日の政変を起こし，薩摩藩などの勢力を京都
★★ から追放した。

□**10** 三条実美ら急進派公卿は，会津藩や薩摩藩を主体とする公武合体
★ 派によって，朝廷から保護された。

□**11** 薩摩藩では，生麦事件の事後処理のため，入京した藩士たちが禁
★★ 門の変（蛤御門の変）を起こした。

□**12** 薩英戦争や四国艦隊下関砲撃事件により，薩摩藩や長州藩では攘
★★★ 夷を唱える勢力が強まっていった。

82 江戸幕府の滅亡 (2) 〜幕府滅亡と幕末社会〜

□**1** 幕府は，反幕の態度を示す長州藩に対して再度征討の軍を出した
★★★ が，長州藩と土佐藩は軍事同盟を結んで対抗した。

□**2** 土佐藩は，大政奉還を将軍に強くすすめた。
★★

□**3** 討幕派のはたらきかけで王政復古の大号令が発せられ，総裁・議
★★★ 定・参与の三職などを置く新政府ができた。

□**4** 箱館の五稜郭にたてこもった榎本武揚らの軍が降伏することに
★★★ よって，戊辰戦争が終わった。

☐ 6 ○ 文久の改革では，**徳川慶喜**を**将軍後見職**，**松平慶永**を**政事総裁職**，松平**容保**を**京都守護職**に任命しました。

☐ 7 × 対外関係について朝廷に初めて報告したのは，ペリー来航のときです。

☐ 8 ○ 文久の改革では，それまで1年交代だった参勤交代が3年1勤に緩和されました。

☐ 9 × **八月十八日の政変**は，尊王攘夷を唱えていた**長州藩**勢力と急進派の公家を京都から追い出した事件です。**会津藩**と**薩摩藩**によるものです。

☐ 10 × 八月十八日の政変では，三条実美らが追放されました。追放したのは会津藩と薩摩藩です。

☐ 11 × 禁門の変（蛤御門の変）は，池田屋事件を契機に京都に攻め上った長州藩の勢力が，会津藩・薩摩藩らの兵に敗れて退いた出来事です。

☐ 12 × 薩摩藩は薩英戦争で，長州藩は四国艦隊下関砲撃事件で，攘夷の不可能を悟り，イギリスに接近する姿勢を示しました。

▼正解　　▼解説

- -

☐ 1 × **土佐藩**出身の**坂本龍馬**・**中岡慎太郎**の仲介で，薩摩藩と長州藩が**薩長連合（薩長同盟）**を結びました。

☐ 2 ○ 薩摩・長州両藩が武力討幕を決意したのに対して，**土佐藩**は公武合体の立場をとっていたため，将軍**徳川慶喜**に対して**大政奉還**をすすめました。中心人物は，前藩主の**山内豊信**と，藩士の**後藤象二郎**，**坂本龍馬**です。

☐ 3 ○ 討幕派は，**王政復古の大号令**を発して，天皇を中心とした新政府を樹立。**摂政**・**関白**・**幕府**を廃止して，天皇のもとに**総裁**・**議定**・**参与**の三職を置きました。

☐ 4 ○ **戊辰戦争**は，**箱館**の**五稜郭**にたてこもっていた**榎本武揚**の軍が降伏することによって終結しました。

□ **5** 江戸時代には，何度か民衆の伊勢参宮の爆発的な動きが起こった
★★★　が，これを御蔭参りとよんでいる。

□ **6** 江戸時代，伊勢神官は皇祖神として全国各町村の氏神を組織し，
★★　これらの頂点に立つことによって庶民の信仰を獲得していった。

□ **7** お札が降ったなどの口実で，「ええじゃないか」とよばれる民衆
★★★　の集団乱舞が，江戸時代には定期的に起こった。

□ **8** 幕末，伊勢神宮などの御札降りを発端とし，東海地方に始まった
★★★　「ええじゃないか」は，一時治安を麻痺させ，討幕派を有利にし
　　たといわれる。

□ **9** 幕末維新の社会不安の中で新しい民衆宗教が生み出され，中山み
★★　きは天理教を創始し，貧しい人々の救済を説いた。

□ 5 ○ <u>御蔭参り</u>（おかげまいり）は伊勢神宮（いせじんぐう）への集団参詣のことです。御蔭参りは江戸時代を通じて行なわれました。

□ 6 × 伊勢神宮は，各地の氏神（うじがみ）を組織していません。
寺院における本末（ほんまつ）制度と混同しないようにしましょう。（☞P.129：**58**-5）

□ 7 × 「<u>ええじゃないか</u>」の集団乱舞は幕末に起こりました。

□ 8 ○ 「ええじゃないか」の非日常的・熱狂的な集団乱舞は，幕府の支配秩序を一時混乱におとしいれました。

□ 9 ○ これらの**教派神道**（きょうはしんとう）には，中山（なかやま）みきの**天理教**（てんりきょう）以外に，川手文治郎（かわてぶんじろう）の**金光教**（こんこう），黒住宗忠（くろずみむねただ）の**黒住教**（くろずみ）などがあります。

共通テストの傾向と対策 ——第4問

　第4問では近世が出題されます。安土桃山時代から開国までの歴史です。安土桃山時代から江戸時代初期，江戸時代中期，江戸時代後期とまんべんなく出題されますので，まずは全般的な学習を行なったうえで，以下4点に早めに着手できるようにしてください。

① まずは，欧米諸国との交流です。高校で世界史が必修になってからというもの，日本史においても「世界の中の日本」についての歴史認識が重視されるようになっています。特に近世はヨーロッパ諸国との交流が始まる時代ということで頻出します。鉄砲伝来に始まるヨーロッパ人の来航や，鎖国への道程，そして，開国直前の欧米諸国の来航など，時系列を絶えず意識しながら学習を進めてください。

② 次に，アイヌの歴史や，琉球・朝鮮の歴史です。この分野は，欧米諸国との交流とセットで出題されるため，小問レベルだとほぼ必ず出題されるといってもよいくらいです。琉球王国やアイヌとの交流，朝鮮出兵や朝鮮通信使との交流。また，地方都市と交流のあった近隣諸国との関係は頻出します。また，それらの交流史と付随して，江戸時代の海上交通や陸上交通，商業の発展といった分野に設問の幅を広げていく例も多いです。

③ 三番目には，やはり文化史です。本書でも，古代・中世の文化史は頻出項目として数多くとりあげました。支配者の歴史ではない一般民衆の歴史を重視する共通テストらしく，歌舞伎や浄瑠璃，浮世絵，浮世草子など庶民文化に関する問題も頻出です。古代・中世の文化史同様，単に書物のタイトルと作者名を結びつける学習ではなく，その作品の成立した時期や，内容的特徴などを意識した学習を普段から行なってください。また，学問・思想において，代表的な学者の思想については，その内容を理解しているかを正誤判定問題で問われることが多いといえます。

④ 最後に，史料・図版や表・統計の読解を要求する問題が，近世は全時代中最も多く出題されます。一見何の変哲もないように見える図版や表・問題文の中にも，解答を導き出すためのヒントが多数隠れています。問題文を斜め読みして，設問だけをかたづけようといった問題の解き方をせず，じっくりととり組めば，必ず正解は見えてくるはずです。

第 **4** 部

近代・現代

MODERN AGES & THE PRESENT AGE

X 明治時代
1868 — 1912

XI 大正時代
1912 — 1926

XII 昭和時代
1926 — 1989

明治時代 MEIJI PERIOD

83 明治維新 (1) ～明治政府の政治体制～

□ **1** 明治政府は，五箇条の誓文によって，新政府の基本方策を示した。
★★★

□ **2** 五榜の掲示は，江戸幕府のキリスト教禁止政策を継承して立てら
★★★ れた高札である。

□ **3** 五榜の掲示で定められたキリシタンの禁制（の高札）は，大日本
★★★ 帝国憲法で信教の自由が認められるまでかかげられた。

□ **4** 明治新政府は，政治の基本方針として，立憲政体の樹立，開国和
★★★ 親などを内容とする政体書を制定した。

□ **5** 1869年，版籍奉還を断行し，公家・大名は華族に，大名以外の武
★★ 士は士族・卒に編入して，身分制の改革に着手した。

□ **6** 廃藩置県により，それまでの諸藩の連合政権的な中央政府のあり
★★ 方は改められ，太政官制が採用された。

□ **7** 徴兵令は国民皆兵をめざしたが，戸主や相続者の兵役免除を認め
★★ ていた。

□ **8** 明治政府は全国統一の戸籍法を制定し，壬申戸籍を作った。
★★★

共通テストのポイント

▶明治時代は，おおざっぱに西暦で10年ごと（1870年代，1880年代，1890年代，1900年代）に分け，各時期の出来事を整理しましょう。各時期の出来事をとり違えることなく答えられるかが重要になってきます。

▼正解　▼解説

- □ 1 ○　明治政府の基本方針は，五箇条の誓文で示されました。重点は公議世論の尊重と開国和親です。

- □ 2 ○　五榜の掲示は，五箇条の誓文公布の翌日にかかげられた，人民の心得を表す五種の高札です。明治政府の民衆統治の基本政策で，キリスト教禁止など，江戸幕府の民衆政策をひきついだものでした。

- □ 3 ×　1873年にキリスト教禁止の高札が撤廃され，キリスト教は黙認されました。

- □ 4 ×　政体書は，明治政府の基本的組織を規定した法律で，1868年に制定されました。その骨子は太政官への権力集中，三権分立，官吏公（互）選です。立憲政体の樹立は，1875年の**立憲政体樹立の詔**で初めて表明されました。

- □ 5 ×　版籍奉還とは，諸藩主が領地と領民を天皇に返還した改革です。華族や士族を定めた身分制度改革とは無関係です。

- □ 6 ×　**太政官制**は，政体書で定められたので誤りです。

- □ 7 ○　徴兵令では，満20歳に達したすべての男子を兵役に服させましたが，戸主とその跡つぎ，官吏・学生などは兵役免除が認められていました。

- □ 8 ○　明治政府は，**華族・士族・平民**といった族籍によって戸籍編成を行ないました。

X
明治
83 明治維新(1)〜明治政府の政治体制〜

84 明治維新 (2) 〜明治政府の経済政策〜

□ **1** 明治政府は，地租改正を行ない，収穫高を基準とする年貢から，
★★★ 地価を基準とする金納の税制に改めた。

□ **2** 地券の交付によって確認された田畑の所有権が農民の大きな財産
★★★ であった。

□ **3** 大久保利通は，農民一揆の頻発を考慮し，地租の軽減を建議した。
★

□ **4** 明治政府は新政権への信頼を得るため，当初多額の金兌換紙幣を
★★ 発行したが，社会が安定したので太政官札に切りかえた。

□ **5** 貨幣制度の統一をはかるため，新貨条例では通貨の単位を両・分・
★★★ 円・銭の四種類のみに限定した。

□ **6** 明治政府は国立銀行条例を制定して銀行の国有化をはかった。
★★★
◆国立銀行条例を制定した目的を問う問題。

□ **7** 日本銀行に紙幣発行権が統一されるまで，明治政府は国立銀行条
★★★ 例にもとづいて各地に設立された国立銀行に紙幣を発行させてい
た。

85 明治維新 (3) 〜明治政府の殖産興業政策〜

□ **1** 明治政府は，輸出産業としての製糸業を発展させるために，フラ
★★★ ンスから技術を導入し富岡製糸場を開設した。

□ **2** 明治政府は，幕府が，イギリスの援助を受けて建設を始めていた
★★ 横須賀製鉄所などを基礎に，官営事業として軍需産業の拡充を急
いだ。

□ **3** 郵便事業は，前島密の建議によって，1871年に開始された。
★★★

▼正解　▼解説

☐ 1 ○　**地租改正**では，課税の基準を**収穫高**から地価に変更し，**物納**を金納に改めて税率を**地価**の**3%**とし，地券所有者を納税者としました。

☐ 2 ○　明治時代になると，田畑の所有権は地券の交付によって証明されました。

☐ 3 ○　地租の軽減は，地租改正反対一揆の頻発がきっかけでした。

☐ 4 ×　明治政府は，当初不換紙幣である**太政官札**・**民部省札**を発行していましたが，金兌換紙幣の発行をめざして，国立銀行条例などを出しました。

☐ 5 ×　**新貨条例**により，**十進法**が採用され，**円**・**銭**・**厘**を単位に新硬貨が発行されました。

☐ 6 ×　**国立銀行条例**は，民間の力で兌換（金・銀貨と交換できる）銀行券を発行させるため，**渋沢栄一**らの尽力で公布された条例です。銀行の国有化を意味するものではありません。

☐ 7 ○　国立銀行条例により，明治政府は，各地に設立した民間銀行である**国立銀行**に紙幣発行権を与えていました。

▼正解　▼解説

☐ 1 ○　**富岡製糸場**は，フランスの技術を導入した製糸場（生糸製造工場）です。

☐ 2 ×　**横須賀製鉄所**は，幕府が**フランス**の援助を受けて建設を始めた建物です。イギリスの援助ではないため誤りです。

☐ 3 ○　郵便事業は，**前島密**（1円切手のモデル）の建議によって，明治維新期に開始されました。

□ **4**
★
日本で最初の電信は，幕末，幕府により軍事的意図で江戸〜箱館間に敷設された。

□ **5**
★★
明治政府は，イギリスからの外債を利用して1870年代末に最初の官営鉄道が開通した。

□ **6**
★★★
明治政府は，北海道開拓を管轄する機関として，開拓使を置いた。

□ **7**
★★★
明治政府は，北海道の農業改良と生産発展に寄与する人材養成をめざし，札幌農学校を設立した。

□ **8**
★★★
明治政府は，アイヌの生活慣習を無視した同化政策をとったため，北海道の開発にはアイヌの生活に対する侵害が伴った。

□ **9**
★★
琉球国王は，王政復古により幕府・薩摩藩を離れ朝廷の直接支配を受けるようになった。

□ **10**
★★★
1879年（明治12年），日本政府は，清国政府の反対を押し切って琉球藩及び琉球王国の廃止と沖縄県設置を強行した。

□ **11**
★★★
日本は清との間に日清修好条規を締結したが，これは清にとって不平等な内容のものであった。

□ **12**
★★★
日本は朝鮮との間に日朝修好条規を締結したが，これは朝鮮にとって不平等な内容のものであった。

□ **13**
★★★
明治政府は，ロシアとの間で樺太・千島交換条約を締結し，千島列島を放棄して樺太（サハリン）の南半分を領土とした。

86 不平士族の反乱と自由民権運動

□ **1**
★★★
岩倉具視は，使節団を率いて米欧を訪れたが，ヨーロッパ諸国が弱肉強食をくり広げていることを知り，帰国後は征韓論を唱えた。

□ **2**
★★★
欧米諸国に派遣されていた岩倉使節団が帰国したとき，留守中の政府はすでに征韓論争で沸騰していた。

☐ 4 ✕ 電信は，明治時代になって敷設されたものなので，誤りとなります。1869年，東京・横浜間に初めて敷設されました。

☐ 5 ✕ 官営鉄道の開通は，1870年代**前半**（1872年）のことです。

☐ 6 ○ 明治政府は，蝦夷地を**北海道**と改称して開拓使を置きました。

☐ 7 ○ 札幌農学校は，北海道の農業開発を主眼に設立されました。

☐ 8 ○ 明治政府のアイヌ同化政策は，アイヌの生活慣習を無視したものでした。

☐ 9 ✕ 琉球王国の帰属は，王政復古の段階ではまだ確定していませんでした。

☐ 10 ○ 1879年，日本政府は，清国政府の反対を押し切る形で琉球藩を廃止し，沖縄県の設置を強行しました。

☐ 11 ✕ **日清修好条規**は，相互に開港し，相互に領事裁判権を与えるもので，日清間で結ばれた対等な条約となります。

☐ 12 ○ **日朝修好条規**は，日本の領事裁判権や関税免除を認めさせるなどの不平等条約でした。

☐ 13 ✕ **樺太・千島交換条約**は，樺太にもっていた一切の権利をロシアに譲り，そのかわりに千島全島を領有するものでした。

- -

▼正解　　▼解説

☐ 1 ✕ **岩倉具視**らは，内治（国内政治）の整備を優先させるべきであると考え，**征韓論**には反対しました。

☐ 2 ○ 征韓論争は，留守中の政府で行なわれたものです。

□3 征韓論争で敗れて下野していたもと参議らが，民撰議院設立の建
★★★ 白書を提出した。

□4 江藤新平を中心に佐賀の不平士族が結集し，政府に対して反乱を
★★★ 起こした。

□5 民撰議院設立の建白書が発表され，愛国社なども結成されて議会
★★★ 開設を要求する自由民権運動が始まった。

□6 大久保利通は，大阪会議に参加して，地方官会議の延期を決定した。
★★ 　◆大阪会議の内容と意義は歴史の流れをつかむためにしっかり把握しておきたい。

□7 新聞の発行は民衆の知識や社会意識の啓発に大きな力を発揮した
★★★ が，政府も新聞紙条例を出して言論の自由を保証した。

□8 1880年（明治13年）国会期成同盟は，国会開設請願書を提出した。
★★★

□9 政府は集会条例を出し，集会や結社の自由に大幅な制限を加えた。
★★★ 　◆政府がこの条例を出した意図を考えて解答すること。

□10 北海道の開拓に関して，官有物を不当に安い価格で政商に払い下
★★★ げようとする事件が起こった。

□11 明治十四年の政変で下野した大隈重信などを中心に自由党が結成
★★★ されることになり，士族や豪農たちは立憲改進党を結成した。

□12 植木枝盛の「東洋大日本国国憲按」の憲法草案には抵抗権・革命
★★ 権が記されていた。

□13 中江兆民は自由民権運動の理論的指導者で，「東洋のルソー」と
★★★ いわれた。

☐ 3 ○ 征韓論で敗れた参議のうち, **西郷隆盛**をのぞいて, **板垣退助・後藤象二郎・江藤新平**らは<u>民撰議院設立の建白書</u>を提出しました。

☐ 4 ○ **征韓論**で下野した<u>江藤新平</u>は, **佐賀の乱**を起こしました。

☐ 5 ○ 国会を開設して国民が政治参加できるしくみを作ることや, 憲法を制定して国民の権利を定めることなどを主張した運動が**自由民権運動**です。

☐ 6 × 大阪会議（内務卿の**大久保利通**, 下野していた板垣退助・**木戸孝允**の三者会議）のあと, 政府は**立憲政体樹立の詔**を出すと共に, **元老院**, **大審院**, 府知事・県令からなる**地方官会議**を設置しました。

☐ 7 × **新聞紙条例**は, **讒謗律**と共に出された自由民権運動の弾圧法令で, 言論の自由を保証するものではありませんでした。

☐ 8 ○ 国会開設請願書は, **愛国社**の全国大会の決議にもとづいて結成された**国会期成同盟**が提出しました。

☐ 9 ○ 国会開設請願運動に対して, 政府は**集会条例**を定め, 運動を推進しようとしていた民権派を厳しくおさえました。

☐ 10 ○ <u>開拓使官有物払い下げ事件</u>により, 世論の政府への攻撃が激しくなり, 政府は国会開設の**勅諭**を出すことになりました。

☐ 11 × <u>自由党</u> ：**板垣退助**が総理。国会期成同盟を前身とする。
<u>立憲改進党</u>：**大隈重信**が党首。イギリス流の議会政治を主張。

☐ 12 ○ 国会開設の勅諭が出され, **私擬憲法**という民間の憲法私案が作られました。植木枝盛の「**東洋大日本国国憲按**」には, 革命権も規定されていました。

☐ 13 ○ 『社会契約論』などで有名なフランスの思想家ルソーの『民約論』を翻訳して『**民約訳解**』を刊行したので, **中江兆民**は東洋のルソーとよばれました。

87 松方財政と激化事件

□**1**　1870年代に，民間産業を育成するために工場払い下げ概則を定め，
★★　官営模範工場のすみやかな払い下げをはかった。

□**2**　小作制度は，明治20年代の松方正義によるインフレ政策の下で急
★★★　速に広まり，農民は没落し，土地は地主の手に集積された。

□**3**　小作農民は，収穫した米のほぼ半分は現物で地主に納めねばなら
★★★　ず，その生活は苦しかった。

□**4**　松方財政のもとで，没落する自作農が増加する一方，今まで土地
★★　をもつことのできなかった小作農がその土地を買いとり自作農と
　　　なる現象が生まれた。

□**5**　大蔵卿松方正義は，日本銀行を設立して，銀行券発行をここに統
★★★　一し，金本位制を確立した。

□**6**　日本銀行が設立されると国立銀行の紙幣発行権は停止させられ，
★★★　ほどなく銀兌換の日本銀行券が発行されるようになった。

□**7**　自由民権運動の中心が，士族から農民にまで広がり，福島事件な
★★★　どが起きた。

□**8**　困窮した農民が困民党を組織して蜂起し，軍隊によって鎮圧され
★★★　た秩父事件が起こった。

□**9**　明治期の自由民権運動において，津田梅子は大阪事件で投獄され
★★　たが，その後も女流民権家として活躍した。

□**10**　中江兆民が参加した自由党は，政府の弾圧と党内の混乱によって
★★★　解党した。

□**11**　地租軽減などを要求した三大事件建白を契機に政府反対派の再結
★★　集がはかられ，大同団結運動が展開していった。

□**12**　中江兆民は保安条例によって，ほかの民権家らと共に，東京から
★★★　追放された。

▼正解　　▼解説

- ☐ 1 ✕ 工場払い下げ概則（がいそく）は，内務省（地方行政・治安などの関係の官庁で，1873年に設置）設置後の1880年に出されました。初代内務卿は大久保利通（おおくぼとしみち）。

- ☐ 2 ✕ 大蔵卿の松方正義（まつかたまさよし）はデフレ政策を進めました。デフレ政策で負担が重くなった農民は，土地を手放して小作農に転落しました。

- ☐ 3 ◯ 問題文のとおり，小作農民は非常に苦しい生活を余儀なくされていました。

- ☐ 4 ✕ 没落した自作農が手放した土地は，地主が買い占め，寄生地主（きせいじぬし）に成長していきました。

- ☐ 5 ✕ 松方正義大蔵卿は，銀本位制（ぎんほんいせい）を導入しました。金本位制の導入は日清戦争後の1890年代のことです。（☞P.201：92-1）

- ☐ 6 ◯ 日本銀行（にほんぎんこう）設立に伴い，国立銀行条例は改正され，銀兌換（だかん）の日本銀行券が発行されることになりました。

- ☐ 7 ◯ 政府の弾圧や不況下の重税に対する反発から，自由党員や農民が各地で直接行動を起こしました。

- ☐ 8 ◯ 秩父事件（ちちぶじけん）は，1884年に埼玉県で起こった激化事件です。困窮した農民が困民党を組織して蜂起しましたが，軍隊により鎮圧されました。

- ☐ 9 ✕ 大阪事件（おおさかじけん）とは，朝鮮の内政改革を企てて事前に大阪で検挙された事件で，これで投獄された女性民権運動家は景山（福田）英子（かげやま（ふくだ）ひでこ）です。津田梅子（つだうめこ）は女子英学塾（じょしえいがくじゅく）を創始した人物です。（☞P.215：100-11）

- ☐ 10 ◯ 自由党は，激化事件のさなか，解党しました。

- ☐ 11 ◯ 旧自由党の星亨（ほしとおる）らが大同団結（だいどうだんけつ）を唱え，その翌年に地租軽減などを求める三大事件建白運動（さんだいじけんけんぱくうんどう）が起こりました。

- ☐ 12 ◯ 三大事件建白運動に対して，政府は保安条例（ほあんじょうれい）を公布して在京の民権派を東京から追放しました。

88 憲法と諸法典の整備

□ **1** 伊藤博文らは，ヨーロッパでドイツ流の憲法理論を学んで帰国し，
★★ 憲法制定の準備を進めた。

□ **2** 1884年，華族令を公布し，旧公家・大名以外でも，国家に勲功のあっ
★★★ た者に華族になる道を開いた。

□ **3** 1885年，太政官制を廃止し内閣制を施行して，公家出身でない者
★★★ を行政の最高責任者（内閣総理大臣）の地位につけた。

□ **4** 大日本帝国憲法制定の頃，従来の市制・町村制，府県制・郡制が
★★ 廃止され，地方自治制が推進された。

□ **5** 明治憲法草案審議のために枢密院が置かれ，それはやがて天皇の
★★★ 最高諮問機関となった。

□ **6** 大日本帝国憲法は，欽定憲法として発布された。
★★★

□ **7** 大日本帝国憲法では，法律の制定には帝国議会の協賛が必要とさ
★★★ れた。

□ **8** 大日本帝国憲法では，信教の自由が完全に認められていた。
★★★

□ **9** ボアソナードが起草した民法は，忠孝道徳を賛美する内容をもっ
★★★ ていた。

□ **10** 1947年の民法改正までは，婚姻や居所の指定などにも戸主の同意
★★★ を必要とする，戸主権の強い家制度が続いていた。

□ **11** 明治時代に施行された民法では，財産は男子のみの均分相続で
★★ あったが，第二次世界大戦後の民法改正で，男女平等の均分相続
が実現した。

▼正解　　▼解説

- [ ] 1 ○　**伊藤博文**は，ヨーロッパでシュタインやグナイストからドイツ流の憲法理論を学びました。

- [ ] 2 ○　問題文のとおり，華族令では，旧公家・大名以外でも国家に勲功のあった者は華族に叙することを定めました。

- [ ] 3 ○　**内閣制度**は，<u>太政官制</u>を廃止して施行されました。初代の内閣総理大臣には<u>伊藤博文</u>が就任しました。

- [ ] 4 ✕　大日本帝国憲法が制定された頃に，**市制・町村制，府県制，郡制**が公布され，政府の強い統制のもとで，地方自治制が推進されました。

- [ ] 5 ○　**枢密院**では，天皇臨席のもとで憲法草案の審議が行なわれました。

- [ ] 6 ○　大日本帝国憲法は，天皇が国民に与えるという形で出されました。

- [ ] 7 ○　立法機関である国会は，天皇の協賛機関として位置づけられていました。

- [ ] 8 ✕　大日本帝国憲法では，信教の自由が認められていましたが，あくまでも「**法律の範囲内**」での自由で，完全な自由ではありません。

- [ ] 9 ✕　**ボアソナード**が起草した民法は，フランス流の自由主義的なものであったため，<u>民法典論争</u>とよばれる反対運動が起こりました。

- [ ] 10 ○　ボアソナードが起草した民法は施行されず，戸主権の強い新民法が，第二次世界大戦後に改正されるまで効力をもちました。

- [ ] 11 ✕　明治時代の民法では，財産は嫡子のみの単独相続でした。

89 初期議会

□ **1** 黒田清隆首相は大日本帝国憲法の発布直後に，政府は政党の存在
★★★ に左右されず政策を行なうという超然主義の立場を声明した。

□ **2** わが国最初の総選挙では，選挙人は，直接国税15円以上を納入す
★★★ る25歳以上の男子であった。

□ **3** わが国最初の総選挙では，民党の議席よりも，政府を支持する吏
★★★ 党の議席の方が多かった。

□ **4** 開設された議会では，民力休養を主張する民党勢力と政府が対立
★★★ し，第二議会の議会解散後の選挙では，政府による大干渉が行な
われた。

90 条約改正

□ **1** 明治政府は，岩倉具視を大使とする大使節団を廃藩置県直後に米
★★★ 欧に派遣した。

□ **2** 寺島宗則外務卿との条約改正交渉において，アメリカは日本の関
★★★ 税自主権の回復を認めたが，他国の反対のため実現しなかった。

□ **3** 井上馨外相のもとで，鹿鳴館では，欧米外交官たちを招き，舞踏
★★★ 会などが催された。

□ **4** 大隈重信外務大臣は，国別に秘密交渉をすることによって条約改
★★★ 正を行なおうとした政府に反発したため，参議を下野し，立憲改
進党を組織した。

□ **5** 陸奥宗光外相のもとで，日清戦争の直前，領事裁判権の撤廃と関
★★★ 税自主権の完全回復を内容とする日英通商航海条約が締結された。

□ **6** 日清・日露両戦争間の時期，関税自主権が完全回復され，念願の
★★★ 条約改正が実現した。

▼正解　　▼解説

- -

☐ 1 ○　**超然主義**とは，政府の政策は政党の存在に左右されてはならないという立場のことで，**黒田清隆**首相が声明しました。

☐ 2 ○　最初の総選挙では，日本の総人口に対して有権者の占める比率はわずか1％でした。

☐ 3 ✕　わが国最初の総選挙では，**民**党が過半数を獲得しました。当時の民党は**立憲自由**党と**立憲改進**党です。

☐ 4 ○　第一議会，第二議会での民党は，行政費を節約して地租軽減を行なえという**政費節減・民力休養**を主張しました。第二議会解散後の選挙では，政府は内務大臣**品川弥二郎**のもとで大規模な選挙干渉を行ないました。

▼正解　　▼解説

- -

☐ 1 ○　1871年，明治政府は**岩倉具視**を大使とする使節団を米欧に派遣しました。条約改正を目的としたものでしたが，条約改正をするためには日本の近代化が必要と考えた使節団はその目的を米欧視察に変更しました。

☐ 2 ○　**寺島宗則**がアメリカと交渉し，関税自主権の回復に成功しかけましたが，イギリス・ドイツの反対によって実現しませんでした。

☐ 3 ○　**井上馨外相**は条約改正交渉の促進のために，極端な**欧化政策**を行ない，鹿鳴館で外国要人を接待しました。

☐ 4 ✕　**大隈重信外務大臣**は，国別に秘密交渉をして条約改正を行なおうとした人物です。大隈重信が参議を下野して立憲改進党を組織したのは，1880年代前半のことで大隈重信が外務大臣になる前のことです。

☐ 5 ✕　**陸奥宗光**外相が締結した**日英通商航海条約**では，**領事裁判権**は撤廃されましたが，**関税自主権**は一部回復にとどまりました。

☐ 6 ✕　**関税自主権**の完全回復は，日露戦争のあと（1911年）の**小村寿太郎**外相のもとです。

X
明治
89
初期議会

197

91 日清戦争

□1 1882年，朝鮮で閔氏らの親日派が台頭したが，同時に反日運動も
★★★　起き，日本公使館が襲われた。

□2 独立党は日本公使館の援助を得てクーデターを起こしたが，清国
★★★　軍の攻撃で失敗した。

□3 天津条約で，日清両国は同時に朝鮮に駐在する軍隊を撤回すべき
★★★　ことを約束した。

□4 日本と朝鮮半島との緊張を受け，福沢諭吉は西洋諸国と同様アジ
★★★　アの国々とも協調をはかることが近代国家であると主張した。

□5 1884年，朝鮮で大規模な農民の反乱が起こり，清国と日本は朝鮮
★★★　に出兵した。

□6 朝鮮における農民反乱がきっかけとなって，日清戦争が起こった。
★★★

□7 清国と戦った日本が，同国と結んだ講和条約の内容として誤って
★★★　いるものを，一つ選べ。
　①清国は，朝鮮が独立国であることを認める。
　②清国は，山東半島・遼東半島・台湾・澎湖諸島を日本に割譲する。
　③清国は，償金2億両（当時の日本円で約3億円）を日本に支払う。
　④清国は，あらたに重慶などの4市を開市・開港する。

□8 日清戦争の結果，遼東半島を領有した日本は，そこを足かがりに
★★★　大陸進出を進めていった。

□9 日清・日露両戦争間の時期，「臥薪嘗胆」を合言葉に，軍備の拡
★★★　張が進められた。

| ▼正解 | ▼解説 |

☐ 1 ◯ 朝鮮で台頭した親日派は，**閔氏一族**です。閔氏一族に反対する**大院君**が反乱を起こし，民衆が日本公使館を包囲したのが**壬午軍乱**です。

☐ 2 ◯ 日本公使館の援助を得てクーデターを起こしたのは，**独立党**です。このクーデターを**甲申事変**といい，清国軍の来援で失敗しました。

☐ 3 ◯ 甲申事変で悪化した日清関係を打開するために，政府は伊藤博文を天津に派遣，清国全権李鴻章との間に天津条約を締結して，日清両軍の朝鮮からの撤兵を定めました。

☐ 4 ✕ **福沢諭吉**は，当時**脱亜論**を唱えました。これを脱亜入欧といい，アジアの一員から脱してヨーロッパの一員となることで，西洋諸国と並ぶ近代国家を作っていくという考えです。
アジアとの協調をはかった考え方ではないので誤りです。

☐ 5 ✕ この農民反乱を**甲午農民戦争**といい，日清戦争のきっかけとなりました。この出来事は，1890年代の出来事なので誤りとなります。

☐ 6 ◯ 甲午農民戦争は，朝鮮における農民反乱です。

☐ 7 ② 山東半島は**下関条約**で領有したものではありません。日清戦争の講和条約である下関条約の内容は以下のとおりです。
①清国は朝鮮の独立を認める。
②**遼東半島**・台湾・澎湖諸島を日本に譲る。
③賠償金2億両を日本に支払う。
④あらたに沙市・重慶・蘇州・杭州の4港を開く。

☐ 8 ✕ 下関条約で，**遼東半島**の領有が規定されましたが，**ロシア・フランス・ドイツ**による**三国干渉**の結果，遼東半島は清国に返還されました。

☐ 9 ◯ 三国干渉を行なったロシアに対する敵愾心から生まれたスローガンが「**臥薪嘗胆**」です。

Ⅹ
明治
91
日清戦争

199

92 政党内閣の誕生と立憲政友会の成立

□1 第二次松方正義内閣は，日清戦争の賠償金を準備金として，金本
★★★ 位制を実施した。

□2 日本で最初の本格的な政党内閣である第一次大隈重信内閣は，国
★★★ 民の支持を背景に5年以上の長期政権を維持した。

□3 第二次山県有朋内閣は，陸海軍大臣の任用に関して，軍部大臣現
★★ 役武官制を定めることで，軍部の政治の影響力を弱めようとした。

□4 第二次山県有朋内閣は，治安警察法を制定して，法律の範囲内で
★★★ はあったが労働運動を保護する政策を行なった。

□5 政府の中には超然主義を維持しようとする勢力も強く，第二次山
★★★ 県有朋内閣は文官任用令を改正し，また軍部大臣現役武官制を定
めた。

□6 日清戦争後になると，政府と政党の間には妥協が進み，政党結成
★★★ をめざした伊藤博文と憲政党の提携によって立憲政友会が結成さ
れた。

□7 日露戦争後に成立した第一次桂太郎内閣は，立憲政友会総裁の西
★★★ 園寺公望の協力を得，連立政権を行なう桂園時代を始めた。

93 中国分割と日露戦争

□1 義和団事件の鎮圧を機に，列強による清国の勢力圏分割が進んだ。
★★★

□2 ロシア軍が満州（中国東北部）に駐屯し，満州を勢力圏に収めよ
★★★ うとした。

□3 ヨーロッパにおいて三国協商が成立したのを機に，日英同盟協約
★★★ が締結された。

▼正解	▼解説

☐ 1 ○ **金本位制**は，日清戦争の賠償金を準備金として1897年に第二次松方正義内閣のもとで実施されました。

☐ 2 ✕ 日本で最初の本格的な政党内閣である第一次大隈重信内閣は，政党内部の対立によってわずか**4ヶ月**で崩壊しました。

☐ 3 ○ **軍部大臣現役武官制**は，陸軍大臣・海軍大臣を現役の武官から任命するという内容のもので，軍部の政治への影響力を強めるものでした。

☐ 4 ✕ 第二次山県有朋内閣は，**治安警察法**を公布して，政治・労働運動の規制を強化しました。

☐ 5 ○ 問題文のとおり，第二次山県有朋内閣は，**文官任用令**を改正し，**軍部大臣現役武官制**を定めました。

☐ 6 ○ **立憲政友会**は，政党結成をめざした**伊藤博文**を総裁として，伊藤系官僚と**憲政党**の提携によって結成されました。

☐ 7 ✕ **第一次桂太郎内閣**は日露戦争の前に成立し，この内閣のもとで日露戦争が始まりました。また，桂園時代は桂太郎と西園寺公望が交互に内閣を組閣したもので，連立政権を行なったものではないので誤りとなります。

▼正解	▼解説

☐ 1 ✕ 列強による中国分割は，**日清戦争**における清国の敗北を機に進みました。

☐ 2 ○ ロシアは**北清事変**を機に，1901年から満州占領を継続しました。

☐ 3 ✕ **三国協商**は，第一次世界大戦の直前に成立したもので，日英同盟協約の締結とは無関係です。

□ **4** 日清・日露両戦争間の時期，幸徳秋水らは社会主義者から平民主
★★★ 　義に転換し，平民社を創設した。

□ **5** 内村鑑三らは，仏教徒の立場から日露戦争反対を唱えた。
★★

□ **6** 日露戦争のときには，内村鑑三をはじめ，日本社会党ら社会主義
★★★ 　者らも非戦論を唱え，与謝野晶子も戦争を批判する歌を発表した。

□ **7** ポーツマス条約で，旅順・大連の租借権，樺太全島の領有などが
★★★ 　日本に認められた。

□ **8** 日露戦争の講和条件に賠償金が含まれていないことが判明すると，
★★★ 　日本国内では講和反対の声が盛り上がり，その結果，日本は賠償
　　　金の獲得に成功した。

94 日露戦争後の外交

□ **1** 第二次日韓協約で外交権を奪った日本政府は，韓国に統監府を置
★★★ 　き，初代統監に伊藤博文を任命した。
　　　◆韓国を併合する直前期の代表機関名は間違えやすいので注意したい。

□ **2** 日露戦争後，日本は植民地となった台湾に台湾総督府を設置し，
★★★ 　主産業である石炭業の開発にあたらせた。

□ **3** 日露戦争後，日本政府は関東都督府を設置し，関東州の行政を司っ
★ 　　た。

□ **4** 満鉄は，政府の全額出資により設立され，同時に設置された関東
★★ 　軍と共に，日本の大陸支配に大きな役割をはたした。
　　　◆日本の満州支配をになった満鉄と関東軍の性質・設置時期を正確におさえること。

□ **5** アメリカ西海岸では，日本人移民排斥運動が起こり，南満州での
★★ 　日本の権益独占ともあいまって，日米間の対立が深まった。

□ **6** 日露戦争後，アメリカは満州への経済進出の動きを示し，これに
★★ 　対抗するため日本とロシアは接近し，1910年，日露協約を改定した。

☐ 4　✕　**幸徳秋水**・**堺利彦**は，社会主義の立場から反戦論を唱えた人物です。社会主義から平民主義の転換したわけではないので誤りです。

☐ 5　✕　**幸徳秋水**・**堺利彦**は社会主義者の立場から，**内村鑑三**はキリスト教徒の立場から，日露戦争反対を唱えました。

☐ 6　✕　歌人の**与謝野晶子**は「**君死にたまふこと勿れ**」という反戦詩を発表しました。なお，日本社会党は日露戦争後に結成されました。

☐ 7　✕　ポーツマス条約では，**旅順**・**大連**の租借権，**長春**以南の鉄道とその付属の利権が日本に認められ，北緯50度以南の**樺太**が譲渡されました。

☐ 8　✕　講和条約調印後に開かれた講和反対国民大会では，戦争に勝ったのに賠償金がもらえないことに反発する人々が暴徒化しました。これを**日比谷焼打ち事件**といいます。日露戦争後，賠償金は獲得できていません。

▼正解　　▼解説

- -

☐ 1　○　第二次日韓協約で外交権を奪った日本政府が設置したのは**統監府**です。
統監府：第二次日韓協約時に設置。初代統監：**伊藤博文**
朝鮮総督府：韓国併合時に設置。初代総督：**寺内正毅**

☐ 2　✕　**台湾総督府**の設置は，台湾が植民地化された日清戦争直後のことです。また，台湾の主産業は**製糖業**です。

☐ 3　○　**関東都督府**は，**旅順**に設置され，関東州の統治にあたりました。

☐ 4　✕　**南満州鉄道株式会社（満鉄）**は半官半民で，ロシアから譲り受けた長春・旅順間の鉄道と，鉄道沿線の炭鉱などの経営を行ないました。また，関東軍は大正時代（1919年）に設置されました。

☐ 5　○　アメリカ西海岸では，日本人移民排斥運動が起こり，日米間の対立が深まっていました。

☐ 6　○　1910年の第二次日露協約では，アメリカの南満州鉄道中立化案の拒否，日露両国の満州権益の現状維持などを確認しました。

X
明治
93
中国分割と日露戦争

95 官営事業の払い下げと軽工業の発展

□ **1** 明治政府は運輸事業の発展に努力し，岩崎弥太郎のような海運業
★★★ 者の保護も行なった。

□ **2** 明治政府は，主として1880年代から官営事業の赤字解消のため，
★★★ 軍需工場をはじめとした官営工場や鉱山などを民間の政商などに
払い下げた。

□ **3** 1870年代，幕府や諸藩から受けついだ佐渡・生野・高島・三池な
★★★ どの鉱山を，民間産業を育成するためにすみやかに民営に移した。

□ **4** 明治中期以降，生糸生産需要の増大と共に，座繰製糸より器械製
★★★ 糸の生産量が上回るようになった。

□ **5** 日露戦争後，日米関係の緊張は貿易にも影響を及ぼし，生糸の対
★★★ 米輸出は急減し，養蚕農家は大打撃を受けた。

□ **6** 明治時代末，日本で最も外貨を稼ぐ産業は製糸業であり，生糸輸
★★★ 出の大部分はアメリカに向けられていた。

□ **7** 日清戦争後，紡績業の発達によって，国内産綿花を原料とする綿
★★★ 糸の生産が拡大され，欧米市場向けの最大の輸出品となった。

□ **8** 大阪紡績会社は，国産の紡績機を使用した。
★★

□ **9** 大阪紡績会社は，紡績機の原動力として当初水力を使用した。
★

□ **10** 日清戦争後，大阪紡績会社など1万錘規模の紡績機を備えた紡績
★★★ 会社が次々と誕生し，綿糸輸出が増大した。

□ **11** 1890年代，工業化の先端部門である綿糸紡績業の発達はめざまし
★★★ く，この期間に綿糸の輸出高が輸入高を上回った。

　　◆綿糸の生産高・輸入高・輸出高の上下関係を問う問題。

□ **12** 綿織物業では，外国製大型力織機を導入して大工場による生産が
★★★ 始まり，また，豊田佐吉が発明した小型力織機も全国に普及し始
めた。

▼正解　　▼解説

☐ 1　○　**岩崎弥太郎**のように，政府と結びつくことによって力をつけて
いった商人のことを<u>政商</u>といいます。

☐ 2　×　明治政府は，1880年代より軍需工場をのぞく官営工場や鉱山などを民間
の**政商**に払い下げました。

☐ 3　×　官営工場や鉱山などの払い下げは，主に1880年代から行なわれました。

☐ 4　○　1890年代に**製糸業**は，<u>器械</u>**製糸**の生産量が，従来の<u>座繰</u>**製糸**の生産量を
上回りました。

☐ 5　×　日露戦争後，日本の**アメリカ**への生糸輸出は増加し，1909年には清国を
抜いて輸出量が世界一となりました。

☐ 6　○　生糸の輸出の大部分はアメリカに向けられていました。

☐ 7　×　**紡績業**では，インドや中国からの輸入**綿花**を原料に生産された**綿糸**を**中
国・朝鮮**に輸出しました。また，欧米向けの最大の輸出品は生糸でした。

☐ 8　×　<u>大阪紡績会社</u>では，輸入の紡績機械を使用しました。

☐ 9　×　紡績機械は，水力ではなく蒸気力を用いました。

☐ 10　×　**大阪紡績会社**の操業開始は，1880年代（1883年）の日清戦争前です。

☐ 11　○　綿糸の生産は，1890年代に飛躍的に伸びました。
1890年：生産高が輸入高を上回った。
1897年：輸出高が輸入高を上回った（日清戦争直後）。

☐ 12　○　**綿織物業**では，イギリス製の**飛び杼**や大型力織機に続き，
豊田佐吉による小型の<u>国産力織機</u>も開発されました。

X
明治
95
官営事業の払い下げと軽工業の発展

96 重工業の形成と発展

□ **1** 日本鉄道会社の成功を受けて，民営による幹線鉄道敷設が進み，
★★★　1890年代には民間鉄道が官営鉄道を大きく上回るようになった。

□ **2** 日露戦争後に，東海道線が全通するなど官営による幹線道路の建
★★★　設が大きく進展したため，再び官民の比重が逆転した。

□ **3** 日本鉄道会社をはじめとする民間鉄道会社は，官営八幡製鉄所か
★★★　らの鉄鋼の供給を前提に設立された。

□ **4** 上野〜青森間の日本鉄道をはじめ，山陽鉄道・九州鉄道などはい
★★★　ずれも民営であり，鉄道国有法によって買収された。

□ **5** 清国から獲得した賠償金をもとに，日本政府は金本位制を確立した。
★★★

□ **6** 横浜正金銀行の貿易金融や，海運業奨励策によって，日本郵船会
★★★　社や，三井物産会社などが発展していった。

□ **7** 日清戦争頃から海外との貿易量が増え，日本の海運会社によって
★★★　遠洋航路も開かれるようになった。

□ **8** 官営八幡製鉄所の操業開始に象徴されるように，この期間に工業
★★★　生産総額が農業生産総額を追い越した。

□ **9** 1890年代，財閥が多角経営を展開し，三井のように持株会社を設
★★★　立して，コンツェルン化を進めるものも現れた。

▼正解　　▼解説

□1　○　問題文のとおり。1890年代には民間鉄道が官営鉄道を上回るようになりました。

□2　×　官営鉄道である東海道線の全通は、1880年代で日露戦争前の出来事です。

□3　×　八幡製鉄所の操業開始は1901年で、日清戦争後のことです。民間鉄道会社が次々と作られたのは1880年代なので、八幡製鉄所の操業を前提としていません。

□4　○　日露戦争直後の鉄道国有法（1906年）によって、民営鉄道の多くは国家に買収されました。

□5　○　金本位制は、清国から獲得した賠償金をもとに確立されました。

□6　○　横浜正金銀行は、貿易金融の銀行です。日清戦争後は、造船奨励法・航海奨励法といった海運業奨励策が出され、海運業は発展していきました。

□7　○　日本郵船会社によって、ボンベイ航路・欧州航路などが開かれました。

□8　×　工業生産額が農業生産額を追い越したのは、大正時代の大戦景気の頃のことです。

□9　×　明治時代末頃（1900年代）より、財閥の多角経営が進み、持株会社を設立して、コンツェルン（同一系統の資本が、様々な産業を支配する独占の最高形態）化を進める財閥も現れてきました。

97 社会運動の発生

□**1** 日清・日露両戦争間の時期，田中正造は，足尾銅山の鉱毒問題に
★★★　つき天皇への直訴を試みた。

□**2** 小作制度の下で，農民は家計補助の道として子女を紡績工場など
★★★　で働かさねばならず，この労働力が日本の資本主義を支えた。

□**3** 政府は劣悪な労働条件の実態を『日本之下層社会』にまとめ，公
★★★　表した。

□**4** 労働者が，賃金の引き上げや待遇改善を求めるストライキを行な
★★★　うようになったのは，重工業の発展した日露戦争後からである。

□**5** 日露戦争後に，労働組合期成会が結成され，本格的な労働組合運
★★★　動が始まった。

□**6** わが国で最初の社会主義政党である社会民主党が結成されたが，
★★★　ただちに解散を命じられた。

□**7** 日露戦争に際して非戦論を唱えた幸徳秋水・堺利彦らは，戦後，
★★★　合法的な社会主義政党である日本社会党を結成した。

□**8** 大逆事件を契機として，政府は初めて刑法を制定した。
★★★　◆歴史の「なぜ」と「流れ」をしっかり理解しておくこと。

□**9** 大正時代，女子労働者などの保護のために工場法が制定され，す
★★★　べての繊維工場に適用された。

□**10** 工場法は規模の大小にかかわらずすべての工場に適用され，全国
★★★　一律の最低賃金制についても規定されていたので，労働条件はあ
　　　る程度改善された。

□**11** 工場法の制定に対しては紡績業・製糸業の資本家などが反対した
★★★　ため，法案は成立したものの，その施行は5年後とされた。

▼正解　　▼解説

- [ ] **1** ○ <u>田中正造</u>は，**足尾銅山**の鉱毒問題にとり組み，最終的に天皇に直訴を試みるまでにいたりました。

- [ ] **2** ○ 小作制度のもとで，農民は家計補助のため，子女を紡績工場などで工女として働かせました。

- [ ] **3** × 『<u>日本之下層社会</u>』は<u>横山源之助</u>の著書で，政府が公表したものではありません。

- [ ] **4** × 1880年代・1890年代より，労働者のストライキは行なわれてきました。日露戦争の終戦は，1905年です。

- [ ] **5** × **高野房太郎・片山潜**による**労働組合期成会**の結成は，日清戦争の直後（1897年）のことです。

- [ ] **6** ○ 1901年に，わが国最初の社会主義政党である<u>社会民主党</u>が結成されましたが，**治安警察法**により即日結社禁止となりました。

- [ ] **7** ○ 日露戦争後の1906年に，**幸徳秋水・堺利彦**らが中心となって，最初の合法的社会主義政党である<u>日本社会党</u>が結成されました。

- [ ] **8** × 刑法は，1880年代に制定されましたが，**大逆**事件は明治時代末（1910年）の出来事で，刑法制定よりあとのことなので誤りです。事件後，社会主義運動弾圧のために特別高等警察が設置されました。

- [ ] **9** × <u>工場法</u>の制定は，明治時代末（1911年）です。また，対象となったのは15人以上の工場のみでした。

- [ ] **10** × 工場法は，「**15人以上の工場**」にのみ適用されたので，「すべての工場に適用され」の部分は誤りとなります。また，最低賃金制についても規定されてはいません。

- [ ] **11** ○ **工場法**は，制定の5年後の大正時代（1916年）になってやっと施行されました。

X
明治
97
社会運動の発生

□**12** 明治・大正時代の製糸女子労働者の賃金は低く，実家の生計の補
★★★　助にはならなかった。

□**13** 産業革命期，繊維産業の女工らを最も苦しめたのは，コレラの流
★★★　行であった。

□**14** 明治時代後期には，工場労働者の大半が繊維産業で働く男子労働
★★★　者であり，その多くは出稼ぎ者であった。

□**15** 近代に入り，資本主義の発展に伴って，農業経営や商業経営も家
★★★　族労働力の比重が大きく低下し，雇用労働力が中心となった。

98 明治時代の文化 (1) ～思想～

□**1** 明治七年には，加藤弘之らの『明六雑誌』が発刊されて，新しい
★★★　近代思想の普及に貢献した。
　　　◆明治初期の知識人の啓蒙活動はしっかりと把握しておきたい。

□**2** 福沢諭吉は，明六社に参加し，『文明論之概略』などを著し，中
★★★　村正直は『西国立志編』や『自由之理』を翻訳して，啓蒙思想を
　　　日本に紹介した。

□**3** 徳富蘇峰は，平民主義を唱えて雑誌『国民之友』を創刊し，欧化
★★★　主義に反対する論陣を張った。

□**4** 徳富蘇峰は，平民主義を唱える民権論の代表的思想家であったが，
★★★　のちには対外膨張の必要を説いた。

□**5** 三宅雪嶺ら民友社の人々は，欧化政策を批判し，国粋主義を唱え
★★★　て雑誌『日本人』を創刊した。
　　　◆この時期に各種創刊される雑誌名と創刊者名，その思想的立場を整理して覚えたい。

□**6** 高山樗牛が日本古来の伝統を重んじ日本主義を唱えた。
★★★

□ 12 ✕ 女子労働者の賃金は非常に低い水準でしたが，実家の生計の補助になったことは確かです。

□ 13 ✕ 当時は結核が流行しました。ただ，労働者を最も苦しめたのは，**過酷な労働条件**です。

□ 14 ✕ 明治時代後期の工場労働者の大半は，繊維産業で働く女子労働者でした。

□ 15 ✕ 明治時代の農業経営は，家族労働力の比重が依然として高かったので誤りです。

▼正解　　▼解説

□ 1 ○ 明六社は，1873年（明治六年）に封建思想の排除と近代思想の普及をめざして結成された啓蒙団体で，その機関誌が1874年に発刊された『明六雑誌』です。

□ 2 ○ 福沢諭吉の著書には，『文明論之概略』以外に，『西洋事情』や『学問のすゝめ』などがあります。中村正直は，明六社に参加し，啓蒙思想を日本に紹介しました。明六社のその他の中心人物は，森有礼・西周・加藤弘之・西村茂樹らの学者です。

□ 3 ✕ 徳富蘇峰は，**平民的欧化主義（平民主義）**を唱えた人物で，欧化主義そのものには反対していません。

□ 4 ○ **徳富蘇峰**の創刊した雑誌は『国民之友』です。徳富蘇峰は日清戦争を契機に対外膨張論に転じました。

□ 5 ✕ 主な思想家と主義，雑誌をまとめておきます。
三宅雪嶺：**国粋主義**，**政教社**を設立，雑誌は『日本人』。
徳富蘇峰：**平民主義**，民友社を設立，雑誌は『国民之友』。

□ 6 ○ 高山樗牛は，雑誌『太陽』で**日本主義**を唱えました。

99 明治時代の文化 (2) 〜宗教〜

□1 明治政府が1868年（明治元年）に神道国教化政策を推進するために発布した法令を機に，廃仏毀釈の動きが各地で高まり，多くの寺院や仏像が破壊された。
***

□2 明治初年，長崎の浦上キリスト教信徒の流罪事件が起こった。
***
◆明治のいつからキリスト教が解禁されたかに注意。

□3 明治時代，キリスト教などの各派の中には，それぞれの精神にもとづく私立学校を設立するものがあった。
***

100 明治時代の文化 (3) 〜教育〜

□1 学制制定後の小学校の就学率は，男女同じであった。
**
◆近代教育制度の開始期における男女差が問われる問題。

□2 学制の公布によって小学校が創設され初等教育は無償とされた。
***

□3 1879年，国家主義的な教育を重視する目的で教育令が公布され，同時に教育勅語が出された。
***

□4 1886年に学校令が制定され，帝国大学を頂点とする教育制度が整備された。
**

□5 立憲政体の樹立に伴って，国民教化の役割をになう教育勅語が発布された。
***

□6 近代になると1886年の学校令で6年間の義務教育制度が導入されたことにより，識字率は大幅に高まった。
***

□7 学校令のもとで義務教育制が定められ，日露戦争後にはその年限が6年にまで延長され，小学校の就学率は90％を超えた。
***

□8 1910年代に文部省は，小学校の教科書を国定にすることを定め，国家による統制を強めた。
**
◆教科書は国定制が採用される以前は検定制がとられていた。

▼正解　　▼解説

- -

☐ 1 ○　明治政府は，1868年に**神仏分離令**を出し，古代以来の神仏習合を禁じて
神道を国教とする方針を打ち出したので，**廃仏毀釈**の動きが各地で高ま
りました。1870年には**大教宣布の詔**を出し，神道国教化を進めました。

☐ 2 ○　1873年までは，五榜の掲示によってキリスト教が禁止されていたので，
このような事件が起こりました。

☐ 3 ○　**新島襄**の**同志社**や，**ヘボン**の**明治学院**など，キリスト教精神に
もとづいた私立学校が設立されました。

▼正解　　▼解説

- -

☐ 1 ×　**学制**制定後の小学校の就学率は30%ほどでしたが，女子の就学率は男子
の就学率の半分ほどでした。

☐ 2 ×　初等教育が無償化されたのは，明治時代末になってからのことです。

☐ 3 ×　国家主義的な教育を重視する目的で公布されたのは**学校令**で，1886年の
ことです。**教育勅語**は1890年に発布されました。

☐ 4 ○　**学校令**は，第一次**伊藤博文**内閣の文部大臣である**森有礼**が中心
となって制定しました。

☐ 5 ○　1890年に発布された教育に関する勅語（教育勅語）によって，忠君愛国
が学校教育の基本であることが強調されました。

☐ 6 ×　義務教育が**6年**になったのは，明治時代末（1907年）の小学校令改正に
よります。学校令は1880年代に出された法令です。

☐ 7 ×　義務教育が定められたのは学制（1872年公布）のもとです。また，小学
校の就学率が90%を超えたのは1902年で，日露戦争後ではありません。

☐ 8 ×　⑴義務教育の無償化（1900年），⑵小学校の教科書の国定化（1903年），
⑶義務教育を6年にした（1907年），の3つはいずれも1900年代の出来
事です。

X
明治
99
明治時代の文化⑵
〜宗教〜

□ **9** 1877年に，政府は東京大学を設立して多数の外国人教師を招き，
★★★ アメリカ人クラークを学長に任命した。

□ **10** 1880年代に，政府は国会開設に伴う人材育成を目的に，東京専門
★★★ 学校を設立した。

□ **11** 津田梅子は，女子教育の振興につとめ，女子英学塾を創設した。
★★★

101 明治時代の文化 (4) 〜学問〜

□ **1** モースは，東京大学で生物学を講義したが，大森貝塚を発見して
★★★ 考古学の発達にも貢献した。

□ **2** 海外への留学は，明治に入って初めて行なわれるようになったが，
★★ 派遣された人々は主として軍事技術の習得につとめ，一般の学術
は軽視された。

□ **3** 明治以降，医学の発達はめざましく，北里柴三郎・志賀潔らによ
★★★ り，あらたな病原菌の発見があいついだ。

□ **4** 鈴木梅太郎はオリザニンの抽出に成功し，ビタミン学説の基礎を
★★★ 確立した。

□ **5** 鈴木梅太郎は伝染病研究所を創設した。
★★★

□ **6** 明治中期には，北里柴三郎のペスト菌の発見，高峰譲吉のオリザ
★★★ ニンの結晶化の成功，野口英世の黄熱病の研究など，世界的な研
究成果が生まれた。

☐ 9 × **クラーク**は，<u>札幌農学校</u>に教頭として招かれた人物です。

☐ 10 × **東京専門学校**は，<u>大隈重信</u>が創設した私立学校で早稲田大学の前身です。政府が設立したものではありません。

☐ 11 ○ <u>津田梅子</u>の創設した**女子英学塾**は，津田塾大学の前身です。

▼正解 　▼解説
- -

☐ 1 ○ **大森貝塚**を発見したのは，アメリカ人動物学者の**モース**です。（☞P.15：**2**-12）

☐ 2 × 明治政府は，**富国強兵・殖産興業**をかかげて，西洋文化の吸収につとめてきました。そのため，一般の学術についても，海外に留学生を派遣することにより，積極的に吸収していきました。

☐ 3 ○ <u>北里柴三郎</u>は**ペスト菌**を，<u>志賀潔</u>は**赤痢菌**を発見しました。

☐ 4 ○ オリザニンの抽出に成功したのは，**鈴木梅太郎**です。

☐ 5 × 伝染病研究所を創設したのは，**北里柴三郎**です。

☐ 6 × 明治時代の主な自然科学の業績
<u>北里柴三郎</u>：**ペスト菌**の発見，破傷風血清療法，**伝染病研究所**の創設
<u>志賀潔</u>　 ：**赤痢菌**の発見　　　**高峰譲吉**：**アドレナリン**の発見
鈴木梅太郎：**オリザニン**の発見　　**木村栄**：**Ｚ項**の発見
野口英世の研究は，大正時代末から昭和にかけてのものです。

Ⅹ
明治
100 明治時代の文化(3)〜教育〜

102 明治時代の文化 (5) 〜新聞・雑誌〜

□ **1** 1880年代，日本最初の日刊新聞である『横浜毎日新聞』が創刊された。
★★★

□ **2** 鉛製活字の量産成功により，明治初期から日刊新聞や雑誌が次々と創刊された。
★★★

□ **3** 明治時代には，『中央公論』・『太陽』といった総合雑誌が創刊された。
★★★

□ **4** 明治時代の末になると，『キング』といった大衆娯楽雑誌も登場し，大正時代には100万部を突破した。
★★★

103 明治時代の文化 (6) 〜文学〜

□ **1** 仮名垣魯文は，江戸時代からの文学の伝統を否定し，西洋文学にならうべきであると主張し，『西洋道中膝栗毛』に代表される戯作文学の世界を創出した。
★★★

□ **2** 明治30年代には，政治運動の経験者によって書かれた政治小説が多くの読者をえた。その代表的作品に矢野龍渓の『経国美談』がある。
★★★

□ **3** 坪内逍遙は，『浮雲』などの言文一致体の創作によって，日本の近代文学の発展に大きく寄与した。
★★★

□ **4** 日清戦争前後には，北村透谷らの『文学界』を中心としてロマン主義文学が盛んになった。
★★★

◆ロマン主義…理性に対する感情を重視し，個性の自由や恋愛を尊重する芸術の潮流。

□ **5** 明治30年代には，ゾラなどの影響を受けた自然主義の小説が文壇の主流になった。その代表的作品に田山花袋の『蒲団』がある。
★★★

◆自然主義…現実の理想化をせずにありのままを客観的に描写しようとする立場。

▼正解	▼解説

☐ **1**　×　日本最初の日刊新聞である『横浜毎日新聞』が創刊されたのは，1870年代（1870年）のことです。

☐ **2**　○　日刊新聞の創刊は，鉛製活字（なまりせい）の量産成功が引き金となっています。

☐ **3**　○　『中央公論（ちゅうおうこうろん）』・『太陽（たいよう）』は，いずれも明治時代に創刊された総合雑誌です。

☐ **4**　×　『キング』は**大正**時代の末（1925年），講談社より創刊された大衆娯楽雑誌です。

▼正解	▼解説

☐ **1**　×　仮名垣魯文（かながきろぶん）を代表とする戯作（げさく）文学は，江戸時代からの文学を継承する形で生まれました。代表作には『安愚楽鍋（あぐらなべ）』『西洋道中膝栗毛（せいようどうちゅうひざくりげ）』などがあります。

☐ **2**　×　矢野龍溪（やのりゅうけい）は，自由民権運動を題材とした**政治小説**の代表的作家です。自由民権運動が盛り上がった明治10年代に活躍しました。

☐ **3**　×　坪内逍遙（つぼうちしょうよう）は『小説神髄（しょうせつしんずい）』を著して写実主義を唱えました。写実主義とは江戸時代からの戯作文学の伝統を否定し，普段の話し言葉で小説を記す言文一致体を用いることで，人間をありのままに描こうとしたものです。

☐ **4**　○　1890年代になると，北村透谷（きたむらとうこく）の『文学界（ぶんがくかい）』を中心として**ロマン**主義の文学が盛んになります。代表的な作家には『たけくらべ』の樋口一葉（ひぐちいちよう）や，『舞姫（まいひめ）』の森鷗外（もりおうがい）らがいます。

☐ **5**　○　『破戒（はかい）』の島崎藤村（しまざきとうそん），『蒲団（ふとん）』の田山花袋（たやまかたい），『武蔵野（むさしの）』の国木田独歩（くにきだどっぽ），『土（つち）』の長塚節（ながつかせつ）らは，1900年代（明治30年代）に盛んになった自然主義文学の代表的な作家です。

104 明治時代の文化 (7) ~芸術・その他~

□1 坪内逍遙の文芸協会や，小山内薫の自由劇場によって，西洋の近
★★★ 代劇の翻訳物が上演されるようになった。

□2 東京美術学校は当初西洋画科のみであったが，のちにフェノロサ
★★★ や岡倉天心の影響によって日本画科も設置されるようになった。

□3 1890年代後半になると西洋画が台頭し，『湖畔』の黒田清輝や，『悲
★★★ 母観音』の狩野芳崖などの西洋画家が登場した。

◆明治時代の日本画家，西洋画家，彫刻家をしっかり区別しておきたい。

□4 建築では，外国で勉学した辰野金吾の設計による日本銀行本店な
★★★ どの作品が生まれた。

□5 都市では鉄道馬車や自転車が普及したのに対し，農村では幕末期
★★★ 以降，人力車や乗合馬車が急速に普及した。

□6 明治時代，東京の銀座などではガス灯がともり，人力車も走った
★★★ が，大都市に比して地方の庶民の生活はあまり変わらなかった。

□7 文明開化に該当する事項として誤っているものを一つ選べ。
★★★ ①ガス灯の設置　　②官営鉄道の開通
③電信線の架設　　④鹿鳴館の竣工

▼正解　　▼解説

- -

☐ 1　○　**文芸協会**の中心人物は**坪内逍遙**と**島村抱月**，**自由劇場**の中心人物は**小山内薫**です。

☐ 2　×　**東京美術学校**は，**フェノロサ**（右図）や**岡倉天心**の影響で当初日本画科のみでしたが，**黒田清輝**の帰国により西洋画科が設置されるようになりました。

☐ 3　×　日本画家：**狩野芳崖**・**橋本雅邦**・**菱田春草**・**横山大観**・**下村観山**
　　　　西洋画家：**高橋由一**・**浅井忠**・**黒田清輝**・**青木繁**・**藤島武二**
　　　　彫刻家　：**荻原守衛**・**高村光雲**・**朝倉文夫**

☐ 4　○　日本銀行本店は**辰野金吾**の設計によって造られた最初の国家的近代建築物です。

☐ 5　×　人力車や乗合馬車は**明治維新の頃**に**都市**を中心に普及しました。

☐ 6　○　明治時代は，大都市と地方の生活はかなり格差がありました。

☐ 7　④　鹿鳴館は，1880年代に条約改正のために作られた社交場です。
　　　　　　　（☞P.197：**90**-3）

105 第一次護憲運動

□ 1 清国の辛亥革命に刺激された海軍は，朝鮮に駐屯させる2個師団
★★ の増設を政府に要求した。

□ 2 犬養毅・尾崎行雄は「閥族打破・憲政擁護」をかかげ，全国的な
★★★ 運動を展開した。

□ 3 第一次護憲運動の結果，立憲政友会の第二次西園寺公望内閣が倒
★★★ 閣する大正政変が起こった。

□ 4 第一次山本権兵衛内閣は，海軍に関する汚職事件が原因で退陣し
★★ た。

106 第一次世界大戦

□ 1 日本は日英同盟を理由に第一次世界大戦に参戦したが，中国や朝
★★★ 鮮で反日運動が起こったため，参戦をとりやめることとなった。

□ 2 日本は中国政府に対して二十一ヵ条の要求を突きつけたが，中国
★★★ での反日運動が強く，要求は撤回されることとなった。

□ 3 二十一ヵ条の要求が公表された直後，中国全土で日本商品ボイ
★★★ コットなどを行なう五・四運動が起こった。

□ 4 中国における権益の拡大をめざし，段祺瑞政権に対し，西原亀三
★★ を介して巨額な借款を与えた。

共通テストのポイント

▶大正時代は，第一次世界大戦の前とあとに分けて整理する必要があります。また，大隈重信内閣，寺内正毅内閣，原敬内閣，加藤高明内閣については，それぞれの出来事をおさえておく必要があります。

▼正解　　▼解説

☐ **1** ✕ 　2個師団増設を要求したのは陸軍です。朝鮮は大陸なので，海軍ではなく陸軍ではないかと考えることでも，誤りに気づくことができます。

☐ **2** ◯ 　第一次護憲運動は，「閥族打破・憲政擁護」をスローガンに，**立憲政友会**の**尾崎行雄**と**立憲国民党**の**犬養毅**らが中心となって行なわれた運動です。

☐ **3** ✕ 　第一次護憲運動の結果，倒閣したのは第三次**桂太郎**内閣です。第一次護憲運動は立憲政友会などが中心となって起こした運動なので，これによって立憲政友会の内閣である第二次西園寺公望内閣が倒れるということは矛盾があると考え，誤りであるとすることもできます。

☐ **4** ◯ 　第一次護憲運動の結果組閣された第一次**山本権兵衛内閣**は，**軍部大臣現役武官制**を改正するなど，官僚・軍部に対する政党の影響力拡大につとめましたが，海軍に関する汚職事件である**シーメンス事件**で総辞職しました。

▼正解　　▼解説

☐ **1** ✕ 　日本は**日英同盟協約**を理由に，**第一次世界大戦**に参戦しました。中国や朝鮮での反日運動は第一次世界大戦終戦後のことです。

☐ **2** ✕ 　**二十一ヵ条の要求**は，日本が中国政府に対して突きつけた要求で，そのほとんどが認められました。中国国内での反日運動は第一次世界大戦終戦後のことなので誤りです。

☐ **3** ✕ 　五・四運動は，パリ講和会議で二十一ヵ条解消要求が拒否されたことから，1919年に起こりました。1915年に二十一ヵ条の要求が公表された直後ではありません。(☞P.227：**107**-6)

☐ **4** ◯ 　**西原借款**は，寺内正毅内閣の頃，**段祺瑞**政権に対し私設特使**西原亀三**を介して多額の借款（銀行による融資）を与えたものです。

□**5** 日本は大戦中の中国権益確保のために，アメリカと石井・ランシ
★★★　ング協定を締結した。

□**6** ロシア革命は，欧米がシベリア出兵を行なったことに対する，ロ
★★★　シア皇帝の消極的な態度に反発した民衆が起こした革命である。

□**7** 日清戦争後に金本位制が採用されたが，第一次世界大戦期に日本
★★★　銀行は兌換を停止し，以降現在まで不換制度が続けられている。

□**8** 第一次世界大戦の結果，ヨーロッパ諸国がアジア市場から撤退し
★★★　たため，アジア市場の規模が縮小し，日本は大幅な輸入超過に陥っ
　　　た。

□**9** 第一次世界大戦が始まる頃，日本で最も外貨を稼ぐ産業は製糸業
★★★　であり，生糸輸出の大部分はアメリカに向けられていた。

□**10** 綿糸・綿布は，大戦によって欧州諸国からの輸入が急減した東ア
★★★　ジア諸国に，主として輸出された。

□**11** 第一次世界大戦期に巨利を得た日本の綿紡績業の支援により，中
★★　国の民族資本である在華紡が発展した。

□**12** 日本の海運業は世界の船舶不足の中で巨大な利益を獲得し，その
★★★　資本家たちは「船成金」とよばれた。

□**13** 鉄鋼業では，朝鮮の鞍山製鉄所の設立のほか民間会社の設立があ
★★★　いついだ。

□**14** 中国産の石炭・鉄鉱石の利用を目的に，日中共同出資で鞍山製鉄
★★　所が作られた。

□**15** ヨーロッパ諸国からの輸入がとだえたために，染料・薬品などの
★★★　化学工業が勃興した。

□ 5 ○ <ruby>石井<rt>いしい</rt></ruby>・ランシング<ruby>協定<rt>きょうてい</rt></ruby>は，第一次世界大戦後に，アメリカは中国における日本の「特殊権益」を，日本はアメリカに中国の「<ruby>門戸開放<rt>もんこかいほう</rt></ruby>」を認め合った協定です。

□ 6 × ロシア革命によってソビエト政権ができたことをきっかけに，日・米・英・仏などが，革命に干渉する目的で<ruby>シベリア出兵<rt>しゅっぺい</rt></ruby>を行ないました。問題文では因果関係が逆になっているため，誤りとなります。

□ 7 × 第一次世界大戦期に，日本は<ruby>金輸出禁止<rt>きんゆしゅっきんし</rt></ruby>を行ないましたが，その後，1930年に<ruby>金解禁<rt>きんかいきん</rt></ruby>（金本位制への復帰により為替相場を安定させ，貿易の拡大をはかる政策）を行なっているので誤りとなります。

□ 8 × 第一次世界大戦時の<ruby>大戦景気<rt>たいせんけいき</rt></ruby>により，日本の貿易は大幅な輸出超過になりました。

□ 9 ○ 輸出世界一をほこった生糸の輸出の大部分は，アメリカ向けでした。**95**のテーマとつなげて覚えておきましょう。　（同一問題 ☞P.205：**95**-6）

□ 10 ○ 第一次世界大戦の際に，日本の綿糸・綿布は大量に東アジア市場に輸出されました。

□ 11 × <ruby>在華紡<rt>ざいかぼう</rt></ruby>は，中国に進出した日本系資本の紡績工場のことです。

□ 12 ○ 大戦景気の中心は**海運業**・**造船業**で，日本は**世界第3位**の海運国になりました。

□ 13 × <ruby>鞍山製鉄所<rt>あんざんせいてつじょ</rt></ruby>は，南満州鉄道株式会社が経営していた製鉄所で，満州にありました。朝鮮の製鉄所ではありません。

□ 14 × 鞍山製鉄所は，二十一ヵ条の要求で得た鉱山採掘権をもとに，南満州鉄道株式会社が1918年に設立したものです。日中の共同出資ではありません。

□ 15 ○ 第一次世界大戦により，ドイツからの輸入がとだえたため，染料・薬品といった化学工業が勃興しました。

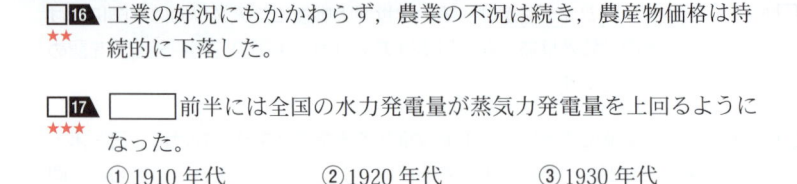

□16 工業の好況にもかかわらず，農業の不況は続き，農産物価格は持
★★ 続的に下落した。

□17 □□□□前半には全国の水力発電量が蒸気力発電量を上回るように
★★★ なった。
　①1910年代　　　　　②1920年代　　　　　③1930年代

□18 1910年代に工業生産額は農業生産額を追い越した。
★★★

□19 工業生産額は，重工業生産額を中心として，第一次世界大戦期の
★★ 5年間に10倍以上も増大した。

□20 生糸・綿関係品の輸出急増を反映して，工場労働者中の女子労働
★★ 者の割合が急増した。

□21 第一次世界大戦が終わると，その前の時期の経済の好況に対する
★★★ 反動として株価や商品価格が暴落し，恐慌が生じた。

107 政党内閣の成立と終戦

□1 第一次世界大戦後，富山県の漁村の婦人たちが起こした行動を
★★★ きっかけに，米騒動が全国に広がった。

□2 米騒動のあとには軍人を首相とする内閣にかわって本格的な政党
★★★ 内閣が成立した。

□3 米騒動のあとに成立した，本格的な政党内閣である原敬内閣は，
★★★ 軍部大臣現役武官制を改正し，政党の軍部に対する影響力を強化
しようとしたが，汚職事件が原因で総辞職に追い込まれた。

□4 1918年（大正7年），原敬内閣は大学令を制定し，慶應義塾などが
★★ 大学となった。

□5 国際連盟の設立は，国際平和と民族自決を唱えるアメリカ大統領
★★★ ウィルソンによって行なわれた。

☐ **16** ✕ 当時は，農業の不況といった事態は起きていません。農業の不況は，昭和初期に起こります。

☐ **17** ① 猪苗代・東京間の送電成功など，日本の水力発電は第一次世界大戦時（1914年〜1918年）に発展しました。大戦景気の頃に上回ったと考えると，1910年代であると連想ができます。

☐ **18** ○ 大戦景気により，工業生産額は農業生産額を追い越しました。

☐ **19** ✕ 重工業生産額を中心に工業生産額が上昇したのは**昭和初期**のことです。

☐ **20** ✕ 工場労働者の中心が女子であったのは，明治時代のことです。大正時代は，重化学工業の発達によって男子労働者の数が急速に増えた時代でもあります。

☐ **21** ○ 第一次世界大戦終結後，日本は大戦景気の反動による恐慌が起こりました。これを**戦後恐慌**といいます。

▼正解　　▼解説

☐ **1** ✕ <u>米騒動</u>は，シベリア出兵に伴う米価高騰が原因となって起こったもので，第一次世界大戦中の出来事です。

☐ **2** ○ **米騒動**の結果，軍人を首相とする<u>寺内正毅</u>内閣が倒れ，**立憲政友会**の<u>原敬</u>内閣が成立しました。原敬内閣は積極政策を推進し，新しい小選挙区制のもとでの総選挙に圧勝しました。

☐ **3** ✕ **軍部大臣現役武官制**の現役規定を削除して，政党の軍部に対する影響力を強化しようとしたものの，海軍の汚職事件である**シーメンス事件**で総辞職に追い込まれたのは**第一次山本権兵衛内閣**です。（☞P.221：**105**-4）

☐ **4** ○ <u>大学令</u>によって，公立大学・私立大学・単科大学が大学として認められるようになりました。

☐ **5** ○ <u>国際連盟</u>は，アメリカ大統領**ウィルソン**の提唱によって設立されましたが，アメリカは国際連盟には参加しませんでした。

□6 米騒動のあとに成立した本格的な政党内閣では，朝鮮全土に広
★★★ がった三・一独立運動に対し，武力を行使して弾圧した。

□7 関東州では，第一次世界大戦後に関東庁を設置し，その際陸軍部
★★★ が独立して関東軍となった。

108 ワシントン体制と護憲運動

□1 ワシントン会議では，太平洋諸島に関する四カ国条約や，中国領
★★★ 土に関する九カ国条約が締結された。
◆ワシントン会議では，条約の種類と内容に注意。

□2 ワシントン会議では，主力艦の保有比率を定めた海軍軍縮条約が
★★★ 締結された。

□3 ワシントン会議における一連の条約の締結は，協調外交路線の上
★★ に行なわれた国家政策であったため，軍部や右翼の多くも，これ
に積極的に賛成した。

□4 第一次世界大戦への参戦により増大した軍事費は，1920 年代に
★★★ なっても国際的な軍拡競争のもとで増え続けた。

□5 協調外交路線では，イギリスとの同盟条約を強化することによっ
★★★ て，中国での権益を獲得しようとした。

□6 関東大震災の直後，根拠のない流言をもとに，多くの朝鮮人が自
★★★ 警団や官警によって虐殺された。

□7 第二次山本権兵衛内閣は，無政府主義者による摂政宮襲撃事件を
★★★ きっかけに退陣した。

□8 清浦奎吾内閣は，超然内閣であったため護憲運動が起こった。
★★★

□ 6 ○ 第一次世界大戦後，中国では**五・四運動**，朝鮮では**三・一独立運動**という反日運動が起こりましたが，武力により弾圧されました。

□ 7 ○ 第一次世界大戦後の1919年に**関東都督府**は**関東庁**に改組され，**関東軍**が組織されるようになりました。

▼正解　　▼解説

- -

□ 1 ○ ワシントン会議では，以下の条約が締結されました。
四カ国条約 ：太平洋諸島に関する条約。**日英同盟**の廃棄。
九カ国条約 ：中国領土に関する条約。**石井・ランシング協定**の廃棄。
海軍軍縮条約：主力艦保有量の制限。

□ 2 ○ 1922年，米・英・日・仏・伊の５カ国間で**ワシントン海軍軍縮条約**が締結され，主力艦の保有が制限されました。

□ 3 ✕ 軍部や右翼は協調外交路線に反対でした。

□ 4 ✕ 第一次世界大戦後はワシントン体制のため，軍備縮小が余儀なくされました。

□ 5 ✕ **四カ国条約**で日英同盟は廃棄されたため，協調外交路線のもとでは，イギリスとの同盟を強化することはできませんでした。

□ 6 ○ 関東大震災直後の混乱の中，流言蜚語により多くの朝鮮人や社会主義者が虐殺されました。

□ 7 ○ **第二次山本権兵衛内閣**は，**関東大震災**の混乱の中で起きた摂政宮狙撃事件（**虎の門事件**）で退陣しました。

□ 8 ○ **清浦奎吾**内閣は，貴族院を基盤とする超然内閣であったため，**第二次護憲運動**が起こりました。

□ **9** 清浦奎吾内閣に対して，立憲政友会，憲政会，革新倶楽部は，「閥
★★★ 族打破・憲政擁護」をかかげて第一次護憲運動を展開した。

□ **10** 普通選挙法は原敬内閣の時期に実現した。これにより25歳以上の
★★★ 男子は，すべて衆議院議員の選挙権をもつことになった。

□ **11** 加藤高明内閣は，普通選挙法の制定に反対するため，治安維持法
★★★ を成立させた。

□ **12** 治安維持法では，「国体」の変革や私有財産制度の否認を目的と
★★★ する結社の組織者と参加者を処罰することを定めた。

109 大正時代の社会運動

□ **1** 大正のはじめに結成された友愛会が大きな発展をとげ，労働争議
★★★ の件数も飛躍的に増加した。

□ **2** 工場労働者の増大の中で労働組合の結成も相次ぎ，友愛会は第一
★★★ 次世界大戦後に日本労働総同盟へと発展した。

□ **3** 1920年代に日本最初のメーデーが行なわれた。
★★★

□ **4** 社会主義者の活動が再び見られるようになり，大杉栄らの無政府
★★★ 主義の思想が労働運動に大きな影響を与え始めた。

□ **5** 1920年代には，山川均らによってコミンテルンの支部として日本
★★★ 共産党が結成された。

□ **6** 1920年代，男子の高学歴化に伴い女子の高等教育要求も高まり，
★★ 『青鞜』のような女性の手による雑誌も発刊された。

□ **7** 1920年より前に創立されたものとして正しいものを，次のうちか
★★ ら一つ選べ。
　　①日本農民組合　　②日本社会主義同盟　　③日本労働総同盟
　　④全国水平社　　⑤青鞜社

□ 9 ✕ **第二次護憲運動**は，<u>立憲政友会</u>・<u>憲政会</u>・<u>革新倶楽部</u>が行ないました。「閥族打破・憲政擁護」は第一次護憲運動のスローガンです。

□ 10 ✕ **普通選挙法**は，<u>加藤高明</u>内閣のもとで成立しました。

□ 11 ✕ **加藤高明内閣**は，**普通選挙法**を制定すると共に**治安維持法**を成立させました。

□ 12 ○ 治安維持法は，国体（国のあり方＝天皇制）の変革や，私有財産制度を否定する運動（社会主義運動）をとりしまるための法律です。

▼正解　　▼解説

□ 1 ○ 問題文のとおり，大正時代には労働争議の件数が増加しました。

□ 2 ○ **友愛会**は，第一次世界大戦後の1921年に<u>日本労働総同盟</u>へと発展し，労資協調主義から，次第に階級闘争主義に方向転換しました。

□ 3 ○ 最初の**メーデー**は，第一次世界大戦直後の1920年に行なわれました。

□ 4 ○ **大杉栄**は妻の**伊藤野枝**と共に，関東大震災の直後，甘粕正彦に扼殺（手で首を絞めて殺すこと）されました。

□ 5 ○ <u>日本共産党</u>は**山川均**・**堺利彦**らによって結成されました。**大杉栄**は無政府主義者のため，日本共産党には参加しませんでした。

□ 6 ✕ 『<u>青鞜</u>』は，明治時代末期（1911年）に<u>青鞜社</u>の機関誌として発刊されました。なお，1920年には，<u>平塚らいてう</u>や<u>市川房枝</u>らが<u>新婦人協会</u>を設立し，女性解放を唱えました。

□ 7 ⑤ **青鞜社**は，平塚らいてうらによって1911年に設立された女流文学団体。**日本農民組合**，**日本社会主義同盟**，**日本労働総同盟**，**全国水平社**は，いずれも第一次世界大戦後の1920年代に結成された団体です。

XI
大正
108 ワシントン体制と護憲運動

□ **8**　小作料の減免を要求する農村での小作争議も，この時期には一時
★★★　減少した。

□ **9**　被差別部落の住民の解放をめざす全国水平社が創設され，根強く
★★★　残っていた社会的差別を解消させようと，運動を始めた。

110 大正時代の文化 (1) ~学問・思想~

□ **1**　第一次世界大戦前後，吉野作造は民本主義を唱えて，憲法の枠を
★★★　超えて民意を尊重する政治の実現をよびかけた。

□ **2**　社会運動や労働運動をになうことになる人を多数育てた学生団体
★★★　が，民本主義の思潮の中で結成された。

□ **3**　大正時代中期，高等教育を受けた人々の中には社会運動のリー
★★★　ダーをめざす人々も現れ，マルクス主義の影響も広がった。

□ **4**　大正時代の学問の分野では，古代史研究の津田左右吉，民俗学の
★★★　柳田国男，哲学の西田幾多郎，KS 磁石鋼発明の本多光太郎らが
活躍した。

□ **5**　民衆の文化と生活に注目した柳田国男は自ら農村などを歩いて民
★★★　間伝承を集め，日本民俗学の基礎を作った。

□ **6**　細菌学の野口英世は，黄熱病の研究を行なった。
★★★

□ **7**　本多光太郎は KS 磁石鋼を発明し，鉄鋼学の世界的権威となった。
★★★

□ 8 ✕ 大正デモクラシーによって，小作争議は増加し，小作人組合の全国組織
である日本農民組合が結成されました。

□ 9 ◯ 全国水平社は，被差別部落の住民に対する社会的差別を撤廃す
る目的で，1922 年に結成されました。

▼正解　　▼解説

□ 1 ◯ 吉野作造は，「デモクラシー」の訳語として，「民主主義」では
なく「**民本主義**」を用いた人物です。

□ 2 ◯ 大正時代になると，東大新人会などの学生団体が多く結成されました。

□ 3 ◯ 大正時代以降，マルクス主義は日本の知識人層に強い影響力を
与えました。『貧乏物語』を著した河上肇はその権威の一人です。

□ 4 ◯ 西田幾多郎：『善の研究』を著し独自の哲学体系を打ち出した。
津田左右吉：『古事記』・『日本書紀』に科学的分析を加えた。

□ 5 ◯ 柳田国男は，**民俗学**を確立し，「常民」とよばれる無名の民衆の
生活史を明らかにしました。

□ 6 ◯ 野口英世は，**黄熱病**の研究を行ないました。

□ 7 ◯ 本多光太郎は，KS 磁石鋼を発明しました。

XI
大正
109
大正時代の社会運動

231

111 大正時代の文化 (2) ～文学～

□ **1** 大正時代には，武者小路実篤らの白樺派や，谷崎潤一郎らの耽美
★★★　派などにかわって，国木田独歩らの自然主義派が文壇の主流を占
めた。

◆様々ある文学の潮流がどの時期に登場するかを整理しておきたい。

□ **2** 1910年代には，自然主義に反発する新感覚派の文学が登場した。
★★★　その代表的作品に川端康成の『伊豆の踊子』がある。

□ **3** 明治30年頃より，労働運動の体験を基礎に社会問題を題材とする
★★★　プロレタリア文学が起こった。その代表的作品に徳永直の『太陽
のない街』がある。

□ **4** 『種蒔く人』，『文芸戦線』などの雑誌が創刊され，小林多喜二や
★★★　徳永直などがプロレタリア文学の創作活動を進めた。

□ **5** 大衆文学の作品と作者の組み合わせとして適当なものを選べ。
★★★　①中里介山『大菩薩峠』　　　②川端康成『伊豆の踊子』
③徳永直『太陽のない街』　　④石川達三『生きてゐる兵隊』

□ **6** 大正期から昭和初期にかけては，大新聞が急伸に部数を増加させ
★★★　ただけでなく，大衆雑誌や，週刊誌の発行も盛んになった。

□ **7** 大正時代から昭和初期にかけて，大衆雑誌や円本，さらには文庫
★★★　本などが相次いで出版され，マスコミの普及と並んで大衆の文化
に大きな影響をもつようになった。

□ **8** 第一次世界大戦勃発以降に創刊された雑誌の名称として誤ってい
★★　るものを，次のうちから一つ選べ。
①『キング』　　②『改造』　　③『種蒔く人』　　④『青踏』

▼正解　　▼解説

- ☐ 1 ✕ 自然主義が文壇の主流になったのは，日露戦争の頃です。
  白樺派 ：**武者小路実篤** · **有島武郎** · **志賀直哉**
  耽美派 ：**永井荷風** · **谷崎潤一郎**
  新思潮派：**芥川龍之介** · **菊池寛**
  新感覚派：**川端康成** · **横光利一**

- ☐ 2 ✕ **新感覚派**は，大正時代末期に生まれたもので，自然主義に反発する意味合いで生まれたものではありません。

- ☐ 3 ✕ プロレタリア文学が登場するのは，大正時代になってからです。また，徳永直の『太陽のない街』は昭和時代の1929年に書かれた作品です。

- ☐ 4 ◯ プロレタリア文学の代表的な作家には，**小林多喜二** · **徳永直** · **葉山嘉樹**らがいます。

- ☐ 5 ① 大衆文学の代表的な作家には，『**大菩薩峠**』の**中里介山**以外に**吉川英治** · **江戸川乱歩**などがいます。

- ☐ 6 ◯ 大正時代になると『**キング**』などの大衆雑誌や，週刊誌などが盛んに発刊されました。（☞P.217：**102-4**）

- ☐ 7 ◯ 大正時代から昭和初期にかけて，『**キング**』などの大衆雑誌や，『現代日本文学全集』に代表される**円本**，**岩波文庫**などが登場します。

- ☐ 8 ④ 『**青鞜**』は明治時代末期に創刊されました。『**改造**』は大正時代に創刊された総合雑誌，『キング』は大正時代に創刊された大衆雑誌です。

112 大正時代の文化 (3) ~美術・芸能・生活~

□ **1** 梅原龍三郎らの洋画家が，文部省美術展覧会に対抗して二科会を
★★★ 結成した。

□ **2** 梅原龍三郎，安井曽太郎，岸田劉生らが在野の美術団体である二
★★★ 科会や春陽会によって創作活動を進めた。

□ **3** 明治時代に森鷗外が西洋近代劇を紹介していたこともあって，島
★★★ 村抱月の文芸協会や小山内薫らの自由劇場が相次いで新劇の活動
を開始した。

□ **4** 演劇の世界では築地小劇場が創設され，知識人に愛好された翻訳
★★★ 劇中心の新劇が発展した。

□ **5** 小山内薫が創立した築地小劇場は，翻訳劇を中心とする新劇運動
★★★ の拠点となった。

□ **6** 柳宗悦は，朝鮮の芸術に対する理解から，日本の植民地支配，同
★★ 化政策の問題点を指摘した。

□ **7** 関東大震災の被害はラジオを通じて報道され，ラジオが家庭に普
★★★ 及するきっかけとなった。

□ **8** 1930年代初頭にラジオ放送が開始され，戦争報道の中心を占めた。
★★★

□ **9** 大正時代から昭和初期にかけて，蓄音器・レコード・ラジオがほ
★★ とんどの家庭に普及し，テレビ放送が開始されるなど，民衆の娯
楽に大きな変化が現れた。

□ **10** 大正時代から昭和初期にかけて，ラジオや大衆雑誌が普及し，映
★★★ 画や大衆文学が盛んになるなど，文化の大衆化が進んだ。

□ **11** 大正時代から昭和初期にかけて，洋服の着用，洋風の食生活，文
★★★ 化住宅の建設などの生活様式が地方の農村にまで一般化し，都市
と農村との生活格差は縮まった。

▼正解	▼解説

☐ 1 ○ **二科会**は，梅原龍三郎らが結成した洋画団体です。

☐ 2 ○ **春陽会**は，岸田劉生が中心に結成した洋画団体です。

☐ 3 × 西洋近代劇を日本に紹介した人物は**坪内逍遙**（☞P.217：**108**-3）です。
芸術座：島村抱月・松井須磨子（右図）を中心に創設。
築地小劇場：小山内薫を中心に創設。

☐ 4 ○ 築地小劇場は，大正時代の1924年に創設されました。

☐ 5 ○ 築地小劇場は，大正時代の新劇運動の中心となり，多くの翻訳劇を上演しました。

☐ 6 ○ 柳宗悦は，民衆の工芸と宗教にひかれ，民芸運動を推進しました。特に朝鮮の李朝の壺に心をひかれ，保護につとめました。

☐ 7 × **ラジオ放送**の開始は，大正時代末（1925年）のことで，関東大震災が起こった当時は，ラジオ放送は始まっていませんでした。

☐ 8 × ラジオ放送の開始は，1920年代（1925年）のことです。

☐ 9 × 大正時代には，蓄音器・レコード・ラジオなどは，まだほとんどの家庭に普及する程までにはいたっていませんでした。また，テレビ放送の開始は，第二次世界大戦後になってからのことです。（☞P.271：**127**-16）

☐ 10 ○ 大正時代末以降，大衆雑誌の創刊や，ラジオ放送が開始されました。

☐ 11 × 大衆文化の広がりはあくまでも都市を中心としたもので，当時は都市と農村の格差が非常に大きい時代でした。

□ **12** 大正時代中期以降，都市を中心に，サラリーマン（俸給生活者）
★★★ 的生活文化が広がり，生活の洋風化が急速に進んだ。

□ **13** 第一次世界大戦前後，大都市の人口が増加し，特に月給で生活す
★★★ る会社員（サラリーマン）が，工場労働者と共に都市住民の中心
になった。

□ **14** 大正時代から昭和初期にかけて，都市の家庭では，パン・めん類
★★★ の需要が伸び，電気洗濯機や冷蔵庫などの耐久消費財が普及した。

□ **15** 大正時代から昭和初期にかけて，東京の銀座通りには，レンガ造
★★★ りの耐火建築が並び，ガス灯がともされ，洋式馬車が行き交った。

☐ **12** ◯　問題文のとおり，大正時代中期以降，都市を中心にサラリーマン的生活文化が広がっていきました。

☐ **13** ◯　大正時代中期以降，都市では，工場労働者とサラリーマンが住民の中心となっていきました。

☐ **14** ✕　電気洗濯機，冷蔵庫，テレビといったいわゆる「三種の神器」の普及は第二次世界大戦後になってからのことです。

☐ **15** ✕　「ガス灯がともされ，洋式馬車が行き交った」のは，明治維新の文明開化の頃のことです。

XI
大正

112 大正時代の文化(3)〜美術・芸能・生活〜

113 恐慌の時代

□ **1** 金融恐慌はとり付け騒ぎに伴う銀行の休業がきっかけとなって起
★★★ こった。

□ **2** 金融恐慌により，震災手形の特別融資の適用を受けなかった企
★★ 業・銀行が，適用を受けた企業・銀行に買収される結果となった。
◆用語や年代の丸暗記ではなく，その出来事の原因や結果を理解しておくこと。

□ **3** 金融恐慌により，経営が破綻した鈴木商店に対する巨額の負債を
★★ 抱えた台湾銀行が経営難に陥った。

□ **4** 若槻礼次郎内閣は，緊急勅令の発令により，台湾銀行の救済に成
★★★ 功した。

□ **5** 金融恐慌の中で，家族と離れた農村の子供たちが，東京・大阪な
★★★ どの大都市にできた闇市に集まった。

□ **6** 田中義一内閣は，モラトリアムを発し，日本銀行から巨額の救済
★★★ 融資を行ない金融恐慌を収束させた。

□ **7** 普通選挙法の制定に合わせて，社会主義者・労働運動家・知識人
★★★ らによって，労働農民党などいくつかの無産政党が結成された。

□ **8** 普通選挙法による最初の総選挙では，労働者や農民を代表する無
★★★ 産政党の候補者も当選した。

□ **9** 田中義一内閣は，北伐を進める国民革命軍を阻止する目的で山東
★★★ 出兵を実施し，満州軍閥張作霖と衝突した。

□ **10** 満州占領を試みた関東軍は張作霖を爆殺した。この事件を満州某
★★★ 重大事件という。

共通テストのポイント

▶戦前は，各出来事が，満州事変，日中戦争，太平洋戦争の前かあとかを識別できることが大事です。戦後は，1950年代，60年代，70年代，80年代と10年刻みに整理し，各出来事をまとめていきましょう。

▼正解　　▼解説

- [ ] 1 ○ **金融恐慌**は，一部の銀行の不良な経営状態があばかれ，**とり付け騒ぎ**が起こり銀行の休業が続出して起こったものです。

- [ ] 2 ✕ **金融恐慌**は，**震災手形**の特別融資の決済が進まなかったことが原因となって起こっています。つまり，震災手形の特別融資の適用を受けていても決済が行なわれなかったため，経営難に陥ったわけです。

- [ ] 3 ○ **金融恐慌**により破綻した**鈴木商店**に対する巨額の負債を抱えていたのは**台湾銀行**です。

- [ ] 4 ✕ 第一次若槻礼次郎内閣は，緊急勅令の発令により台湾銀行の救済を試みましたが，枢密院の反対で救済できず，内閣は総辞職しました。

- [ ] 5 ✕ 闇市は，第二次世界大戦直後に大都市を中心にできたものです。

- [ ] 6 ○ **田中義一内閣**は，**モラトリアム（支払猶予令）**を発し，日本銀行からの巨額の救済融資を行ない金融恐慌を収束させました。

- [ ] 7 ○ 普通選挙法成立後，社会主義勢力は，**労働農民党**などの合法的な**無産政党**を組織していきました。

- [ ] 8 ○ 1928年に行なわれた普通選挙制による最初の総選挙では，**無産政党**勢力が**8名**の当選者を出しました。

- [ ] 9 ✕ **山東出兵**は，満州軍閥の**張作霖**を支援し，**北伐**を進める**国民革命軍**を阻止する目的で行なわれました。

- [ ] 10 ○ **関東軍**は，**張作霖**を爆殺し，満州を占領しようとしましたが，失敗に終わりました。これを**満州某重大事件**といいます。

□11 満州某重大事件に対して怒った田中義一首相は，関東軍の解散を
★★ はかったが，天皇の不興をかい，内閣は総辞職に追い込まれた。

114 政党内閣の終焉

□1 浜口雄幸内閣は，通貨量を縮小するために，財政を緊縮し，金融
★★★ を引きしめた。

□2 浜口雄幸内閣は，預金封鎖し，通貨を切りかえたため，労働争議
★★★ 件数が激増した。

□3 浜口雄幸内閣は，世界的な規模の恐慌の最中に，金解禁を断行した。
★★★

□4 金輸出解禁による好景気は，世界恐慌によって終焉を迎え，日本
★★★ は昭和恐慌に陥った。

□5 昭和恐慌は，前年に起こった東北地方を中心とした農業恐慌のあ
★★★ おりも受け，深刻化した。

□6 昭和恐慌の中で，義務教育を終えた子供たちが，家計を助けるた
★★★ めに東京・大阪方面に集団就職した。

□7 昭和恐慌の中で，生活難に陥った都市の子供たちが，農村に縁故
★★★ を頼って学童疎開をしていった。

□8 昭和恐慌の当時，都市では工場閉鎖や解雇によって失業者が増大
★★★ し，そのため帰村しなければならなかった女工も多かった。

□9 昭和恐慌の当時，生糸だけはアメリカへの輸出が増大していたた
★★★ め，養蚕業に活路を見い出す農家が多かった。

□10 浜口雄幸内閣は，産業の合理化をはかるため，重要産業統制法を
★★★ 出して，大企業のカルテル活動を制限した。

□11 農業恐慌の中で，農村では食事も十分できない欠食児童が出たり，
★★★ 負債をおった農家では娘の身売りが行なわれたりした。

□ 11 × **田中義一内閣**が総辞職に追い込まれた理由は，**満州某重大事件**を軍法会議で処断しなかった内閣に対して，天皇の不興を買ったことです。田中義一が関東軍を解散させようとした事実はありませんでした。

▼正解　　▼解説

□ 1 ○ 浜口雄幸内閣の財政政策は，財政緊縮・産業合理化・金輸出解禁の三つです。

□ 2 × 預金封鎖・新円切りかえは，第二次世界大戦後の金融緊急措置令によって行なわれました。

□ 3 ○ 金解禁を断行したのは，立憲民政党の**浜口雄幸**内閣です。

□ 4 × 昭和恐慌（1930年〜）は，**金輸出解禁**による不況と，**世界恐慌**による不況によって起こりました。金輸出解禁で日本は好景気にはなっていません。

□ 5 × **農業恐慌**は，昭和恐慌の翌年に東北地方を中心とした農家の困窮により起こった恐慌です。

□ 6 × 集団就職は，主に1960年代の高度経済成長の頃のことです。
(☞P.271：**127**-14)

□ 7 × 学童疎開は，太平洋戦争中のことです。(☞P.253：**118**-11)

□ 8 ○ 問題文にあるとおり，昭和恐慌によって失業者は増大しました。

□ 9 × **世界恐慌**は，生糸の主要な輸出先であった**アメリカ**を中心とした恐慌だったため，生糸の輸出も激減しました。

□ 10 × 浜口雄幸内閣は，重要産業統制法を出して，指定産業での不況カルテルの結成を容認しましたが，これが統制経済の発端となっていきます。

□ 11 ○ 問題文のとおり，農業恐慌により，農村では欠食児童が出たり，娘の身売りが行なわれました。

XII
昭和
113
恐慌の時代

□12 農業恐慌の頃，不況に見舞われた農村では小作争議が増加した。
★★★

□13 農業恐慌により，都会では米の配給制度が実施されたので，農村
★★★ では米が不足し食糧難が深刻になった。

□14 農業恐慌の結果，全国の専業農家の比率が一割以下に低下し，農
★★★ 村の過疎化が進んだ。

□15 ロンドン軍縮会議で補助艦制限が協定されたが，その内容は日本
★★★ に不利であると，軍部の一部や右翼などが反発した。

□16 ロンドン海軍軍縮条約に対し，立憲政友会・軍部・右翼は統帥権
★★★ の干犯を唱え，浜口雄幸内閣を激しく攻撃した。

□17 1931年の9月，関東軍は柳条湖で自ら南満州鉄道の線路を爆破し，
★★★ これを中国軍の仕業としてあらたな中国進出を始めた。

□18 1931年には，陸軍の軍人と民間右翼らによる，三月事件や十月事
★★★ 件などのクーデター未遂事件があった。

□19 団琢磨は，財界の中心人物として，犬養毅と共に五・一五事件で
★★★ 暗殺された。

□20 犬養毅内閣は，満州国建国を容認したため，倒閣された。
★★★

□21 犬養毅内閣は，海軍青年将校らによる暗殺事件（五・一五事件）
★★★ のため内閣が倒れ，政党内閣時代は終わりを告げた。

115 ファシズムの台頭と昭和初期の経済

□1 犬養毅内閣が成立すると，すぐに金輸出再禁止が断行され兌換を
★★★ 停止したので，日本経済は管理通貨制度の時代を迎えることに
なった。

□2 1934年当時，農村の窮乏化は，養蚕業の盛んであった関東・甲信
★★★ 越地方や，凶作にみまわれた東北・北海道で激しかった。

☐ 12 ○ 問題文にあるとおり，農業恐慌により小作争議が頻発しました。

☐ 13 ✕ 米の配給制度は，1940年代になってからのことです。（☞P.253： **118**-13）

☐ 14 ✕ 専業農家が減少し，農村の過疎化が進んだのは，1960年代の高度経済成長の頃のことです。（☞P.271： **127**-14）

☐ 15 ○ **ロンドン海軍軍縮会議**では，<u>補助艦</u>の制限が協定されました。

☐ 16 ○ <u>立憲政友会</u>・軍部・右翼は，政府が兵力量を決定したのは**統帥権の干犯**であると，<u>浜口雄幸内閣</u>を攻撃しました。

☐ 17 ○ <u>柳条湖事件</u>は，**関東軍**による南満州鉄道の線路の爆破事件で，**満州事変**のきっかけとなりました。

☐ 18 ○ 三月事件と十月事件はいずれも，軍部政権樹立をめざしたクーデター未遂事件です。

☐ 19 ✕ 三井合名会社理事長の**団琢磨**や，前大蔵大臣の**井上準之助**が暗殺されたのは<u>血盟団事件</u>です。この時期に相次ぐ暗殺事件は混同しやすいので注意しましょう。

☐ 20 ✕ <u>犬養毅内閣</u>は，満州国を容認しませんでした。

☐ 21 ○ <u>犬養毅</u>首相は，**五・一五事件**で暗殺され，その結果，**憲政の常道**の時代は終わりを告げました。

▼正解　　▼解説

- -

☐ 1 ○ 問題文にあるとおり，犬養毅内閣は，内閣成立後すぐに<u>金輸出再禁止</u>を断行しました。

☐ 2 ○ 昭和初期の東北地方の農村の窮乏は深刻なものでした。

□3 1934年当時は，治安維持法によって農民組合の結成が禁止されて
★★★ いたため，農家は小作料減免を要求する運動を起こせず，このこ
とが窮乏化に拍車をかけた。

□4 1934年当時，地租改正によって小作料が定額・金納化されていた
★★★ ため，恐慌によっても小作料額は下がらず，農家の窮乏化は進んだ。

□5 昭和初期，軍需などに支えられて重化学工業が急速に発達し，そ
★★ の生産額は全工業生産額のほぼ半分に達した。

□6 昭和初期になると，工業生産額が農業生産額を上回り，全産業の
★★ 生産額の50パーセントを初めて超えた。

□7 昭和初期，貿易収支は慢性的な入超から一時的に空前の出超とな
★★★ り，好景気の中で船成金などが現れた。

□8 昭和初期，大戦景気で台頭した日本窒素・日本産業などの新興財
★★★ 閥が急速に力を伸ばし，軍部と結びついて朝鮮・満州に進出した。

□9 日本は，ドイツのブロック経済圏への依存度を急速に増していっ
★★★ たが，貿易収支は好転するどころか悪化する一方であった。

□10 世界大恐慌からの回復過程において，日本の輸出拡大の背景にあ
★★★ る低賃金・長時間労働に対する非難が，イギリスから寄せられた。

□11 犬養毅内閣は，「満州国」を正式に承認する日満議定書に調印し，
★★★ 軍部による満州支配を容認することになった。

□12 アメリカを中心とする国際連盟は，リットン報告書にもとづき日
★★★ 本の「満州国」承認を非難したので，日本は国際連盟を脱退した。

□13 軍部や右翼の要求にこたえる形で，海軍出身の岡田啓介を首班と
★★ する内閣が国体明徴声明を出すことになった。

□14 帝国議会において国体明徴が決議され，さらに国体明徴声明に
★★★ よって天皇機関説が公式に否認されることになった。

☐ 3　✕　治安維持法では，農民運動は特に禁止されていませんでした。

☐ 4　✕　小作料は，地租改正の際に定額・金納化は義務づけられていませんでした。（☞P.187：**84**-1）

☐ 5　○　大正時代：**工業生産額　＞農業生産額**
昭和初期：**重工業生産額＞軽工業生産額**

☐ 6　✕　工業生産額が農業生産額を上回るのは，大戦景気のときです。
（☞P.225：**106**-18）

☐ 7　✕　船成金が現れるのは，大正時代の大戦景気の頃のことです。
（☞P.223：**106**-12）

☐ 8　✕　<u>日窒</u>コンツェルン・<u>日産</u>コンツェルンといった**新興財閥**が台頭したのは，昭和初期のことで，大戦景気の頃ではありません。

☐ 9　✕　ブロック経済圏は**イギリス**です。日本は当時，<u>アメリカ</u>への依存度を急速に増していました。

☐ 10　○　**イギリス**は，日本の輸出拡大を**ソーシャル＝ダンピング**と非難しました。

☐ 11　✕　<u>日満議定書</u>に調印し，満州国を正式に承認したのは，**斎藤実内**閣です。犬養毅内閣は，満州国承認をしぶっていました。

☐ 12　✕　**リットン調査団**の報告にもとづき，日本が満州国の承認を撤回することを求める勧告案を**国際連盟**は採択しました。これに対し，日本は**国際連盟**を脱退しました。なお，アメリカは国際連盟に参加していません。

☐ 13　○　<u>国体明徴声明</u>を出して**天皇機関説**を否認したのは，**岡田啓介内**閣です。

☐ 14　○　「明徴」とは「明らかにすること」です。つまり，国体明徴声明とは，国体（国のあり方＝天皇主権の国家）を明らかにする声明のことです。

□**15** 天皇機関説を説いた著名な学者の著書が発禁処分となり，貴族院
★★★　議員が辞任に追い込まれた。

□**16** 大政翼賛会は，美濃部達吉の天皇機関説を攻撃するために国体明
★★★　徴運動を開始した。

□**17** 二・二六事件は北一輝の思想的影響を受けた青年将校によって行
★★★　なわれた。

□**18** 天皇親政を唱える皇道派の青年将校のクーデターにより，高橋是
★★★　清・斎藤実らが暗殺され，政治のファシズム化が進んだ。

116 日中戦争

□**1** 広田弘毅内閣のもとで，反共的風潮の中で日独防共協定が結ばれ
★★★　た。

□**2** 広田弘毅内閣は，軍部の暴走を食い止めるため，軍部大臣現役武
★★★　官制を復活させたが効果は薄かった。

□**3** 奉天郊外での列車爆破事件をきっかけに，日中戦争が勃発した。
★★★　◆日中戦争に突入した原因を問う問題。

□**4** 日中戦争の勃発により，中国は国民党と共産党による抗日民族統
★★　一戦線が崩されたため，日本軍に徹底抗戦した。

□**5** 国民精神総動員運動は，官僚や警察が指導する官製国民運動であ
★★★　り，学徒出陣や学童疎開を促進した。

□**6** 近衛文麿内閣は国家総動員法を成立させて，議会の承認だけで，
★★★　物資や労働力などを軍需のために優先的に運用できるようにし
　た。

□ 15 ○ **天皇機関説**は，<ruby>美濃部達吉<rt>み の べ たつきち</rt></ruby>の天皇学説で，統治権の主体を法人としての**国家**とし，天皇は国家の**最高機関**として統治権を行使するとしました。

□ 16 ✕ 大政翼賛会は，1940年代になってから結成されたもので，国体明徴運動<ruby><rt>たいせいよくさんかい</rt></ruby>が開始された頃には，存在しませんでした。

□ 17 ○ <ruby>二・二六<rt>に にろく</rt></ruby>**事件**は，<ruby>北一輝<rt>きたいっき</rt></ruby>の思想的影響を受けていた陸軍<ruby>皇道<rt>こうどう</rt></ruby>派の一部青年将校たちが中心となって起こしました。

□ 18 ○ 二・二六事件では，<ruby>高橋是清<rt>たかはしこれきよ</rt></ruby>蔵相，<ruby>斎藤実<rt>さいとうまこと</rt></ruby>内大臣，<ruby>渡辺錠太郎<rt>わたなべじょうたろう</rt></ruby>教育総監らが殺害されました。

▼正解　　　**▼解説**

□ 1 ○ <ruby>広田弘毅<rt>ひろたこうき</rt></ruby>**内閣**のもとで，ソ連を中心とする国際共産主義運動への対抗をかかげる<ruby>日独防共協定<rt>にちどくぼうきょうきょうてい</rt></ruby>が結ばれました。

□ 2 ✕ **広田弘毅内閣**のもとで復活した<ruby>軍部大臣現役武官制<rt>ぐんぶだいじんげんえきぶかんせい</rt></ruby>は，軍部の発言力を強めるものです。のちに<ruby>宇垣一成内閣<rt>うがきかずしげ</rt></ruby>が陸軍の反対で組閣できないという出来事が起こりました。

□ 3 ✕ 日中戦争のきっかけとなったのは，北京郊外で起こった<ruby>盧溝橋<rt>ろこうきょう</rt></ruby>事件です。<ruby>奉天<rt>ほうてん</rt></ruby>郊外の列車爆破事件は満州某重大事件です。（☞P.241：**118**-11）

□ 4 ✕ 日中戦争が始まると，**国民党**は**共産党**と提携する<ruby>国共合作<rt>こっきょうがっさく</rt></ruby>を行ない，日本に対して徹底抗戦の構えを示しました。

□ 5 ✕ <ruby>国民精神総動員運動<rt>こくみんせいしんそうどういんうんどう</rt></ruby>は，日中戦争開始直後に起こった国民運動です。学徒出陣や学童疎開は太平洋戦争中の出来事です。（☞P.253：**118**-8）

□ 6 ✕ <ruby>国家総動員法<rt>こっかそうどういんほう</rt></ruby>は，<ruby>近衛文麿<rt>このえふみまろ</rt></ruby>**内閣**のもとで出され，政府は**議会**の**承認なし**に，戦争遂行に必要な物資や労働力を動員する権限を与えられました。

□**7** 国民徴用令による労働力動員に引き続き，大学生以上の学徒や未
★★ 婚女性などが強制的に軍需産業に動員された。

　◆国民の戦争への動員時期とその内容を正確に覚えておきたい。

□**8** 価格等統制令によって物価は据え置かれたが，物資不足により闇
★★ 取引が横行し闇価格が生じた。

117 第二次世界大戦

□**1** 米内光政内閣は第二次世界大戦に対して不介入方針をとったので，
★★★ ドイツ支持の軍部に倒された。

□**2** 大政翼賛会発足以前に，東条英機を中心に「一国一党」をめざす
★★★ 新体制運動が行なわれた。

□**3** 新体制運動が始まると，すべての合法政党が次々に解散し，大政
★★★ 翼賛会に参加した。

□**4** 大政翼賛会は末端組織に町内会・部落会・隣組を組み込むように
★★★ なり，戦争遂行の上意下達の機関として機能した。

□**5** 政府は大日本産業報国会のもとに労働組合を組み入れ，労働者の
★★ 統制をはかった。

□**6** 日本はドイツ・オランダと三国同盟を締結し，枢軸を強化していっ
★★★ た。

□**7** 松岡洋右外相は，日ソ基本条約を締結し，ソ連との戦争を回避さ
★★★ せた。

□**8** 日中戦争についてアメリカは日本に批判的であり，汪兆銘政権に
★★★ 対して物資援助を行なった。

□**9** アメリカの廃棄通告によって日米通商航海条約が失効するとただ
★★ ちに，日本は資源を求めてオランダ領東インド（インドネシア）
　　に出兵した。

☐ 7 ✕ **国民徴用令**によって一般国民が軍需産業に動員されるようになりましたが，学校に残る学生や女子挺身隊に編成された未婚の女性を軍需工場で働かせる**勤労動員**は，太平洋戦争が始まってからのことです。

☐ 8 ◯ 政府は，価格等統制令を出して公定価格制を導入し，経済統制を強化しました。しかし，物資不足は闇価格による闇取引を発生させました。

▼正解　　▼解説

☐ 1 ◯ **阿部信行**内閣，**米内光政**内閣は，**第二次世界大戦**に対して不介入の方針をとったため，いずれも短命内閣に終わりました。

☐ 2 ✕ **近衛文麿**を中心とした**新体制運動**は，強力な大衆組織を基盤とする一大指導政党を樹立しようとする「革新」運動でした。

☐ 3 ◯ **新体制運動**は，1940年に**大政翼賛会**として結実し，既存政党は次々に参加しました。

☐ 4 ◯ **大政翼賛会**は，総裁を総理大臣，支部長を道府県知事・市町村長とし，部落会・町内会・隣組を下部組織とする上意下達機関でした。

☐ 5 ✕ すべての労働組合は解散させられて**大日本産業報国会**が組織されました。労働組合が組み入れられたのではありません。

☐ 6 ✕ 日本が**三国同盟**を締結したのは，**ドイツ**と**イタリア**です。日独伊三国同盟ではアメリカを仮想敵国としました。

☐ 7 ✕ **松岡洋右**外相が日ソ間で締結したのは**日ソ中立**条約です。**日ソ基本条約**は，1925年に日ソ間の国交を樹立する目的で締結されました。

☐ 8 ✕ 日中戦争の際に，アメリカ・イギリス・ソ連が物資援助を行なっていたのは，**国民党**の**蔣介石**政権です。**汪兆銘**政権は，事実上の日本の傀儡政権で，南京に樹立された新国民政府の政権です。

☐ 9 ✕ **日米通商航海条約**の廃棄をきっかけに，日本は**援蔣ルート**の遮断を目的として，**北部フランス領インドシナ**に進駐を始めました。インドネシアではありません。

□10 フランス領インドシナ南部への日本軍の進駐により，アメリカは
★★★　対日姿勢を一挙に硬化させ，在米日本資産凍結や対日石油禁輸を
　　行なった。

□11 独ソ戦争の開始に対応して，関東軍特種演習（関特演）という名
★★　目でソ連攻撃準備態勢がとられ，関東軍の兵力は大幅に増強され
　　た。

□12 日本の侵略が南方にまで及んでくると，アメリカ・イギリス・カ
★★　ナダ・オランダは，いわゆる ABCD ラインを強化してこれに対抗
　　した。

118 太平洋戦争

□1 日本軍の中国からの撤退などをめぐって日米交渉が暗礁にのりあ
★★★　げる中で，近衛文麿内閣は総辞職し，東条英機陸相が首相になった。

□2 アメリカのハルを団長とする調査にもとづき，日本軍の南満州鉄
★★★　道付属地内への撤兵勧告が採択されると，日本は国際連盟からの
　　脱退を報告し，開戦の準備を始めた。

□3 日本軍は，真珠湾攻撃とほぼ同時にマレー半島に上陸し，約半年
★★★　ほどで東南アジア・西太平洋の広大な地域を占領した。

□4 「大東亜共栄圏」建設を国策の基本にすえていた日本は，アジア
★★★　諸民族に日本への協力を押しつけた。

□5 日本は大東亜会議を開き，当時日本の勢力圏内にあったすべての
★　地域の国家的独立の承認を約束した。

□6 日本は，朝鮮で日本語使用や神社参拝の強制，創氏改名などの皇
★★★　民化政策を推進した。

□7 小学校は敗戦直前に国民学校と改められた。
★★　◆国民学校では国のために死ぬことをいとわない「小国民」の育成がめざされた。

☐ 10 ◯ 　南部フランス領インドシナ進駐により，アメリカは日本への石油輸出を禁止し，在米日本人資産の凍結を行ないました。

☐ 11 ◯ 　独ソ開戦に際して，日本は**関東軍特種演習**（かんとうぐんとくしゅえんしゅう）という名目で，70万人もの兵力を満州のソ連との国境沿いに配置しました。しかし，結局対ソ戦は中止になりました。

☐ 12 ✕ 　**ABCD ライン**は，**アメリカ・イギリス・中国・オランダ**による，日本に対する経済封鎖のことです。C はカナダ（Canada）ではなく中国（China）です。

▼正解　　▼解説

- -

☐ 1 ◯ 　日米交渉の妥結を希望する**近衛文麿**（このえふみまろ）首相と，交渉打ち切り・開戦を主張する**東条英機**（とうじょうひでき）陸軍大臣が対立し，近衛内閣は総辞職しました。

☐ 2 ✕ 　アメリカのハル国務長官は，「満州事変以前の状態への復帰を要求する実質的な最後通告」を行ない，太平洋戦争へと突入することとなりました。国際連盟からの脱退通告は**リットン**の調査にもとづく対日勧告案を不服としてのことです。（☞P.245：**115**-12）

☐ 3 ◯ 　太平洋戦争の開戦当初は，戦況は日本に有利でした。

☐ 4 ◯ 　「**大東亜共栄圏**（だいとうあきょうえいけん）」とは，中国・東南アジア地域を欧米の支配から脱却させ，日本を中心とする共存共栄の秩序を築いていこうという考えです。

☐ 5 ✕ 　**大東亜会議**（だいとうあかいぎ）では，アジアを欧米の植民地支配から解放することは述べていますが，国家的独立の承認は行なっていません。

☐ 6 ◯ 　**皇民化**（こうみんか）政策は，植民地統治下の朝鮮人に対する同化政策です。

☐ 7 ✕ 　**国民学校令**（こくみんがっこうれい）によって，小学校は**国民学校**と改められました。この法令は太平洋戦争開始前の1941年3月に出されました。

XII
昭
和

117
第
二
次
世
界
大
戦

□8 戦況が悪化すると，徴兵適齢期の大学生などの多くは，徴兵猶予
★★★　を停止され軍に入隊させられた。

□9 労働力が不足すると，軍需工場には多くの学生・生徒が動員され，
★★★　女子挺身隊も編成された。

□10 1944年末からアメリカ軍の空襲が本格化した。最初に大都市や工
★★★　業地帯が主な攻撃目標となり，次第に地方都市まで戦災が広がった。

□11 空襲を避けるため，都市の児童は親元を離れて地方に疎開させら
★★★　れた。

□12 戦時中の物資不足のため，戦争末期には児童の栄養水準が低下し
★★★　た。

□13 砂糖や米の配給制は世界大恐慌の時期から行なわれていたが，こ
★★　の戦争が始まると，配給制はほとんどの物資に及んだ。

□14 沖縄戦では，一般住民の中には，スパイの嫌疑で日本軍兵士に殺
★★★　害される人もいて，悲惨な事態が起きた。

□15 沖縄戦は一般住民を巻き込んだ地上戦だったため，犠牲者は多数
★★★　にのぼった。

□16 沖縄戦では，アメリカ軍と日本軍との地上戦によるほか，集団自
★★★　決などで沖縄県民の犠牲者が数多く出た。

□17 アメリカ軍が上陸した沖縄では，一般住民も戦闘にかり出され，
★★　女子生徒もひめゆり部隊などに編成された。

□18 沖縄戦では，一般成人は鉄血勤皇隊に組織され，激しい戦闘に参
★　加した。

□19 沖縄戦では，女学生や男子中学生なども看護や戦闘に動員され，
★★★　大きな犠牲を出した。

□20 ソ連の対日参戦に直面したアメリカは，戦争の早期終結を狙って
★★★　沖縄上陸作戦を実施し，激しい地上戦を展開した。

☐ 8 ○ 太平洋戦争の戦況が悪化すると，大学・高等学校・専門学校に在学中の徴兵適齢文科系学生を軍に召集する**学徒出陣**が行なわれました。

☐ 9 ○ 太平洋戦争中には，学校に残る学生・生徒や**女子挺身隊**に編成した女性を軍需工場で働かせる**勤労動員**が行なわれました。

☐ 10 ○ 1944年の<u>サイパン島</u>陥落をきっかけに，そこから飛来する米軍機による**本土空襲**が始まりました。

☐ 11 ○ 太平洋戦争中，国民学校の生徒を集団疎開させる**学童疎開**が行なわれました。

☐ 12 ○ 国民一人1日あたりのエネルギー摂取量は，1945年には1793kcalにまで低下し，主要国中最低水準にまで落ちました。

☐ 13 ✕ 1940年，砂糖・マッチなどの生活必需品について**切符制**が開始されました。**配給制**が始まったのも，1940年代になってからのことです。

☐ 14 ○ 米軍に押し込まれる日本軍と，戦火に追われる一般住民が混ざって混乱状態に陥り，住民は米軍はおろか日本軍からも暴虐行為を受けました。

☐ 15 ○ 当時の沖縄県の人口は，約49万人。県民のおよそ1/4（一般住民約9万4千人＋県出身軍人約2万8千人）が命を落としました。

☐ 16 ○ 沖縄は，日本の国土で唯一「戦場」となった場所でした。各地で**集団自決**も起こり，日本軍がそれを強制する場合もあったといわれています。

☐ 17 ○ 沖縄戦では，女子中学生は**ひめゆり隊**などの「**女子学徒隊**」を組織し，戦地に看護要員として派遣されました。

☐ 18 ✕ 沖縄戦の際組織された「**鉄血勤皇隊**」には，成人ではなく男子中学生で組織されました。

☐ 19 ○ 戦闘にかり出された男女中学生（鉄血勤皇隊1780人，女子学徒隊581人）の半数以上が戦場で命を落としました。

☐ 20 ✕ ソ連の対日参戦は終戦直前（1945年8月8日）のことで，沖縄戦開始（1945年4月）よりもあとの出来事です。

XII
昭和
118
太平洋戦争

253

□21 アメリカ軍は，沖縄本島上陸作戦を実施して地上戦に勝利したあ
★★★　と，広島・長崎に原爆を投下した。

□22 原爆は広島に次いで長崎にも投下され，無差別で大量の殺戮をも
★★★　たらした。

□23 中国東北部などでソ連軍に降伏した数十万の軍人がシベリアに抑
★★　留され，強制労働に従事させられた。

119 戦前の文化

□1 1930年代になると，日本共産党に転向した者が，獄中から次々と
★★★　転向を放棄することを表明した。

□2 火野葦平の『麦と兵隊』や，石川達三の『生きてゐる兵隊』などが，
★★　戦意を高揚する文学としてもてはやされた。

□3 矢内原忠雄は，政府の大陸政策を批判したことで大学を追われ，
★★　著書も発禁となった。

120 占領と戦後処理

□1 占領下において，日本本土は連合国軍の間接統治とし，沖縄は連
★★★　合国軍の軍政とした。
　　◆日本本土と沖縄の統治方法の違いについて問う問題。

□2 GHQは天皇制に関する言論の自由と政治犯の釈放などを要求し
★★★　たが，東久邇宮稔彦内閣はこれに対応できず総辞職した。

□3 GHQはプレス＝コードによって言論の自由を保障し，占領軍へ
★★　の批判すら認める民主的な政策を展開した。

□4 GHQは，幣原喜重郎首相に対し，婦人参政権などの五大改革を
★★　指示した。

☐ 21 ◯ 広島・長崎に原子爆弾が投下されたのは終戦と同じ月（1945年8月）で, 沖縄戦終結（1945年6月）よりもあとのことです。

☐ 22 ◯ **原子爆弾**は, 8月6日に広島に, 8月9日に長崎に投下されました。

☐ 23 ◯ ソ連が**日ソ中立条約**を無視して満州・朝鮮に侵攻すると, 関東軍は壊滅。シベリアでは多くの日本人が強制労働に従事させられました。

▼正解　　**▼解説**

☐ 1 ✕ **転向**とは, 社会主義・共産主義思想の放棄を意味するものです。日本共産党の佐野学・鍋山貞親らは獄中から転向声明書を発表しました。

☐ 2 ✕ **火野葦平**の『**麦と兵隊**』は戦意高揚に寄与しましたが, **石川達三**の『**生きてゐる兵隊**』は日本軍の残虐行為が描かれたため発売禁止となりました。

☐ 3 ◯ 1937年に起こった矢内原事件では, 東大教授の**矢内原忠雄**が, 論説「国家の理想」を右翼から批判され, 大学を追われました。

▼正解　　**▼解説**

☐ 1 ✕ 日本本土は**連合軍**による**間接統治**ですが, 沖縄は**アメリカ**が直接**軍政**をしきました。**間接統治**とは, **連合国軍最高司令官総司令部（GHQ）**の指令・勧告にもとづいて日本政府が政治を行なう方式のことです。

☐ 2 ◯ **東久邇宮稔彦**内閣は, GHQ の人権指令が天皇に関する自由な議論の奨励を含む内容だったため, 対応できず総辞職しました。

☐ 3 ✕ GHQ はプレス゠コードによって, 占領軍への批判を禁止し, 新聞などへの事前検閲を行ないました。

☐ 4 ◯ **五大改革**指令は, **幣原喜重郎**内閣に対して出されました。

□**5** 五大改革指令に含まれていないものを一つ選べ。
★★★
　①婦人の解放　　　　　　　②労働組合結成の奨励
　③学校教育の民主化　　　　④圧政的諸制度の廃止
　⑤天皇制の否定　　　　　　⑥経済の民主化

□**6** 極東国際軍事裁判は，連合国間の意見の相違から，1950年代になっ
★★★　てやっと開廷された。

□**7** GHQは天皇を戦犯指名したが，国民の大規模な反対運動を受けて，
★★　戦犯指名を撤回した。

□**8** GHQにより，各界指導者の戦争協力責任が問われ，公職追放が
★★★　実施された。

□**9** 太平洋戦争後，神道が国家から分離され，天皇は自らの神格を否
★★★　定した。

121 戦後の経済の民主化

□**1** 持株会社整理委員会によって，財閥を所有する資産家の保有株式
★★★　が強制的に売却させられた。

□**2** 財閥の復活を阻止する目的で，独占禁止法が制定された。
★★★
　◆独占禁止法は今なお有効な法律。

□**3** 財閥傘下の大銀行が，多数の中小銀行に分割された。
★★
　◆戦後の経済改革の銀行に対する処分が問われる問題。

□**4** 農地改革によって，不在地主の小作地は強制的に買収され，小作
★★★　人に安く売り渡された。

□**5** 幣原喜重郎内閣は，農民の声を背景に，実施に消極的なGHQを
★★★　説得して農地改革を押し進めた。

□**6** 農地改革は，最終的に在村地主の小作地については5町歩に限っ
★★　て認めたので，中小地主は温存されることになった。
　◆用語は丸暗記するのではなく，その内容や意味をしっかり理解しておくこと。

□ 5 ⑤ **五大改革**指令は，①**婦人**参政権の付与，②**労働組合**の結成奨励，③**教育**制度の自由主義的改革，④秘密警察などの廃止，⑤**経済**機構の民主化からなります。なお，GHQ は天皇制の否定はしませんでした。

□ 6 × **極東国際軍事裁判**は，戦後まもない1946年に開廷され，1948年には判決が言い渡され，すぐさま刑が執行されました。

□ 7 × GHQ は，天皇制を占領支配に利用しようとして，最初から天皇を戦犯容疑者に指名しませんでした。

□ 8 ○ GHQ は，**公職追放**を指令し，戦争犯罪人・陸海軍軍人・超国家主義者・大政翼賛会の有力者らを公職から追放しました。

□ 9 ○ GHQ によって，神道と国家の分離が明確にされました。

▼正解　　▼解説

- -

□ 1 ○ **持株会社整理委員会**では，指定された持株会社・財閥家族の所有する株式などの譲渡を受けて，これを一般に売り出しました。

□ 2 ○ **独占禁止法**によって，持株会社やカルテル・トラストなどが禁止されました。

□ 3 × **過度経済力集中排除法**によって，巨大独占企業の分割が行なわれましたが，大銀行は分割をまぬがれました。

□ 4 ○ 農地改革は，寄生地主制を除去し，自作農経営を創出する目的で行なわれました。

□ 5 × 農地改革は，GHQ の主導で行なわれました。実施に消極的だったのはむしろ幣原喜重郎内閣の方です。

□ 6 × **農地改革**では，最終的に不在地主のすべての貸付地と，在村地主の**1町歩**（北海道は4町歩）を超える部分の貸付地を国家が強制的に買い上げて，小作人に優先的に安く売り渡しました。

122 民主化政策

□**1** 20歳以上の男女に選挙権が与えられ，初めて婦人参政権が認めら
★★ れたのは，日本国憲法の施行後のことであった。

□**2** 戦後最初の総選挙では，日本社会党が第一党となり，片山哲内閣
★★★ が成立した。

□**3** 労働基準法によって，労働者の団結権・団体交渉権・争議権が保
★★★ 障された。
　　　◆この時期には労働関連の法令が複数出されているので区別しておくこと。

□**4** 太平洋戦争後，生徒は，国定教科書の軍国主義的な記述を墨でぬ
★★★ りつぶして使用した。

□**5** GHQは軍国主義教育の全廃を命じ，職業軍人や極端な国家主義者・
★★ 軍国主義者とみなされたものは，教壇から追放された。

□**6** GHQは，道徳・日本歴史・地理の授業を一時禁止した。
★★★

□**7** 太平洋戦争後，教育基本法が公布され，真理と平和を希求する人
★★★ 間の育成がめざされた。

□**8** 戦後の教育基本法においては，義務教育は9年間に延長され，教
★★★ 育の機会均等，男女共学などが定められた。

□**9** 占領期の教育政策として，学校教育法が公布され，六・三・三・
★★★ 四制の教育制度が発足した。

□**10** 教育勅語の理念にかわって，戦後には個人の尊厳を重んじ，真理
★★★ と平和を愛する自主的精神をもつ人間を育成することが，教育理
　　　念とされた。

□**11** 自作農を創設するため，農業基本法が制定された。
★

▼正解　　▼解説

□1　✕　20歳以上の男女に選挙権が与えられたのは，1945年のことで，日本国憲法施行（1947年）の前のことです。

□2　✕　戦後最初の総選挙では，日本自由党が第一党となり，第一次吉田茂内閣が成立しました。

□3　✕　労働者の団結権・団体交渉権・争議権が保障されたのは，**労働組合法**です。**労働基準法**は8時間労働などを規定したもので，**労働関係調整法**と共に労働三法とよばれます。

□4　◯　GHQは，教科書の不適当な記述の削除と軍国主義的な教員の追放を指示しました。

□5　◯　GHQは**教職追放**を行ない，軍国主義教育の全廃を行ないました。

□6　✕　GHQが一時禁止したのは，**修身・日本歴史・地理**の授業です。

□7　◯　**教育基本法**では，教育の**機会均等**や**男女共学**などが定められました。

□8　◯　**教育基本法**：教育の機会均等，**男女共学**，**義務教育9年**に。
　　　　学校教育法：六・三・三・四の新学制の発足。

□9　◯　教育基本法と学校教育法は混同しやすいので注意しましょう。
（☞P.259：122-8）

□10　◯　教育勅語は，戦後まもなく（1948年）失効されました。

□11　✕　寄生地主制を撤廃し，安定した自作農を大量に創設するために実施されたのは**農地改革**です。**農業基本法**は，農業の経営改善を図るために1961年に制定されたものです（☞P.271：127-12）。

XII
昭和
122
民主化政策

123 日本国憲法の公布と政治

□ **1** GHQが提出した憲法改正草案に対して危機感を抱いた幣原喜重
★★★　郎内閣は，憲法問題調査委員会を政府内に設置し，日本国憲法の
　　　草案を完成させた。

□ **2** 日本国憲法では，主権在民・平和主義・基本的人権の尊重の3原
★★★　則を明らかにした。

□ **3** 日本国憲法では，国家を法人とし，天皇を最高機関とすることで，
★★★　その政治的権力を剥奪した。

□ **4** 1947年の民法改正までは，戸主権の強い家制度が続いていた。
★★★　◆戦前の家制度を特徴づけた戸主権がいつまで存続したかが問われている。

□ **5** GHQは，社会主義者などの政治犯を釈放したが，終戦の混乱が
★★★　収束するまでは特別高等警察の活動は続いた。

□ **6** 片山哲内閣，芦田均内閣は，日本社会党・日本自由党・国民協同
★★　党の連立内閣であった。

□ **7** インフレーションの進行を食い止めるため，預金の封鎖などを含
★★★　む金融緊急措置令が出された。

□ **8** 資材と資金を繊維・金属などの重要産業部門に集中するため，傾
★★★　斜生産方式が採用された。

□ **9** 敗戦直後の日本では，失業者が激増し，食糧難が深刻化した。
★★★

▼正解	▼解説

□ 1 ✕ 幣原喜重郎内閣は，憲法問題調査委員会を設置し，改正試案を示しましたが，その内容が天皇の統治権を認める保守的なものであったため，GHQ が憲法改正草案を作成，それが日本国憲法のもとになりました。

□ 2 ○ **日本国憲法**では，「国際紛争を解決する手段」としての戦争を放棄しました。

□ 3 ✕ 日本国憲法では，天皇は日本国と日本国民統合の**象徴**であると位置づけられました。問題文は天皇機関説（☞P.247：**115**-15）の説明文です。

□ 4 ○ 終戦後まもなく（1947年）改正された民法は，家中心の戸主制度を廃止し，男女同権の家族制度を定めました。

□ 5 ✕ 特別高等警察は，終戦後すぐに廃止されました。

□ 6 ✕ **片山哲内閣**と続く**芦田均内閣**は，**日本社会党・民主党・国民協同党**の連立内閣です。日本自由党は吉田茂を党首とした政党で，当時は野党でした。（☞P.259：**122**-2）

□ 7 ○ **金融緊急措置令**は，インフレーションの抑制のために出され，預金封鎖・新円切りかえなどが行なわれました。

□ 8 ✕ **傾斜生産方式**は，資材と資金を石炭・鉄鋼など重要産業部門に集中するものでした。繊維と金属は，朝鮮戦争の特需景気で勃興した主要産業です。

□ 9 ○ 敗戦直後の日本では，失業者があふれ，深刻な食糧難に陥りました。

XII
昭和

123
日本国憲法の公布と政治

124 冷戦と占領政策の転換

□ **1** 敗戦後の日本経済再建のため，経済安定九原則が発表された。
★★★

□ **2** ドッジ公使は来日のあと，傾斜生産方式を考案し，日本政府にその実施を要求した。
★★

□ **3** ドッジ公使は，全く赤字を許さない予算を編成させると共に，財政支出を大幅に増やさせ，経済の活性化を促した。
★★★

□ **4** 1949年，ドッジ＝ラインの下で1ドル＝308円の単一為替レートが設定された。
★★★

□ **5** ドッジ公使の来日と同じ時期にシャウプが来日して，大幅な税制の改革を指導した。
★★★

□ **6** シャウプ勧告により，変動為替相場制が採用されることになった。
★★★

□ **7** 中国の内戦における共産党の優位は，アメリカの対日占領政策に転換を迫った。
★★★

□ **8** 独立回復当時，中国軍の支援を受けた朝鮮民主主義人民共和国とアメリカを中心とする国際連合軍の支援を受けた大韓民国との戦争は，なお続いていた。
★★★

□ **9** 朝鮮戦争の開始直後に，日本では保安隊が作られた。
★★★
　　　◆自衛隊の設置にいたる戦後日本の防衛体制確立の歩みをおさえること。

□ **10** 朝鮮戦争の開始後，日本は米軍を中心とする国際連合軍の基地になった。
★★★

□ **11** 日本と大韓民国は，1953年の朝鮮休戦協定締結の年，国交が正常化したが，朝鮮民主主義人民共和国とは，国交のない状態が続いた。
★

□ **12** 朝鮮戦争の開始後，三鷹事件や松川事件などの怪事件が起こった。
★★★
　　　◆三鷹事件…無人電車が暴走。松川事件…列車が転覆。いずれも原因は未だ不明。

| ▼正解 | ▼解説 |

☐ 1 ○ **経済安定九原則**は，GHQ が敗戦後の日本経済の再建のために指令したものです。この原則の実施策が**ドッジ＝ライン**とよばれています。

☐ 2 × 傾斜生産方式（☞P.261：**123**-8）は，ドッジ公使が考案したものではありません。

☐ 3 × **ドッジ**公使は，全く赤字を許さない予算を編成させると共に，財政支出を大幅に削減しました。支出を増やさせてはいません。

☐ 4 × ドッジ＝ラインのもとで，1 ドル＝**360**円の**単一為替レート**が設定されました。1 ドル＝**308**円となるのは，1970 年代（1971 年）のことです。

☐ 5 ○ **シャウプ**は，大幅な税制改革を行なわせ，**直接税**中心主義や累進所得税制が採用されました。

☐ 6 × 変動為替相場制の採用は，1973 年になってからのことです。

☐ 7 ○ アメリカの対日占領政策の転換は，ソ連との冷戦の勃発や，中国における共産党政権の樹立などによるものです。

☐ 8 ○ **朝鮮戦争**は，**1950 年**に勃発して，1953 年に板門店で停戦協定が定められるまで続きました。日本の独立当時（1952 年）は休戦協定が締結される前のことです。

☐ 9 × **朝鮮戦争**が始まると，GHQ は**警察予備隊**の新設を指令しました。**保安隊**は，日本の独立後警察予備隊が改組・発展したものです。

☐ 10 ○ これによってアメリカは，日本のアジアにおける戦略的価値を再認識することになりました。

☐ 11 × 日本と大韓民国の国交の正常化は，1960 年代（1965 年）に締結された**日韓基本条約**によります。（☞P.271：**127**-6）

☐ 12 × **下山事件・三鷹事件・松川事件**などの国鉄をめぐる怪事件が起きたのは朝鮮戦争の開始**直前**のことです。

XII
昭和
124
冷戦と占領政策の転換

□13 占領政策の転換に伴い，レッド＝パージが解除され，追放されて
★★★ いた共産主義者が公職に戻ることになった。

125 日本の独立

□1 サンフランシスコ平和条約を調印したときの日本の首相は，吉田
★★★ 茂だった。

□2 サンフランシスコ平和条約ですべての交戦国との講和が成立した
★★★ ので，独立回復の年に日本は国際連合への加盟を認められた。
　　◆国内では共産主義国とも講和する「全面講和」と「部分講和」に意見が分かれた。

□3 ソ連をはじめ一部東欧諸国やインドなどは，サンフランシスコ平
★★★ 和条約に反対の意向を示した。

□4 1951年のサンフランシスコ講和会議には，中華人民共和国など重
★★★ 要な関係国が招請されず，インドやビルマが参加しなかった。

□5 サンフランシスコ平和条約の締結交渉を有利に進めるため，日本
★★ は，フィリピンやインドネシアなどと賠償協定を結び，賠償を実
　　 施した。

□6 サンフランシスコ平和条約の締結によって日本は独立国として主
★★★ 権を回復することになった。

□7 サンフランシスコ平和条約によって，アメリカの施政権下に置か
★★★ れていた沖縄が返還された。

□8 サンフランシスコ平和条約と同時に日米安全保障条約が締結され，
★★★ これによって独立後も引き続きアメリカ軍が日本に駐留すること
　　 になった。

□9 中華人民共和国とは，1952年に日華平和条約を締結し，国交を正
★★★ 常化した。
　　◆中華人民共和国との国交回復期が問われる問題。

□ 13 × GHQ は，朝鮮戦争勃発の直前，日本共産党幹部や共産主義者の公職追放である**レッド＝パージ**を行ないました。

▼正解　　▼解説

- -

□ 1 ○ **サンフランシスコ平和条約**は，1951年に第三次**吉田茂**内閣のもとで締結されました。

□ 2 × **サンフランシスコ平和条約**では，ソ連など一部の国が調印しませんでした。日本が国際連合への加盟を認められたのは，日ソ共同宣言が発せられた1950年代後半（1956年）のことです。

□ 3 ○ サンフランシスコ平和条約は，**ソ連・ポーランド・チェコスロバキア**が調印を拒否しました。

□ 4 ○ サンフランシスコ講和会議には，中華人民共和国・**中華民国**が招かれず，**インド・ビルマ・ユーゴスラビア**が参加しませんでした。

□ 5 × 日本は，フィリピン・インドネシアなどと賠償協定を結びましたが，これは，サンフランシスコ平和条約の締結後に結ばれたものです。

□ 6 ○ 日本は，サンフランシスコ平和条約締結の翌年（1952年），独立をはたしました。

□ 7 × サンフランシスコ平和条約によって，**沖縄**と**小笠原諸島**などがアメリカの施政権下に置かれることになりました。

□ 8 ○ サンフランシスコ平和条約と同時に，**日米安全保障条約**が締結され，独立後も日本国内にアメリカ軍が「極東の平和と安全」のために駐留を続け，日本の防衛に「寄与」することとされました。

□ 9 × 日本は，サンフランシスコ平和条約締結直後，**中華民国**と**日華平和条約**を締結しました。中華人民共和国との国交回復交渉が進展するのは，1970年代になってからです。

□10 1960 年代，政府はインド共和国と日印平和条約を結んだ。
★★★
◆諸外国との国交正常化の時期はそれぞれ混同せず覚えたい。

□11 日米行政協定により日本は駐留軍に基地を提供したばかりか，駐
★★★ 留費用まで分担することになった。

□12 日米安全保障条約によりただちに自衛隊が創設され，再軍備への
★★★ 道が開かれた。

□13 独立回復の年に，政府は警察予備隊を保安隊に改組すると共に，
★★★ 破壊活動防止法を制定して治安体制を強めた。

□14 1954 年，日本はアメリカとの間で日米相互防衛援助協定（MSA協
★★★ 定）を結び，アメリカの軍事ならびに経済的援助を受けると共に，
防衛力の強化をはかった。

□15 日米相互防衛援助協定（MSA協定）を受けて，自衛力の強化のた
★★★ め，警察予備隊が組織された。

126　55 年体制

□1 占領期から政権を担当していた吉田茂にかわって，鳩山一郎が
★★★ 1954 年 12 月に首相に就任した。

□2 1955 年に保守合同の結果自由民主党が結成された。
★★★

□3 ソ連との間では，1956 年の日ソ平和条約で，戦争状態の終結と国
★★★ 交回復が実現した。
◆国交回復が成立した条約名は正確におさえておくこと。

□4 日本の国際連合加盟を受けて，ソ連は日本と日ソ共同宣言を締結
★★★ した。

☐ 10 ✕ **日印平和条約**，**日ビルマ平和条約**は，**日華平和条約**と同様，**1950 年代**前半に締結されました。

☐ 11 ○ 日本が駐留軍に基地を提供し，駐留費用を分担したのは，**日米行政協定**の締結によるものです。

☐ 12 ✕ **自衛隊**は，1954 年の**日米相互防衛援助協定**（MSA協定）の締結に伴い設立されました。

☐ 13 ○ 独立回復の年，警察予備隊は保安隊に改組されました。また，同年**破壊活動防止法**が制定され，極左・極右のとりしまりが行なわれることになりました。

☐ 14 ○ 1954 年には，**日米相互防衛援助協定（MSA協定）**が締結され，日本はアメリカの援助を受けるかわりに，自衛力の増強を義務づけられました。

☐ 15 ✕ **日米相互防衛援助協定（MSA協定）**を受けて成立したのは**自衛隊**です。

▼正解　▼解説

☐ 1 ○ 1954 年に自由党の反吉田派が中心となって，**鳩山一郎**を総裁とする日本民主党が結成され，**鳩山一郎内閣**が成立しました。

☐ 2 ○ **自由民主党**の議席数が３分の２，**日本社会党**などの革新勢力の議席数が３分の１の政治体制を，成立した年号にちなみ「**55 年体制**」といいます。

☐ 3 ✕ 日本とソ連の国交が正常化されたのは，1956 年に調印された**日ソ共同宣言**によります。当時の首相は**鳩山一郎**です。なお，日本はソ連とは平和条約を締結していません。

☐ 4 ✕ 1956 年に**日ソ共同宣言**に調印し国交を正常化した結果，日本の**国際連合**への加盟が実現しました。

□**5** 日米安全保障条約は岸信介内閣のもとで最初に改定された。
★★★
　　◆改定されたこの条約の正式名称を「日米相互協力及び安全保障条約」という。

□**6** 日米相互協力及び安全保障条約では，あらたに条文に事前協議制
★★★　の規定が盛り込まれ，双務的な同盟条約としての性格が強まった。

□**7** 日米相互協力及び安全保障条約の批准が，衆議院で強行採決され
★★　た。

□**8** 日米相互協力及び安全保障条約の成立に伴い，保安隊と海上警備
★★★　隊は統合され，陸・海・空の三自衛隊が発足した。

□**9** 日米相互協力及び安全保障条約の締結を阻止するため，社会党は
★★　右派の民主社会党（のち民社党）と再統一した。

□**10** 日米相互協力及び安全保障条約の締結を祝って，アメリカ合衆国
★★　の大統領が来日した。

□**11** 日米相互協力及び安全保障条約を成立させた結果，岸信介は長期
★★★　政権を維持することになった。

127 高度経済成長

□**1** 朝鮮戦争が勃発すると，日本は「特需景気」を迎えた。
★★★
　　◆「特需」は「特別の需要」の略。

□**2** 1950年代後半に，「神武景気」とよばれる大型景気が続いた。
★★★

□**3** 高度経済成長の結果，1960年代後半の『経済白書』で，「もはや
★★★　戦後ではない」と記された。

□**4** 日米安全保障条約の改定を強行して退陣した岸内閣のあとを受け
★★★　て，池田内閣は所得倍増や貿易自由化など経済政策に重点を置い
　　ていた。

□ 5 ○ 日米安全保障条約の最初の改定は 1960 年，**岸信介**内閣のもとで行なわれました。

□ 6 ○ **日米相互協力及び安全保障条約**では，アメリカの**日本防衛義務**が明文化され，条約付属文書で在日アメリカ軍の日本及び極東での軍事行動に関する**事前協議制**が定められました。

□ 7 ○ 日米相互協力及び安全保障条約の批准は，衆議院では警官隊を導入して強行採決を行ない，参議院では議決を経ず自然成立させました。

□ 8 × 自衛隊の発足は，1950 年代半ばの**日米相互防衛援助協定（MSA 協定）**を受けてのことです。（☞P.267：**126**-14）

□ 9 × **民主社会党**は，日米相互協力及び安全保障条約をめぐる社会党の内部対立の結果，日本社会党の右派を中心に成立した政党です。社会党の再統一は 55 年体制の頃のことです。（☞P.267：**126**-2）

□ 10 × 安保闘争が激化したため，予定されていたアメリカ大統領の訪日は中止されました。

□ 11 × 日米相互協力及び安全保障条約が発効すると，**岸信介**内閣は総辞職し，**池田勇人内閣**にかわりました。

▼正解　　▼解説

─────────────────────────────────────

□ 1 ○ 1950 年に朝鮮戦争が勃発すると，**繊維・金属を中心に特需景気**が起こり，鉱工業生産は 1950 年代はじめには戦前の水準に回復しました。

□ 2 ○ **神武景気**は，**1950 年代半ば**からの好景気です。

□ 3 × 『**経済白書**』に「**もはや戦後ではない**」と記されたのは **1950 年代**後半（1956 年）のことです。

□ 4 ○ **池田勇人**内閣は，「**寛容と忍耐**」を唱え，革新勢力との対立を避けながら，「**所得倍増**」をスローガンに，高度成長を推進する経済政策を展開しました。

XII
昭和
126
55年体制

269

□ 5 日本の経済協力開発機構（OECD）への加盟が認められたのは，
★★★　1960年代である。

□ 6 1960年代，政府は大韓民国と日韓基本条約を結んだ。
★★★　◆韓国との国交開始時期を問う問題。

□ 7 1960年代，政府は中華人民共和国と日中平和友好条約を結んだ。
★★★　◆日本と中国の国交正常化・平和友好条約締結の時期に注意。

□ 8 1965年からアメリカ軍の北ベトナム爆撃が開始され，アメリカの
★★★　本格的な戦争介入に伴い，在日米軍基地のかかわりが問題になっ
　　　た。

□ 9 ベトナム戦争のとき，在日米軍基地問題などとも関連して反戦運
★★★　動が高まったが，ベトナム特需で景気が良くなると運動は鎮静化
　　　した。

□ 10 奄美群島の返還は1950年代に，小笠原諸島と沖縄の返還は1970年
★★★　代に行なわれた。

□ 11 佐藤栄作内閣がアメリカとの間で沖縄返還協定を調印したのちも，
★★★　沖縄には巨大なアメリカ軍基地が存続した。

□ 12 高度経済成長期に，農村の過疎化を防ぐために農業基本法が制定
★★★　された。

□ 13 高度経済成長期に，化学肥料・農業機械の普及によって農業生産
★★★　力が高まったが，農業経営費も増加したため，農外収入に依存し
　　　た兼業農家が増加した。

□ 14 高度経済成長期に，農村から膨大な労働力が流出し，農業人口は
★★★　急減した。

□ 15 1960年代，石炭から石油へのエネルギー転換が進み，石炭産業が
★★★　急速に斜陽化した。

□ 16 1960年代，電気洗濯機や電気冷蔵庫，テレビ・パソコンなどが各
★★　家庭に普及するなど，いわゆる消費革命が進行した。

☐ 5 ○ 日本が経済協力開発機構（OECD）に加盟したのは，**1960年代**（1964年）のことです。これにより**資本の自由化**が義務づけられました。

☐ 6 ○ 日本は，**1960年代**（1965年）に日韓基本条約を締結して，韓国との国交を樹立しました。

☐ 7 × 日本と中華人民共和国との国交正常化，ならびに平和条約の締結は，1970年代になってからのことです。（☞P.275：128-2）

☐ 8 ○ **1960年代**（1965年）に，アメリカの北爆をきっかけにベトナム戦争が本格化しました。

☐ 9 ○ ベトナム戦争に対しては，国内でも強い反戦運動が起こりました。

☐ 10 × 小笠原諸島の返還は1960年代（1968年）に，沖縄の返還は1970年代（1972年）に行なわれました。

☐ 11 ○ 沖縄の米軍基地問題は，沖縄返還が実現したあとも，その歴史に大きく影を落とすことになりました。

☐ 12 × 農業基本法は，農業の近代化と構造改善が目的でしたが，農村の過疎化を促す結果となりました。

☐ 13 ○ 農業機械の普及による生産力の上昇と，農業外所得の増加により，農家所得の増大傾向が続くこととなりました。また，農業外所得の増加は，兼業農家の増加に拍車をかける結果となりました。

☐ 14 ○ 高度経済成長期，集団就職や出稼ぎなどで，農業人口は減少しました。

☐ 15 ○ 1960年代になると，**石炭**産業の斜陽化は深刻になりました。

☐ 16 × 各家庭に家電製品・自動車などの耐久消費財が普及する消費革命が起こりました。パソコンの普及は21世紀になってからのことです。

XII
昭和
127 高度経済成長

□**17** 高度経済成長期に，農村にも電気洗濯機・電気冷蔵庫など家庭電
***　　化製品が普及した。

□**18** 1960年代には，大量生産とスーパーマーケットの急成長など流通
**　　改革に対応して，家庭では耐久消費財やインスタント食品の普及
　　など，消費の急激な転換が進んだ。

□**19** 1960年代，都市の過密化が急速に進行し，住宅難や交通地獄など
**　　の都市問題が深刻になった。

□**20** 1960年代には，東京・大阪間の新幹線開通，高速自動車道路網の
**　　整備，マイカーの普及など，従来の交通体系が大きく変化し始めた。

□**21** 自動車産業の発達と共に自動車が普及し始めてドライブ旅行も増
**　　え，高速道路の建設も進められた。

□**22** 高度経済成長では，水質・大気汚染が各地で発生し，公害問題が
***　　引き起こされた。

□**23** 1960年代には，各地で公害や住環境整備の遅れを問題にした住民
**　　運動が活発となり，四日市ぜんそくなど公害訴訟が相次いで始
　　まった。

□**24** 水俣病をはじめとする四大公害裁判では，1970年代前半に原告側
**　　敗訴の判決があいつぎ，それを批判して住民連動が広範囲にまき
　　起こった。

□**25** 1960年代前半には，経済の高度成長を促進する政策が採用される
***　　と同時に，様々な公害を防止するため，公害対策基本法が制定さ
　　れた。

□**26** 公害対策基本法は，生活環境の保全のための総合的な公害対策の
*　　推進をうたったが，不十分であったためまもなく改正された。

☐ **17** ○ 明治時代や大正時代の近代化とは異なり，高度経済成長期における消費革命は農村にも波及しました。

☐ **18** ○ 1960年代には消費革命が進み，耐久消費財やインスタント食品などが普及しました。一方，食生活の洋風化によって米が供給過剰となり，米の生産調整のため1970年から**減反政策**が始まった。

☐ **19** ○ 高度経済成長を受けて，都市は過密化し，住宅難や交通地獄などが社会問題になりました。

☐ **20** ○ 1960年代には，**東海道新幹線**の開通や，**名神高速道路**，**東名高速道路**が開通し，マイカーも普及しました。

☐ **21** ○ 1960年代には，名神高速道路や東名高速道路といった高速道路が開通しました。

☐ **22** ○ 高度経済成長と共に，公害問題も深刻化しました。

☐ **23** ○ **四大公害訴訟：水俣病（熊本県），新潟水俣病（新潟県）**
　　　　　　イタイイタイ病（富山県），四日市ぜんそく（三重県）

☐ **24** ✕ 四大公害訴訟は，すべて原告側が勝利しました。

☐ **25** ✕ 1960年代**後半**（1967年）に**公害対策基本法**が制定され，政府の公害対策も進展し始めました。

☐ **26** ○ 1970年に公害対策基本法が改正され，関連する法案によって公害犯罪の処罰が決められました。また，1971年には環境庁が設立されました。

XI 昭和 127 高度経済成長

273

128 高度経済成長の終焉

□ **1** 1970年代前半，「日本列島改造論」をかかげた田中角栄首相は，
★★★　経済成長を促す政策を進めた。

□ **2** 日中国交回復は，田中角栄首相と周恩来首相との間で行なわれた。
★★★　◆国交回復時の両国の首相名は確実にしておきたい。

□ **3** アメリカによる金とドルの交換停止は円安を招いたため，日本企
★★★　業の輸出は増大した。

□ **4** 田中角栄内閣のとき，石油危機が起き，狂乱物価にみまわれた。
★★★　◆「狂乱物価」とは物価が異常なほど高騰する現象。

□ **5** 田中角栄は，のちにロッキード事件により逮捕された。
★★★

□ **6** 1973年の石油危機に対し，大企業を中心に減量経営によるコスト
★★　減らしと輸出競争力の強化がはかられた。

□ **7** 1970年代後半，日本の貿易赤字が拡大し，対外経済摩擦が頻発す
★★★　るようになった。

□ **8** 1970年代後半のイラン革命をきっかけに，第二次石油危機が起
★★　こった。

□ **9** 1970年代後半の日米構造協議を通じて，アメリカは日本の経済制
★　度を批判した。

▼正解　　▼解説

- ☐ 1 ○ **田中角栄**首相は，産業を全国の地方都市に分散させ，それらを新幹線と高速道路で結ぶ「**列島改造**」を提唱しました。

- ☐ 2 ○ **日中共同声明**は，日本の<u>田中角栄</u>首相と中国の<u>周恩来</u>首相との間で結ばれました。

- ☐ 3 ✕ 金とドルの交換停止をきっかけに，円高ドル安となったため，日本企業の輸出は減少しました。

- ☐ 4 ○ **田中角栄内閣**の「**列島改造**」に伴う土地投機と石油危機により，日本は<u>狂乱物価</u>に陥りました。

- ☐ 5 ○ 1976年に**田中角栄前首相**は，<u>ロッキード事件</u>で逮捕されました。

- ☐ 6 ○ 1970年代前半（1973年）の**石油危機**と**変動為替相場制**の採用により，高度経済成長は終わり，大企業は減量経営によるコスト減らしと輸出競争力の強化を行ないました。

- ☐ 7 ✕ 1970年代後半，日本は貿易黒字，円高不況になり，**貿易摩擦**が問題となりました。

- ☐ 8 ○ 第二次石油危機は，1979年のイラン革命をきっかけに起こりました。

- ☐ 9 ✕ 日米構造協議は1980年代後半から90年にかけて行なわれました。

XI
昭和
128
高度経済成長の終焉

129 1980年代の日本と世界

□**1** 1980年代に入ると，鈴木善幸内閣の下で臨時行政調査会（第2次）
★　　が発足し，行財政改革が本格化した。

□**2** 1970年代前半，行政改革が推進され，国鉄や電電公社の民営化が
★★　実施された。

□**3** 中曽根康弘内閣は，1980年代，国鉄・電電公社・郵便局の民営化
★★★　を進めた。

□**4** 1980年代初頭，先進5カ国蔵相会議でプラザ合意が成立し，急速
★★　な円高が進んだ。

□**5** 1960年代には，湯川秀樹，朝永振一郎らが相次いでノーベル物理
★★★　学賞を授与され，川端康成がノーベル文学賞を受賞した。

　　◆ノーベル賞受賞者は，年代と人名の組み合わせに注意。

□**6** 朝永振一郎が，中間子理論によって日本初のノーベル物理学賞を
★★★　受賞した。

□**7** 東京でオリンピックが開催されたのは[　　　　]である。
★★★
　　①1960年代前半　　　　　②1960年代後半
　　③1970年代前半　　　　　④1970年代後半

□**8** 第五福龍丸事件の原因となったフランスの水爆実験により，第五
★★　福龍丸の乗組員だけでなく，そこに住んでいた人々も被爆した。

□**9** ジュネーヴ四巨頭会談は米・英・仏・ソ連の首脳によるもので，
★★★　世界的に「雪どけ」への期待を集めた。

▼正解　　　▼解説

☐ 1 ◯　**第2次臨時行政調査会（臨調）**は，1981年に設置。国鉄・電電公社・専売公社の分割や民営化が提言されました。

☐ 2 ×　国鉄や電電公社の民営化は，**1980年代**のことです。

☐ 3 ×　国鉄や電電公社・専売公社の民営化を進めたのは，**中曽根康弘内閣**です。郵政民営化は2000年代の小泉純一郎内閣の内容です。

☐ 4 ×　**プラザ合意**は1980年代中頃（1985年）のことです。プラザ合意以降は円高が加速し，輸出産業を中心に不況が一時深刻化しました。

☐ 5 ×　主なノーベル賞受賞者（1970年代まで）
1940年代　**湯川秀樹**（物理学賞）
1960年代　**朝永振一郎**（物理学賞），**川端康成**（文学賞）
1970年代　**江崎玲於奈**（物理学賞），佐藤栄作（平和賞）

☐ 6 ×　日本最初のノーベル物理学賞受賞者は，**湯川秀樹**です。

☐ 7 ①　**東京オリンピック**は，1960年代前半（1964年）に開催されました。なお，同年には**東海道新幹線**も開通しました。

☐ 8 ×　**第五福龍丸事件**は，ビキニ環礁での**アメリカ**の水爆実験により，第五福龍丸の乗務員が被爆した事件です。

☐ 9 ◯　ジュネーヴ四巨頭会談は，第二次世界大戦終結の10年後に，アメリカとソ連が同じテーブルについた会談です。

共通テストの傾向と対策　——第5・6問

　第5問で開国から明治時代前期までが，第6問で明治時代中期から現代までが出題されます。現代史については1970年代までがよく出題されますが，最近では1980年代の出題も増えてきています。第5問では，開国と明治維新，自由民権運動までの流れが出題されます。開国と開国後の貿易，明治維新と自由民権運動の展開といった点をしっかりと学習してください。

　第6問については，以下4点に留意しましょう。

①まずは，日露戦争から第一次世界大戦を経てワシントン体制に入っていく道程です。この時代は外交が重要な時期なので頻出しています。おしなべて近現代は外交史に関する出題が非常に多いので，しっかりとり組みましょう。

②次に近代資本主義の発展です。経済成長といった側面よりも，社会運動・労働運動の歴史が頻出します。明治時代後半の社会主義政党の成立や，日露戦争の反戦論，大正デモクラシー，昭和初期の無産政党の活躍と弾圧といったところは，苦手意識をもっている受験生の多いところなので，早めにとり組んでおいてください。また，経済と外交，経済と政治の関係といった問題が，史料やグラフを用いてよく出題されます。経済史については，教科書の本文の内容がよく理解できているかどうかが狙われます。

③二番目には，満州事変から，日中戦争・太平洋戦争へといたる展開です。「日本人の戦争に対する認識の浅さ」を考えてか，非常に出題が多い分野です。図版や史料を使った出題が多いので，少なくとも教科書に載っている図版や写真には目を通しておいてください。

④最後に第二次世界大戦後については，高度経済成長と公害問題，またそれに伴う諸問題は今後も出題が予想されます。農業基本法や農地改革，公害対策基本法といった，経済成長に関する部分をしっかり学習しておきましょう。第二次世界大戦後は，基本的な問題しか出題されないので，短期間でのマスターが可能です。出題自体は少ないのですが，マスターしている受験生とそうでない受験生の間に最も得点差が開く分野なので，しっかり学習してほかの受験生を引き離しましょう。

おわりに

　本書を最後までやりとげていただきありがとうございます。参考書を最後までやりとげるということは大変な作業ですので，最後までやり切ったということに自信を持ってください。また，**本書をしっかりやりとげ，そのうえで過去問対策などをしっかり行なっていただければ，日本史に関しては満足のいく点数が取れる**ことでしょう。

　今までと同じ大学入試の日本史ではありますが，今までとはかなり違う学習であるという印象を受けたと思います。また，今までとはかなり違う解説であるという印象も受けたと思います。これは**共通テストが用語の暗記や問題の暗記を要求する試験ではなく，日本史の理解力を示す試験だから**ということに尽きます。大学入試センターは，従来の丸暗記主義的な日本史教育を打破しようという熱意に燃えて共通テストの導入に踏み切りました。しかし悲しいことに，このような大学入試センターの熱意とは裏腹に，受験対策の現場においては旧態依然とした日本史教育が行なわれ，日本史を嫌いになる受験生が増えてしまっています。

　日本史は本来楽しいものです。歴史小説や大河ドラマ，歴史を題材にした番組が多く放映されることなどからも，歴史が「エンタメ」でもあることは間違いないと考えます。歴史は人間が描くドラマです。このダイナミックなドラマを知ることは知的好奇心以外の何物でもありません。その知的好奇心を掻き立てるためのスタートラインとなるのが，歴史の本質を理解することです。野球やサッカー，テレビゲームや将棋などでも，そのルールがわかっていないと楽しむことはできません。**歴史を楽しむためのルールにあたる部分が，学校で行なう歴史の授業であり，歴史の本質を理解すること**なのです。

　大学入試共通テストは，そのルールを本当に理解しているかどうかを問う試験です。ルールを実践に移すことができるかを問う試験です。実践に使えるルールとは，日本史の本質を理解することです。そして日本史の本質とは，本書に記されている文章が正しいか誤っているかを判定することなのです。

　大学入試共通テストが終われば，この本など破り捨てて受験という呪縛から解き放たれたいという気持ちもあるでしょうが，本書は，受験を超えたその先までも考えて作っています。歴史の本質を理解しているかどうかの確認のために，受験が終わっても本書を書棚の片隅に置いておいていただけると，これ以上の喜びはありません。

金谷俊一郎

INDEX

索引

この索引には，解説文で赤太字や黒太字になっている「日本史用語」が五十音順に整理されています。

【備考】
※「太字」ではないが問題文や解説文に「細字」(普通の太さの字)で登場する用語は，「明朝体」で表示しています。
※「太字」と「細字」の両方で登場する場合は，より重要な「太字」の方の頁数のみ掲載しています。
※同じ用語が「同じテーマ内」で複数回登場する場合は，初出の頁数のみ掲載しています。

【訂正のお知らせはコチラ】

　本書の内容に万が一誤りがございました場合は，東進WEB書店（https://www.toshin.com/books/）の本書ページにて随時お知らせいたしますので，こちらをご確認ください。☞

大学受験 一問一答シリーズ

共通テスト日本史B 一問一答【完全版】

発行日：2021年10月31日 初版発行
　　　　2022年 5 月20日 第3版発行

監修：金谷俊一郎

発行者：永瀬昭幸

発行所：株式会社ナガセ

〒180-0003 東京都武蔵野市吉祥寺南町1-29-2
出版事業部（東進ブックス）
TEL：0422-70-7456／FAX：0422-70-7457
URL：http://www.toshin.com/books（東進WEB書店）
※東進ブックスの最新情報は東進WEB書店をご覧ください。

編集担当：八重樫清隆

校閲・DTP：中ノ園友里子
編集協力：板谷優初　三木龍瑛　佐廣美有　桑原由佳　山下芽久
本文イラスト：新谷圭子
カバーデザイン：LIGHTNING
印刷・製本：シナノ印刷㈱

東進の実力講師陣
数多くのベストセラー参考書を執筆!!

東進ハイスクール・
東進衛星予備校では、
そうそうたる講師陣が君を熱く指導する!

　本気で実力をつけたいと思うなら、やはり根本から理解させてくれる一流講師の授業を受けることが大切です。東進の講師は、日本全国から選りすぐられた大学受験のプロフェッショナル。何万人もの受験生を志望校合格へ導いてきたエキスパート達です。

英語

日本を代表する英語の伝道師。ベストセラーも多数。

安河内 哲也先生
[英語]

予備校界のカリスマ。抱腹絶倒の名講義を見逃すな。

今井 宏先生
[英語]

「スーパー速読法」で難解な長文問題の速読即解を可能にする「予備校界の達人」!

渡辺 勝彦先生
[英語]

雑誌『TIME』やベストセラーの翻訳も手掛け、英語界でその名を馳せる実力講師。

宮崎 尊先生
[英語]

情熱あふれる授業で、知らず知らずのうちに英語が得意教科に!

大岩 秀樹先生
[英語]

国際的な英語資格(CELTA)に、全世界の上位5%(Pass A)で合格した世界基準の英語講師。

武藤 一也先生
[英語]

関西の実力講師が、全国の東進生に「わかる」感動を伝授。

慎 一之先生
[英語]

数学

数学を本質から理解できる本格派講義の完成度は群を抜く。

志田 晶先生
[数学]

「ワカル」を「デキル」に変える新しい数学は、君の思考力を刺激し、数学のイメージを覆す!

松田 聡平先生
[数学]

予備校界を代表する講師による魔法のような感動講義を東進で!

河合 正人先生
[数学]

短期間で数学力を徹底的に養成、知識を統一・体系化する!

沖田 一希先生
[数学]

国語

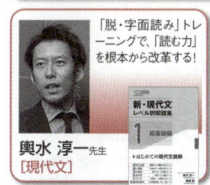

「脱・字面読み」トレーニングで、「読む力」を根本から改革する！

輿水 淳一先生
[現代文]

明快な構造板書と豊富な具体例で必ず君を納得させる！「本物」を伝える現代文の新鋭。

西原 剛先生
[現代文]

東大・難関大志望者から絶大なる信頼を得る本質の指導を追究。

栗原 隆先生
[古文]

ビジュアル解説で古文を簡単明快に解き明かす実力講師。

富井 健二先生
[古文]

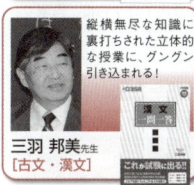

縦横無尽な知識に裏打ちされた立体的な授業に、グングン引き込まれる！

三羽 邦美先生
[古文・漢文]

幅広い教養と明解な具体例を駆使した緩急自在の講義。漢文が身近になる！

寺師 貴憲先生
[漢文]

文章で自分を表現できれば、受験も人生も成功できますよ。「笑顔と努力」で合格を！

石関 直子先生
[小論文]

理科

丁寧で色彩豊かな板書と詳しい講義で生徒を惹きつける。

宮内 舞子先生
[物理]

化学現象の基本を疑い化学全体を見通す"伝説の講義"

鎌田 真彰先生
[化学]

明朗快活な楽しい講義で、必ず「化学」が好きになる。

立脇 香奈先生
[化学]

全国の受験生が絶賛するその授業は、わかりやすさそのもの！

田部 眞哉先生
[生物]

地歴公民

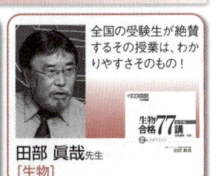

入試頻出事項に的を絞った「表解板書」は圧倒的な信頼を得る。

金谷 俊一郎先生
[日本史]

つねに生徒と同じ目線に立って、入試問題に対する的確な思考法を教えてくれる

井之上 勇先生
[日本史]

"受験世界史に荒巻あり"といわれる超実力人気講師。

荒巻 豊志先生
[世界史]

世界史は「暗記」科目だなんて言わせない。正しく理解すれば必ず伸びることを一緒に体感しよう。

加藤 和樹先生
[世界史]

わかりやすい図解と統計の説明に定評。

山岡 信幸先生
[地理]

政治と経済のメカニズムを論理的に解明しながら、入試頻出ポイントを明確に示す。

清水 雅博先生
[公民]

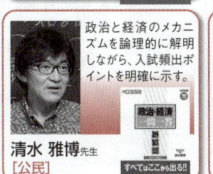

「今」を知ることは「未来」の扉を開くこと。受験に留まらず、目標を高く、そして強く持て！

執行 康弘先生
[公民]

合格の秘訣② 基礎から志望校対策まで 合格に必要なすべてを網羅した 学習システム

映像によるIT授業を駆使した最先端の勉強法

高速学習

一人ひとりの レベル・目標にぴったりの授業

東進はすべての授業を映像化しています。その数およそ1万種類。これらの授業を個別に受講できるので、一人ひとりのレベル・目標に合った学習が可能です。1.5倍速受講ができるほか自宅からも受講できるので、今までにない効率的な学習が実現します。

現役合格者の声

東京大学 理科一類
大宮 拓朝くん
東京都立 武蔵高校卒

得意な科目は高2のうちに入試範囲を修了したり、苦手な科目を集中的に取り組んだり、自分の状況に合わせて早め早めの対策ができました。林修先生をはじめ、実力講師陣の授業はおススメです。

1年分の授業を 最短2週間から1カ月で受講

従来の予備校は、毎週1回の授業。一方、東進の高速学習は毎日受講することができます。だから、1年分の授業も最短2週間から1カ月程度で修了可能。先取り学習や苦手科目の克服、勉強と部活との両立も実現できます。

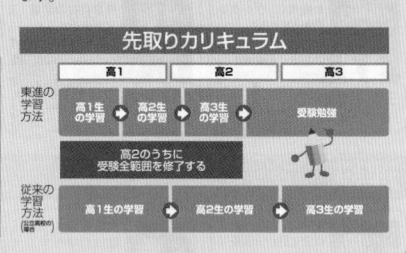

目標まで一歩ずつ確実に

スモールステップ・パーフェクトマスター

自分にぴったりのレベルから学べる 習ったことを確実に身につける

高校入門から最難関大までの12段階から自分に合ったレベルを選ぶことが可能です。「簡単すぎる」「難しすぎる」といったことがなく、志望校へ最短距離で進みます。
授業後すぐに確認テストを行い内容が身についたかを確認し、合格したら次の授業に進むので、わからない部分を残すことはありません。短期集中で徹底理解をくり返し、学力を高めます。

現役合格者の声

一橋大学 商学部
伊原 雪乃さん
千葉県 私立 市川高校卒

高1の「共通テスト同日体験受験」をきっかけに東進に入学しました。毎回の授業後に「確認テスト」があるおかげで、授業に自然と集中して取り組むことができました。コツコツ勉強を続けることが大切です。

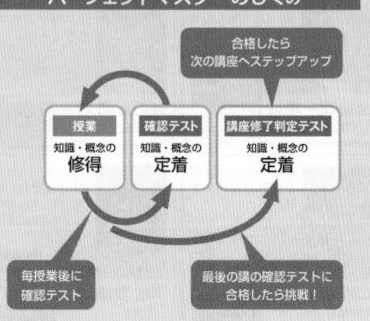

徹底的に学力の土台を固める

高速マスター基礎力養成講座

　高速マスター基礎力養成講座は「知識」と「トレーニング」の両面から、効率的に短期間で基礎学力を徹底的に身につけるための講座です。英単語をはじめとして、数学や国語の基礎項目も効率よく学習できます。オンラインで利用できるため、校舎だけでなく、スマートフォンアプリで学習することも可能です。

現役合格者の声

早稲田大学 法学部
小松 朋生くん
埼玉県立 川越高校卒

　サッカー部と両立しながら志望校に合格できました。それは「高速マスター基礎力養成講座」に全力で取り組んだおかげだと思っています。スキマ時間でも、机に座って集中してでもできるおススメのコンテンツです。

東進公式スマートフォンアプリ

スマートフォンアプリでスキマ時間も徹底活用！

東進式マスター登場！
（英単語／英熟語／英文法／基本例文）

1）スモールステップ・パーフェクトマスター！
頻出度（重要度）の高い英単語から始め、1つのSTAGE（計100語）を完全修得すると次のSTAGEに進めるようになります。

2）自分の英単語力が一目でわかる！
トップ画面に「修得語数・修得率」をメーター表示。自分が今何語修得しているのか、どこを優先的に学習すべきなのか一目でわかります。

3）「覚えていない単語」だけを集中攻略できる！
未修得の単語、または「My単語（自分でチェック登録した単語）」だけをテストする出題設定が可能です。
すでに覚えている単語を何度も学習するような無駄を省き、効率良く単語力を高めることができます。

共通テスト対応 **英単語1800**
共通テスト対応 **英熟語750**
英文法 750
英語基本例文300

「共通テスト対応英単語1800」2022年共通テストカバー率99.5％！

君の合格力を徹底的に高める

志望校対策

　第一志望校突破のために、志望校対策にどこよりもこだわり、合格力を徹底的に極める質・量ともに抜群の学習システムを提供します。従来からの「過去問演習講座」に加え、AIを活用した「志望校別単元ジャンル演習講座」、「第一志望校対策演習講座」で合格力を飛躍的に高めます。東進が持つ大学受験に関するビッグデータをもとに、個別対応の演習プログラムを実現しました。限られた時間の中で、君の得点力を最大化します。

現役合格者の声

東京工業大学 環境・社会理工学院
小林 杏彩さん
東京都 私立 豊島岡女子学園高校卒

　志望校を高1の頃から決めていて、高3の夏以降は目標をしっかり持って「過去問演習」、「志望校別単元ジャンル演習講座」を進めていきました。苦手教科を克服するのに役立ちました。

大学受験に必須の演習

過去問演習講座

1. 最大10年分の徹底演習
2. 厳正な採点、添削指導
3. 5日以内のスピード返却
4. 再添削指導で着実に得点力強化
5. 実力講師陣による解説授業

東進×AIでかつてない志望校対策

志望校別単元ジャンル演習講座

過去問演習講座の実施状況や、東進模試の結果など、東進で活用したすべての学習履歴をAIが総合的に分析。学習の優先順位をつけ、志望校別に「必勝必達演習セット」として十分な演習問題を提供します。問題は東進が分析した、大学入試問題の膨大なデータベースから提供されます。苦手を克服し、一人ひとりに適切な志望校対策を実現する日本初の学習システムです。

志望校合格に向けた最後の切り札

第一志望校対策演習講座

第一志望校の総合演習に特化し、大学が求める解答力を身につけていきます。対応大学は校舎にお問い合わせください。

合格の秘訣3 東進模試

申込受付中
※お問い合わせ先は付録7ページをご覧ください。

学力を伸ばす模試

■ 本番を想定した「厳正実施」
統一実施日の「厳正実施」で、実際の入試と同じレベル・形式・試験範囲の「本番レベル」模試。相対評価に加え、絶対評価で学力の伸びを具体的な点数で把握できます。

■ 12大学のべ35回の「大学別模試」の実施
予備校界随一のラインアップで志望校に特化した"学力の精密検査"として活用できます(同日体験受験を含む)。

■ 単元・ジャンル別の学力分析
対策すべき単元・ジャンルを一覧で明示。学習の優先順位がつけられます。

■ 中5日で成績表返却
WEBでは最短中3日で成績を確認できます。
※マーク型の模試のみ

■ 合格指導解説授業
模試受験後に合格指導解説授業を実施。重要ポイントが手に取るようにわかります。

東進模試 ラインアップ　2022年度

模試	対象	回数
共通テスト本番レベル模試	受験生 高2生 高1生 ※高1は難関大志望者	年4回
高校レベル記述模試	高2生 高1生	年2回
全国統一高校生テスト ●問題は学年別	高3生 高2生 高1生	年2回
全国統一中学生テスト ●問題は学年別	中3生 中2生 中1生	年2回
早慶上理・難関国公立大模試	受験生	年5回
全国有名国公私大模試	受験生	年5回
東大本番レベル模試 高2東大本番レベル模試	受験生 高2生 高1生	各年4回

※ 最終回が共通テスト後の受験となる場合は、共通テスト自己採点との総合評価となります。
※ 2022年度に実施予定の模試は、今後の状況により変更する場合があります。最新の情報はホームページでご確認ください。

模試	対象	回数
京大本番レベル模試	受験生	年4回
北大本番レベル模試	受験生	年2回
東北大本番レベル模試	受験生	年2回
名大本番レベル模試	受験生	年3回
阪大本番レベル模試	受験生	年3回
九大本番レベル模試	受験生	年3回
東工大本番レベル模試	受験生	年2回
一橋大本番レベル模試	受験生	年2回
千葉大本番レベル模試	受験生	年1回
神戸大本番レベル模試	受験生	年1回
広島大本番レベル模試	受験生	年1回
大学合格基礎力判定テスト	受験生 高2生 高1生	年4回
共通テスト同日体験受験	高2生 高1生	年1回
東大入試同日体験受験	高2生 高1生 ※高1は意欲ある東大志望者	年1回
東北大入試同日体験受験	高2生 高1生 ※高1は意欲ある東北大志望者	年1回
名大入試同日体験受験	高2生 高1生 ※高1は意欲ある名大志望者	年1回
医学部82大学判定テスト	受験生	年1回
中学学力判定テスト	中2生 中1生	年4回

※共通テスト本番レベル模試との総合評価
※共通テスト本番レベル模試との総合評価

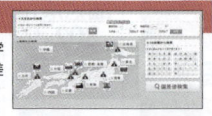
※2022年4月現在